上海市"十四五"时期重点出版物出版专项规划项目
上海市促进文化创意产业发展财政扶持资金项目资助

中国经济专题史研究丛书（第二辑） 丛书主编 ◎ 燕红忠

中国民族迁移史

中华民族共同体的时空演进

安介生 ◎ 著

上海财经大学出版社
SHANGHAI UNIVERSITY OF FINANCE & ECONOMICS PRESS

上海学术·经济学出版中心

图书在版编目（CIP）数据

中国民族迁移史：中华民族共同体的时空演进/安介生著. —上海：上海财经大学出版社，2024.8

（中国经济专题史研究丛书.第二辑）

ISBN 978-7-5642-4308-1/F·4308

Ⅰ.①中…　Ⅱ.①安…　Ⅲ.①民族迁徙-历史-中国　Ⅳ.①K28

中国国家版本馆 CIP 数据核字（2024）第 092206 号

□　丛书策划　王永长
□　责任编辑　王永长
□　封面设计　贺加贝

中国民族迁移史

中华民族共同体的时空演进

安介生　著

上海财经大学出版社出版发行

（上海市中山北一路 369 号　邮编 200083）

网　　址：http://www.sufep.com

电子邮箱：webmaster@sufep.com

全国新华书店经销

江苏苏中印刷有限公司印刷装订

2024 年 8 月第 1 版　2024 年 8 月第 1 次印刷

710mm×1000mm　1/16　15.75 印张（插页：2）　227 千字

定价：99.00 元

中国经济专题史研究丛书（第二辑）

编 委 会

顾 问
杜恂诚　戴鞍钢　魏明孔

丛书主编
燕红忠

执行主编
王永长

编委会成员
（按姓氏笔画排名）

马陵合　王永长　安介生　兰日旭　刘成虎
李　玉　杨德才　何　平　高超群　燕红忠

作者简介

安介生　复旦大学中国历史地理研究所教授、博士生导师，英国牛津大学圣安东尼学院访问学者，兼任《历史地理研究》编委、中国史学会历史地理研究会理事、中国灾害防御协会灾害史专业委员会副主任等职。自2022年9月起，受聘担任山西大学历史文化学院学术院长暨山西大学黄土高原历史地理研究中心主任。主持教育部人文社科重点研究基地重大项目、国家社科基金重点项目等十余项，已出版《山西移民史》《表里山河：山西历史区域地理研究》《中国移民史》（第7卷）《江南景观史》《遥望关河：中国边塞环境与历史文化》等数十部著作以及发表学术论文百余篇。

总　序

　　经济史学学科具有引领经济学发展和创新以及传承历史文化的功能，同时也能够为我国当前经济社会转型发展提供必要的理论基础和历史经验。经济史学界在全球史视野和"计量史学"革命引领下，近年来已经取得了丰硕的学术成果。中国经济史学界的学术研究也在不断向纵深发展，在商业、货币、金融、财政和经济制度等领域不断涌现出新的研究成果。为了进一步推进对中国经济长期发展脉络的研究，深入理解经济发展思想与经济实践之间的关系，在各兄弟院校和研究机构的大力支持下，上海财经大学出版社与上海财经大学经济史学系合作，推出了"中国经济专题史研究丛书"。

　　本丛书的第一辑共计7册，从2020年开始陆续出版，预计至2023年可以全部出版完毕。我们现在推出本丛书的第二辑共计8册，将从2023年开始陆续出版。

　　第二辑的主题分为以下几类：一是关注中国历史上的宗族和移民文化。一方面，基于《中国家谱总目》和上海图书馆馆藏家谱，探讨明清至近代时期族谱、族产、族规与宗族社会网络的关系；另一方面，系统考察中华民族的迁移史，展示"中华民族"大家庭的历史渊源与真相以及复杂历程。二是聚焦于近代的金融及其相关问题，考察近代内汇市场和金融网络的层级体系、区域商人组织与经济社会治理，以及基于资本市场的视角考察近代中国轻工业的转型，并从金融风险的视角来考察上海百年地产的发展。三是通过对晋绥"边区"经济发展的系统研究，考察新民主主义革命时期中国共产党领导下的经济发展史。四是研究国民政府的禁烟与鸦片财政，考察国民政府的禁烟政策变革、烟毒生产运销和各地禁烟政策执行情况，以及由禁烟引发的军阀内斗和财源争夺问题。

"中国经济专题史研究丛书"的入选原则和特点为：

第一，在指导思想上，坚持以马克思主义历史观为指导，以现代学术研究方法吸收与传承中国经济史学的研究成果，突出中国经济史学研究的民族性和原创性，彰显中国主见，发出中国声音，挖掘并整理中国经济史料，回溯中国经济历史，为当代社会经济现实服务。

第二，在选题上采用经济专题史的形式，在时段上涵盖从古至今的长期研究或断代研究，在内容上则包括中国经济史和经济思想史学科各个不同的专题领域。凡入选本丛书的专题研究均由作者自主选题，惟以研究质量和创新性为准绳。

我们期待通过"中国经济专题史研究丛书"的持续出版为中国经济史学的研究做出新的贡献，并进一步凝聚经济史学学术共同体，推进经济史学学科的持续发展。

中国经济专题史研究丛书（第二辑）编委会

2022 年 11 月

前　言

为何要研究民族迁徙史？

氏族重祖先，种族重血统，而民族之区别，在于文化。这早已是中外学术界的共识。中国自古幅员辽阔，民族成分构成复杂，文化种类异态纷呈，生产与生活方式多种多样。这正是中华民族伟大生命力之所在。中华民族的历史，就是一部众多民族共生、共存、共成长的历史，也是一部不同民族"多元一体"的融合进步史，更是一部中华民族共同体发展与壮大的历史。

在中华民族共同体融合与发展的进程中，各个民族的迁徙往来活动起到了至关重要的作用，产生了深远的影响。在辽阔的国土上，各个民族所处方位不同，各自的生产生活的客观形态也不一样：既有跋涉于高山峻岭的山地民族，也有徘徊于河畔溪旁的吴越人家；既有躬耕于无垠陇亩的勤劳身影，也有驰骋于千里草原的矫健儿郎。如果将"中华民族"的文化特征简单归结于单一的农耕文明，将"安土重迁"作为历史时期各民族之生活常态，肯定是偏颇失当的，也与历史真实的情况相距甚远。如果各民族间各自独立，各安其处，老死不相往来，那么民族融合与发展也就无从谈起。

事实上，中华民族的发展史，是一部动态演进的发生史与过程史，而迁徙往来就是中华民族共同体形成的内在动力，或者说是一条贯穿始终的"红线"与"主轴"。学习中国历史，了解中华民族的过去，就要研究历史时期各个民族的迁徙往来，就要研究民族间的融合与发展。可以说，研究中国民族迁徙的历史与时空演进，是一种了解中华民族曲折发展历程的极佳途径。

　　首先,研究民族迁徙史,有助于我们的研究视角或方法论由静态转向动态,这不啻是一个研究方法与视野的根本改变。而这种改变会帮助我们更全面、更真实、更生动地了解民族成长的过去。长期以来,我们看到,包括经济学界、历史学界在内的众多研究者喜欢或习惯于孤立而静态的分析,甚至将这种孤立而静态的分析称为"严密"或"严谨"。这种分析方法未免忽视了客观历史发展本身的多变性、阶段性、灵活性以及多样性,势必将鲜活的时空演进转化成刻板而单一的"数据"与图表。显然,这种处理方式过于简单化了。可以说,疏于动态的全面分析以及长时段的宏观把握,已成为当前学术研究发展的严重阻碍及壁垒。即使如今进入了所谓"大数据时代",如果没有对于历史复杂性与多样性的客观呈现与追溯,研究者仅仅固执于孤立而静止的分析方式,那么,其研究水准不仅难以得到本质性的突破,反而失去了对于历史鲜活性、多样性的理解,我们也不会得到任何有价值的"经验"与反思。

　　其次,如果没有迁徙视角与动态性分析,我们根本无法了解古代先民真实的生活经历与社会进步的曲折历程。著名美籍华裔地理学家段义孚曾经指出:

　　　　真实的生活是在地球上,我们生长在这里,这里是我们的
　　　根。地理学家在研究地球时,将它视为人类的栖息地或人类的
　　　家园……出于种种原因,人类对于所生存的地方从来不会感到
　　　满意,因而,人类常常要迁徙,寻找更加满意的所在;如果不迁
　　　徙,人类就要对现有的生存空间进行改造。迁徙到别处和改造
　　　当地的环境构成了人文地理学研究的两大主题。①

　　段义孚将其理念称之为"逃避主义"。而笔者以为,如果我们回顾一下上古历史,古代先民的迁徙活动表面上看是在"逃避",而实际上是为了自身生存以及子孙繁衍而寻求新的区域与路径。因此,笔者以为称之为"生存主义"更为恰当。"迁徙往来无常处",正是中国"黄帝时代"先民生活之真实写照②。远古时代的先民抵御各种风险与侵袭的能力较为弱

---

① ［美］段义孚著:《逃避主义》,河北教育出版社 2005 年版,周尚意、张春梅译,第 6 页。
② 见《史记》卷一《五帝本纪》,中华书局 1997 年合订本,下同,第 6 页。

小,为了保全与生存,只是通过不停地迁徙,来寻找更好、更安全的生存之地,寻求更多的生存机遇。

"凡人之生,群居杂处。"①人类是喜欢群居的"社会动物",而这种群居取向同样与人类的生存愿望有关。人口数量的增加与人类聚落的扩大,会有效地提升人类抵抗外在侵袭与顽强生存的能力。而群体性的、长距离的空间移动,就构成了我们所说的"移民"或人口迁徙。从这个意义上讲,移民或人口迁徙,就是古代先民争取生存与发展的基本形式之一。

定居生活是人类历史发展的一个新阶段。但是,定居是相对的,长期维持定居的生活,需要相当高的客观条件。即便如此,长期保持定居也是不容易的,或者说,定居于一地,常常是难以恒久持续的。如古代先民修筑城堡,建设城池,都是为了构建出更完固、更安全的生存场域。这也就是段义孚所谓的"改造现在的生存空间"。宋代学者郑樵在《通志·都邑略》指出:

> 建邦设都,皆冯(凭)险阻。山川者,天之险阻也;城池者,人之险阻也。城池必依山川以为固……

无论是山川险阻,还是人为城池,无论异处逃避,还是原地建造,最终选择与建造固定的居留场所,都要经历漫长时间的观察、尝试、坚持与高度智慧的判断,而不是随机选择的结果。最终,通过迁徙而来的人口的长期聚集与坚守,才形成了成千上万的村落、集镇与都市。可以说,村落、集镇、都市乃至行政区划的形成,都不是轻而易举的行动,而是人们观察寻找、往来迁徙以及长期稳定的结果。

其三,如果缺乏民族迁徙史的研究,很难真正理解中国王朝政治史的变迁真相与疆域版图的构成。所谓"二十五部正史"并不都是华夏(汉族)所创王朝的官方记录,《魏书》《辽史》《金史》《元史》以及《清史稿》等都是少数民族创建王朝的系统而全面的文献记载,而创建这些王朝的少数民族都是迁徙而来,进入中原地区之后才建立起较为稳固统治的。从这个意义上讲,没有迁徙,也就没有这些少数民族王朝政权的出现或发展。

---

① 《后汉书》卷二五《卓茂传》,中华书局1997年版,合订本(下同),第870页。

我们也应该看到,在辽阔的疆域内,中国的历史是"行国"与"城国"共存的历史。与喜欢定居的农耕民族相反,边远及游牧民族往往没有长期定居与建筑城池的习惯。这也是中华民族文化多样性的一大体现,即所谓"迁徙为业"。元代学者胡三省注释:"谓逐水草为行国,草尽水竭则徙而之他也。"①如辽国在占据"燕云十六州"之后,发明了北面官与南面官制度,正是针对游牧民族与农耕民族的治理需要。显然,研究迁徙,同样是在研究这些游牧民族本来的文化特性与生活状态。

此外,在幅员辽阔的王朝或政权里,为了治理广袤的边疆区域,特殊形式的移民(如军事性屯垦)是必不可少的。从秦汉时代开始,为了保障边境地区的安全,军事防御与农业生产并重的屯垦性移民已大量出现,边境地区屯垦移民问题也开始引起了人们的关注。《元史·兵志》称:"古者寓兵于农,汉、魏而下,始置屯田,为守边之计。有国者善用其法,则亦养兵、息民之要道也。"明代的边疆卫所、清代出现的满城等都是特殊军事性移民的代表。如果没有这些特殊移民,边疆防御问题便无法保障,而大规模特殊移民的集聚,就会形成新的聚落与社区,就会构建起新的移民文化区域。

其四,如果没有民族迁徙,就很难理解中国经济历史发展的动力来源与规模。中国幅员广大,各地的生态与地理环境各不相同,各有特色,各地物产也各有千秋,具有很强的互补性。这就有了各地各民族间贸迁有无、互通共荣的需要。宋代学者王柏在《鲁斋集》卷五中称:

> 古先圣王属意于商贾也,厚矣! 其制法为甚详,其设官为甚密,以其贸迁有无,为民生之大利也!

无论是长城南北"通商贸易",还是路途遥远的"茶马古道",都是为了满足人们物质生活需要的重要方式。这个世界从来不是"扁平"的。通常任何一地的百姓都不可能依据其生存地的物产而完全做到"自给自足",各地百姓也有享用各地物产的权利,而各地不同种类的物资与特产,正为中国各地之间经济贸易的发展提供了良好的物质条件。而货物之间流转

---

① 《资治通鉴》卷九六胡三省注文,中华书局 1997 年版,第 3030 页。

交易与人员的移徙，是不可能截然分开的。贸易交往的过程也会让不同民族相亲相近，走到了一起。

最后，民族融合是中华民族发展的"主旋律"，"大一统"也是中国政权发展的必然趋势。历史时期纷繁复杂的迁徙往来，为中国各民族的大融合与大发展创造了客观条件。各安其处，老死不相往来，不过是不切实际的"童话"或臆语而已。《汉书·地理志》记载："古有分土，亡（同"无"）分民。"唐代学者颜师古解释云："有分土者，谓立封疆也；无分民者，谓通往来，不常厥居也。"笔者以为，这些论断对于我们理解古代国家与民族的形成问题极具价值。国家与民族都不是"天生的"或固有的，而是在特定条件下逐步形成的。因此，理解中国境内各民族迁徙往来的历程，同样是在理解与展望中华民族政权发展与民族进步的客观趋势。

笔者对于民族迁徙问题的关注，始于山西移民历史的研究。在撰写《山西移民史》之时，笔者惊奇地发现：自先秦至宋元时期，山西地区最重要的人口迁徙活动，就是周边各少数民族向山西地区的入居，如南匈奴、拓跋鲜卑、突厥、党项等。这种入居有时会成为重要的历史事件，如北魏政权迁入平城（今山西大同市）并定都，最终谱写出"平城时代"的盛况。而纵观整个历史时期，可以毫不夸张地说，山西是历史上中国北方地区少数民族迁入并居留数量最多的省区。正是这种发现，成为引发笔者对于历史时期民族迁徙及相关地理等问题强烈兴趣的契机。

正是由于有了这样的兴趣与研究基础，笔者在毕业留校后，即大胆地开始了历史民族地理与民族迁徙方面的探索。在历史民族地理研究过程中，笔者深深感到，没有弄清中国民族发展史，就无法搞清中华文明发展的历史脉络与未来趋势，也无法真正搞清楚其他相关的历史文化问题。经过努力，笔者先后出版了《历史民族地理》（山东教育出版社 2007 年版）与《民族大迁徙》（江苏人民出版社 2011 年版）等著作，向学术界汇报了自己阶段性的研究心得。

重视中华传统文明，重视中华民族共同体的时空演进，是开创新时代中华民族崭新文明的起点。在 2023 年 6 月 2 日文化传承发展会议上，习近平总书记强调，"在新的起点上继续推动文化繁荣、建设文化强国、建设中华民族现代文明，是我们在新时代新的文化使命"，明确提出了"中华民族现代文明"的说法，是新时代中华民族文化建设的"核心"与"文化使命"。"通古方能知今"，悠久而辉煌的民族历史，给我们留下了丰厚无比的文化遗产。"不知其旧，如何创新？"研究民族迁徙的历史，可以帮助我们更加清晰地认知过去，充满信心地展望未来。

是为前言。

目　录

第一章

❖❖❖

上古民族迁移研究

导　语　民族迁徙运动与经济生活变迁

一、经济生活方式的不同决定了"中国"与"四裔"

历史悠久、内容丰富的汉语,是东亚文明最伟大的成就之一。然而,由单个形体组合而成的汉字体系,其组合之多与释读的复合性及包容性,却也是无与伦比的。时段性特征完全相同的一个组合词语,在不同时代、不同角度以及不同状态下的释义与解读可以相差巨大,令人惊讶!其中,最典型、最复杂的一个组合词汇,就是"中国"。不同时代,"中国"的释义与内涵千差万别。

先秦时代就有关于"中国"的记载——中国最早的诗文总集——《诗经》就有"中国"之记载,如《大雅二》有云:

民亦劳止,汔可小康;惠此中国,以绥四方……

民亦劳止,汔可小休;惠此中国,以为民逑……

民亦劳止,汔可小愒,惠此中国,俾民忧泄……

民亦劳止,汔可小安,惠此中国,国无有残……

《诗经》的成书,最晚不迟于春秋战国时代,可以说,那个时代"中国"

与"四方"相对,已成为一种认知定式。按宋代学者林岊的解释,这里的"中国"即"中畿之国"或"京师之人"①。

在中国古代士人眼中,"中国"与"四裔"的差异一方面是距离,另一方面正是经济文化生活方式的不同。中国传统社会被简单定性为农耕社会,于是乎,"聚族定居""不喜迁徙",便成为常人视野里传统年代中华大地各民族的一大特征。然而,只要翻阅几页汗牛充栋的"经史子集",片刻回望一下我们民族走过的漫漫长路,这种浅薄的说法便会显得那么苍白与荒唐!

稍有民族史常识的人都会明白,历史上并不存在静止不变的族群,因此将民族变迁史视为"铁板一块",无疑是无知而简单化的臆想。避难而远徙,求生而奔赴,我们的祖先在"行行重行行"中度过了漫长的岁月。没有迁徙运动,就没有今天的中华民族。迁徙运动是中华民族发展史中不可分割的一部分。

然而,生活在今天的中国人确实应该扪心自问:我们到底了解多少自己祖先的历史呢?如果自感不足的话,就让我们从民族迁徙历程来更深切地感知中华民族极不平凡的发展历史。

二、迁徙运动是民族发展与融合的"催化剂"

世界上没有天生定居的民族,任何民族发展的第一页都是迁徙往来。豺狼虎豹、饥寒交迫,原始人类所面临的生存环境是何等凶险,而他们又是那么无力、那么无奈。不难理解,越是原始的时代,人们抵御外来侵害与维系生存的能力就越是低下,因此,"三十六计走为上"也就成为远古先民们的必然选择。迁徙是原始民族躲避灾难与侵害、寻找最佳栖息地的唯一途径。

"树挪死,人挪活。""此处不留爷,自有留爷处。"这些浅显的话语却是迁徙运动留给我们祖先的智慧结晶,迁徙曾经是古代先民的生存与生活方式。天大地大,海阔天空,何愁找不到容身之处?于是,从中国到"四夷(裔)",自西徂东,从北到南,中华民族的发展史正是在先民们的匆匆脚步中展开的。

---

① 参见《毛诗讲义》卷八,《景印文渊阁四库全书》。

中国自古是一个多民族的大国,多种民族生活在这片广袤辽阔的土地上。

迁徙运动使华夏子孙遍布世界各地:闭关锁国,不过是一个朝代政策的基调,但并不是中华民族的固有特性。中华民族的发展,中国历史的辉煌,都是卓越民族特性的反映。中华先民从来不匮乏开拓四海的勇气与坚毅,张骞凿空西域,郑和七下西洋,都是中华先民向外开拓的典范。

三、民族迁徙运动创造与拓展了中华民族大家庭的共同家园

任何民族生存的"家园",都是祖先们不懈奋斗的成果。

中华民族大家庭的地理空间,同样是历代祖先奋争的结果。

中华民族绝不仅仅是华夏(汉)族,将汉族发展史等同于中华民族的发展史,无疑是荒唐可笑的;同样,将汉族中央王朝的历史等同于中华民族的变迁史也是幼稚无知的。

与今天中国疆域相比,古代文献中的所谓"中国"是相当狭隘的。但这个"中国"曾经是远古众多部族热切向往之地——逐鹿中原,问鼎"中国",但是,"中国"不过是中华先民向外开拓的基地而已。

从"中国"到岭外,从巴蜀到滇南,从关内到塞外,从蒙古大草原到青海湖畔,处处都留下了民族迁徙的足迹。正是伟大的迁徙运动开拓出民族生存的崭新天地,创造出中华大地广阔的家园。

四、民族迁徙大势,决定了中国发展的未来走向

民族政权的建立,是民族实力的一个象征。

中国历代政权及王朝的建立,不可避免地带有突出的民族特征。

其中,以华夏(汉)民族为核心建立的大一统王朝时间最长,影响也最为深远。但是,大一统王朝,并不能概括中国历史时期政治发展的全部。在历史时期中国的地域范围里,几大民族政权争锋抗立,完全可以视为中华民族发展史上的阶段性成果与标志,并不完全是大一统历史趋势的对立产物。

随着民族迁徙而引起的民族分布与民族力量的变化,使得不同民族政权层出不穷、势不可挡。

历史时期中国疆域上的完全统一,直到 18 世纪中叶才得以完成,因此,各个民族政权并存,成为中国历史政权建设史中的重要景观。为数众多的民族政权,同样为中华民族历代疆域建设做出了不可磨灭的贡献。

第一节　上古时期民族迁徙与经济形态

> 天地肇判,
>
> 邃古遐邈,
>
> 厥详曷闻?
>
> 孔子定书断自唐虞,
>
> 他经则自《周礼》。
>
> ——[元]胡一桂撰:《史纂通要》卷一"五帝总论"

传统时代的中国士大夫大多喜谈"上古三代黄金论",即将远古社会描述为圣王统治下的美好祥和的理想社会状况,为后世追慕效法之典范。如果从赞美古代英雄人物的功绩角度出发,这类议论尚有几分合理成分,但美化远古人类的生活状态,否认了人类社会的进化历程,则在根本上是荒谬可笑的,因为远古时代人们的开拓生活是相当艰难而漫长的。

试想,在中国不同地区发现的早期人类化石,最早的已有数百万年光景,而有确切文字记载的历史时期仅有区区五六千年而已,可以说,人类的洪荒时代,占据了迄今为止人类历史的最长时段。所以,对于这一漫长时段的追忆是必要的。

一、远古时期迁徙神话与原始经济形态

> 当尧之时,天下犹未平。
>
> 洪水横流,氾滥于天下。
>
> 草木畅茂,禽兽繁殖。
>
> 五谷不登,禽兽偪(逼)人,
>
> 兽蹄鸟迹之道交于中国……
>
> ——《孟子·滕文公章句下》

最为久远的历史发展阶段，被今天的历史学家们称为"传说时代"。"传说时代"是人类社会历史的开始，是人类发展的"童稚时代"。也许"童稚时代"的记忆是最难以保留的，因此，关于这段久远荒邈的历史，留传下来的大多是许许多多扑朔迷离的传奇故事。"女娲补天"的神话从一个方面告诉了我们远古时期人们生活环境的恐怖情形：

> 往古之时，四极废，九州裂，天不兼覆，地不周载，火（火监）炎而不灭，水浩洋而不息。猛兽食颛民，鸷鸟攫老弱。于是女娲炼五色石以补苍天，断鳌足以立四极，杀黑龙以济冀州，积芦灰以止淫水。苍天补，四极正，淫水涸，冀州平，狡虫死，颛民生。①

与现代社会的芸芸众生相比，远古时代无助的人们似乎更依赖于英雄的救助。于是乎，中国"传说时代"的主角就是神通广大、尊崇无比的"三皇五帝"。

当我们翻阅历史文献与古代传说故事时，很容易发现这些古代帝王都有着惊人相似的"行走天下"的事迹。可以说，传说时代的"中国"的"四至八到"，不过就是这些古代帝王们的不倦"行走"中所留下的地理印记。

已有学者指出："穴居"或"巢居"也曾是古代先民较为普遍的居留形态。如唐代学者杜佑称："上古中华亦穴居野处，后代圣人易之以宫室。今室韦国及黔中羁縻东诸夷及附国，皆巢居穴处……"②根据北宋大史学家司马光《稽古录》等著作的记述，远古时代中国的第一位帝王为伏羲氏。在伏羲氏时代，先民们尚处于茹毛饮血、衣皮食肉的原始生活状态。飞禽野兽是主要的食物来源，而捕猎动物以充饥是相当艰难与危险的。伏羲氏发明渔网以捕鱼，并教会人们豢养家畜，这样新的生活技能与生存方式的出现，大大方便了先民们获取肉类食物，从而丰富了食物来源。这对于原始先民的生存与进化是极其重要的，伏羲氏也因此深受先民们的敬仰。

传说中伏羲氏的都城在宛丘。宛丘在今河南淮阳县境内，在先秦时期，宛丘是陈国国都附近一处非常出名的游赏之地。《诗经·陈风》云，"子之荡兮，宛丘之上兮，洵有情兮，而无望兮"，借以喻讽陈国国君荒废国

---

① 《淮南子注》卷六"览冥训"。
② 《通典》卷一八五《边防》注释，中华书局 2016 年版，第 497 页。

事,游玩无度。当然,宛丘的地域过于狭隘了。宋代学者朱熹在《诗经集传》中就将整个春秋时期的陈国作为伏羲氏的遗址所在。他指出:"陈,国名,太皞伏羲氏之墟,在禹贡豫州之东,其地广平,无名山大川,西望外方,东不及孟诸。"孟诸为先秦时期一处著名泽薮,在今天河南商丘市东北。可见,在远古先民的记忆中,伏羲氏率领的部族曾长期游移于从今天河南淮阳到商丘的平原之上。

中国远古时代第二位帝王是神农氏。神农氏又尊称为炎帝。神农氏的出现,是中国传统农耕文明开始的象征。他"教民耕农,故号曰神农"。古史传说将农耕技术的发明与普及归功于神农氏。原始农业生产使远古的先民们开始摆脱完全依赖天然果蔬与禽兽肉类的困境,可以自己生产粮食。

传说中神农氏的都城先在陈,后来又迁至曲阜。先秦时期的陈国正是伏羲氏部族的核心地。也就是说,神农氏首先承继了伏羲氏的地盘,后来又迁徙至曲阜。古曲阜城,在今天山东省南部的曲阜市东北,曾是先秦时期中国东部的一个极其重要的都会,传说中多位帝王定都于曲阜及其附近,最后成为鲁国的国都。《史记集解》引应劭曰:"曲阜在鲁城中,委曲长七八里。"《史记正义》又引《帝王世纪》云:"炎帝自陈营都于鲁曲阜,黄帝自穷桑登帝位,后徙曲阜。少昊邑于穷桑,以登帝位,都曲阜。颛顼始都穷桑,徙商丘。穷桑在鲁北,或云穷桑即曲阜也。又为大庭氏之故国,又是商奄之地。皇甫谧云:黄帝生于寿丘,在鲁城东门之北。居轩辕之丘。于《山海经》云'此地穷桑之际,西射之南'是也。《括地志》云:兖州曲阜县外城,即周公旦子伯禽所筑古鲁城也。"[1]

在古史传说中,黄帝为炎帝之弟,也是"三皇"中的第三位,但黄帝时代在中华文明史上却有着划时代的里程碑意义,因为其开创了中华民族发展的新局面。古代学者们很早就把中华文明创始之光荣都归在了黄帝的名下,黄帝也就顺理成章地被尊崇为中华民族的文明始祖。因此,很多史籍没有将其列为"三皇"之末,而是将其列为"五帝"之首。

---

[1]   参见《史记》卷四《周本纪》注释,第128页。

二、上古"五帝"的迁徙故事与地理空间

> 余尝西至空峒，北过涿鹿，
> 东渐于海，南浮江淮矣。
> 至长老皆各往往称黄帝、尧、舜之处，
> 风教固殊焉，总之不离古文者近是。
>
> ——司马迁《史记·五帝本纪》

就历史发展而言，不少古代学者在崇尚上古文化的同时，也看到了后世在物质文化方面的进步，这也是不可否认的。元代学者胡一桂对于上古"帝王"与先民经济生活状态发表了自己的看法，应该说，还是十分清醒明知的：

> 自今观之，伏羲、神农二圣人去洪荒之世未远也，其风犹为朴略，至黄帝之世实为文明之渐。故昔之穴居野处者，今始有宫室；昔之污樽抔饮者，今始有什器；昔之结绳而治者，今始有书契文字；昔之皮革蔽体者，今始有冠冕章服。其诸制器利用，难以枚举，骎骎乎非复前日朴野之俗矣。[①]

关于黄帝的行踪，司马迁《史记·五帝本纪》记载道：

> "东至于海，登丸山，及岱宗。西至于空桐，登鸡头。南至于江，登熊、湘。北逐荤粥，合符釜山，而邑于涿鹿之阿。迁徙往来无常处，以师兵为营卫。"

很显然，黄帝度过了戎马倥偬的一生。黄帝姓公孙，名轩辕。当黄帝成年之时，神农氏炎帝权力旁落，部族首领之间争权夺利，相互征伐，天下百姓痛苦不堪。而天生神勇的黄帝所率领部族在争战中逐渐强大起来，平定天下，取得天下众多部族的拥戴，掌握了号召天下、指挥群雄的无上权力，最终在阪泉之野战胜了前来挑战的炎帝，成为天下全体部族的最高领导者，被尊为天子，号称"黄帝"。

涿鹿山，在今天河北涿鹿县境内。涿鹿山之麓，本是黄帝部族的大本营。在平定天下的艰难历程中，黄帝部族曾先后与蚩尤及炎帝部族展开

---

① ［元］胡一桂撰：《史纂通要》卷一《五帝总论》，《景印文渊阁四库全书》。

了两场极其惨烈的战争，而这两场战争都发生在涿鹿山一带。第一场战争是黄帝与炎帝之间的大战，炎帝已无法容忍黄帝权势与威望的上升，两代帝王之间的决战无法避免，双方鏖战于距离涿鹿山不远的阪泉之野，获胜的黄帝已具备称霸天下之势。蚩尤也是一位著名的部族首领，是黄帝平定天下的最强劲敌手。黄帝与蚩尤的决战，就在涿鹿之野。最终蚩尤兵败被杀，天下部族酋长们由此心服口服地服膺黄帝的领导，黄帝于是无可争议地取代炎帝，成为新一代圣王。

而黄帝的步伐并没有局促于涿鹿山一带。经营天下的责任是非常繁重与艰巨的，披山通道，未尝宁居。武力震慑是远古帝王们最常用也最有效的治理方式，为了保证天下太平，黄帝率领部族东征西讨，而天下疆域的轮廓也在征讨的步履中逐渐清晰起来。

当时，黄帝部族的东缘到达了今天的东海，丸山与岱宗是黄帝统领区东界的标志。丸山，又称为丹山。《汉书·地理志》曰："丸山在琅邪朱虚县。"《括地志》云："丸山即丹山，在青州临朐县界朱虚故县西北二十里丹水出焉。"朱虚故县，在今天山东临朐县东南。岱宗，就是东岳泰山，在今天山东泰安市境内。东岳泰山在中国古人心目中地位极为尊崇，被称为"万山之宗"。

空桐与鸡头是西部界限的标识。空桐山，或作空同、崆峒。通常认为古文献中空桐在今甘肃岷县境内，其实一种较早解释是比较合乎情理的，即认为空桐山在今天河南的虞城县境内。鸡头山，一名为笄头山，实为空桐山之别名。

黄帝部族的足迹已向南到达长江流域，熊山与湘山成为其南界的象征。熊山，又名熊耳山。《汉书·地理志》曰："湘山在长沙益阳县。"西汉益阳县在今湖南益阳市境内。《括地志》又云："熊耳山在商州上洛县西十里，齐桓公登之以望江汉也。湘山，一名编山，在岳州巴陵县南十八里也。"上洛县在今陕西商州市。巴陵县在今湖南岳阳市境内，与《汉书·地理志》所指方位相差不远。

釜山，黄帝部族所居地域的北界。《括地志》释云："釜山在妫州怀戎县北三里，山上有舜庙。"唐代怀戎县，大致在今河北怀来县东南，即在涿鹿山以北。荤粥（音"薰育"），相传是古代匈奴族人的祖先，从上古时代起，华夏族与非华夏族之间的地域之争已经开始，而这种竞争对于民族间的融合和民族政权疆域的扩展具有十分积极的意义。

古史传说的"五帝"分别为少昊金天氏、颛顼高阳氏、帝喾高辛氏、帝尧陶唐氏、帝舜有虞氏。即使是在传说中，少昊氏的事迹也是极为简单的，因此，有些古史著作甚至将他省略掉了。少昊氏，古文献中又常称为少皞氏，为黄帝与嫘祖所生之子，生长于古江国。古江国大致在今河南息县附近。根据古代学者的考订，少昊氏起初居住于穷桑，并在穷桑即位，穷桑是发迹之地，故又成为少昊的称号。穷桑，今地无考，古代学者推测在鲁国以北地区。少昊氏从穷桑迁居于曲阜之地，曲阜后来成为鲁国的国都，因此，后人又称曲阜及鲁国为"少皞氏之墟"。

颛顼高阳氏相传是黄帝之孙，是黄帝之子昌意与蜀山氏女所生之子。昌意之国在若水之畔，在今天四川省境内。而根据南宋学者王应麟所著《通鉴地理通释》等书的考订，除若水外，古史传说中颛顼高阳氏的故地（即"墟"）并非一处。

一是帝丘。如《帝王世纪》称："颛顼氏自穷桑，徙帝丘，于周为卫。《春秋传》曰：卫，颛顼之虚也，谓之帝丘。今东郡濮阳是也。濮阳故城在今澶州濮阳县东。"也就是说，颛顼帝曾经也居住穷桑之地，后来迁徙到帝丘，为周朝卫国之地。卫国国都在今天河南濮阳县西南。

二是棘城。《通典》："棘城，即颛顼之墟，在营州柳城东南一百七十里。"

三是高阳。高阳一名，本是颛顼帝的姓氏。关于这一地名的解释，古代学者们各执己见，并不统一。如《史记集解》引述张晏之言云："少昊以前，天下之号象其德。颛顼以来，天下之号因其名。高阳、高辛皆所兴之地名。"依照这种说法，高阳应是颛顼最初发迹崛起之地。而《元和郡县图志》则记云："高阳故城，在汴州雍丘县西南二十九里。"[①]（王应麟注释曰：颛顼佐少昊有功受封此邑，《外纪》：颛顼都卫，故为帝丘，后徙高阳，称高阳氏。）根据王应麟的注解可知，高阳是颛顼帝第二个都城，从帝丘迁徙而

_____

① 《元和郡县图志》卷4《河南道三》，中华书局1983年版，第178页。

来,大致在今天河南杞县西南。

"传说时代"的地理记忆是辽阔而模糊的,表明远古时代的地理认知是相当有限而粗浅的。继位的颛顼进一步发扬了黄帝的功业,他的统辖区也比黄帝所走的地域大为扩展。

> 北至于幽陵,南至于交阯,西至于流沙,东至于蟠木。动静之物,大小之神,日月所照,莫不砥属。[①]

四是幽陵。它是古幽州之别名,是颛顼在位时期疆域的北界,相当于今天河北省北部(包括北京市)地区。

五是交阯,或称为"交趾"。在古文献中通常是指今天越南北部地区,从中原一举跨越到越南,这在中国古代地理认知上可谓"奇迹"。黄帝时代南方地域的认知仅到湖南洞庭湖地区,而从洞庭湖到越南,中间还隔着岭南的两广,即今天的广东与广西。这一地理认知之谜的解析,主要来自中国沿海的洋流方向。随着洋流,中国东部沿海的船只能够较顺利地抵达交趾一带,而从陆地上穿越五岭地区则相对困难。

六是流沙。它是颛顼时代所据疆域的西界。流沙,是古代中国西部极具特色的标志性景观,确指方位不一。《汉书·地理志》记流沙在汉代张掖居延县,位于今天内蒙古额济纳旗东南,相当于今天内蒙古西部与甘肃及宁夏交界的沙漠地带。这些沙漠地带是古代中原与西部交通往来的主要障碍。

七是蟠木。它是颛顼时代东边界线的标志。根据《山海经》等书的描述,东海中有座名为度索的高山,山上存活着一株硕大无比的桃树,"屈蟠三千里",故又称为"蟠木",实为天下罕有之奇观,很自然地被古人当作一个重要的地理标志。

帝喾高辛氏为黄帝的曾孙。高辛为地名,通常古代学者认为帝喾初兴之地在高辛,故名高辛氏,但高辛的确切地址无考。帝喾时代最著名的都城是亳,后来相传商朝的祖先商汤是帝喾之后裔,商汤也曾长期居住于亳。《括地志》载云:亳邑故城,"在洛州偃师县西十四里,本帝喾之墟,商汤之都也"。唐代偃师县在今天河南偃师市东。可见,今天的河南省在帝

---

① 《史记》卷一《五帝本纪》,第11至12页。

喾时代已是天下部族的聚居中心地了。到帝喾即位之时,传说中的统辖区更显得广袤无垠,甚至过于夸大、悖乎常理了。这当然只能解释为帝喾对这广大地域的控制力是极为薄弱的,故夸大其词,其实他们的行踪难以落在实处:"日月所照,风雨所至,莫不从服。"

上古"五帝"中的最后两位,为尧帝与舜帝,他们都是在古史传说中备受赞誉的圣王。尧帝,名放勋,号陶唐氏。尧帝部族的发展历程,也是一个频繁迁徙的过程。宋代学者王应麟根据《帝王世纪》等著作对尧帝的迁徙历程进行了较系统的勾勒与拼接。如《帝王世纪》记云:"'帝尧始封于唐'。今中山唐县是也,尧山在焉。唐水在西北,入唐河。后又徙晋阳。今太原县也,于周在并州之域。及为天子,都平阳,于《诗·风》为唐国,武王子叔虞封焉。"①概括言之,这段话将三处最为出名的尧帝故地进行了连接。古文献中的"唐国"主要有三处:一处为古唐县,即今天河北唐县;一处为古晋阳,在今天山西太原市西南;一处为平阳,在今天山西临汾市。比较而言,平阳是尧帝在位时最著名的都城,因而"尧都平阳"也就成为一种约定俗成的说法。

舜帝,又为虞舜、虞帝。舜帝的出现,在中国上古史上具有一种标志性意义。以往的古代帝王均为黄帝之后裔,而舜帝并没有这样的家族背景,是一位出身于"庶人"的帝王,且在成长过程中历经磨难,最终依靠自身的德行与才能被天下人推戴为最高统治者。即位之后,舜帝同样选贤任能,励精图治,从而天下出现了政通人和、百废俱兴的繁荣景象,赢得了后世人们的高度赞誉。因此,《史记·五帝本纪》称:"天下明德,皆自虞帝始。"

关于舜帝的早期居留地,古文献中同样有多种说法,如有人云"舜,冀州之人也"。这样的定位未免过于空阔。舜帝早年经历坎坷,足迹遍天下。"舜耕历山,渔雷泽,陶河滨,作什器于寿丘,就时于负夏。"文中提到的这些地名,古代学者的解析与定位各有不同,但其涉及地域之广泛是十分明确的。

舜帝的发迹之地为虞城,而据古代文献的记述(如《括地志》),传说中中国各地虞城之遗址(又称为"姚墟")有多处:一处在宋州虞城,传说是舜帝的后裔所封之地,在今河南虞城县。一处在越州余姚县,相传舜帝为姚

---

① 《通鉴地理通释》卷四,"帝尧都"下引,中华书局 2013 年版,第 76 页。

姓，故其子孙所居之地被称为"余姚"。西汉时期置有上虞县，后归属余姚县，在今天浙江上虞市境内，与余姚市相毗邻。一处在濮州雷泽县，相传为舜帝出生之地，在今天山东菏泽市东北。

而更多的古代学者与文献资料倾向将虞地定位于河东蒲坂。如《史记索隐》云："虞，国名，在河东大阳县。"汉晋时期的大阳县的治所在今天山西平陆县西南。《括地志》又记云："故虞城在陕州河北县东北五十里虞山之上。郦（道）元注《水经》云幹桥东北有虞城，尧以女嫔于虞之地也。"相传尧帝将两个女儿嫁与虞舜，而虞城正是迎娶两位妃子之地。经过古代学者们的反复论证，传说中舜帝所过之地，如"历山""陶城"等，也大多能在河东蒲坂一带找到其遗迹。如《宋永初山川记》云："蒲坂城中有舜庙，城外有舜宅及二妃坛。"可见，位于蒲坂的舜帝故居很早就得到古人的认可与尊崇。蒲坂城在今天山西永济市西南蒲州镇。

关于舜帝即位后的都城，文献记载也有多处。如西晋学者皇甫谧曾指明："舜所都，或言蒲阪（坂），或言平阳，或言潘。潘，今上谷也。"《括地志》对皇甫谧之言作了进一步的解析："平阳，今晋州城是也。潘，今妫州城是也。蒲阪，今蒲州南二里河东县界蒲阪故城是也。"妫州城，治所在今天河北涿鹿县西南。其中，"舜都蒲坂"无疑得到了更多人的认可，从而在人们心目中形成了根深蒂固的印象。

相传舜帝在百岁高龄南下巡狩，途中不幸在苍梧之野去世，被安葬于江南九嶷山。九嶷山，又被称为苍梧山，在今天湖南南部的宁远县。舜帝在如此高龄还路途迢迢地南下巡狩，死后也没有归葬故里，在后世人看来似乎有些不可思议。但如果我们了解上古时代先民以迁徙为主要生存与避难方式的话，这种疑问便可迎刃而解了。

"三皇五帝"是远古时代中华民族先祖们偶像化的象征，他们的行踪实为千千万万中华民族祖先们开拓故事的缩影。

我们可以发现，随着时间的推移，随着历史记忆越来越清晰，古代帝王们的都城在地域分布上也有明显的逐步聚集稳定的趋势。正如《史记正义》所云："尧都平阳，舜都蒲坂，禹都安邑，相去不盈二百，皆在冀州。"就其活动范围而言，远古时代中国境内的部族多集中于今天的"三河"地区，即河北、河南与河东。对此，宋代学者郑樵在《通志》中作出了进一步解析：

> 自开辟以来，皆河南建都，虽黄帝之都，尧、舜、禹之都于今皆
> 为河北，在昔皆为河南。大河故道自碣石入海，碣石，今平州也。
> 所以幽蓟之邦、冀都之壤皆为河南地。周定王五年以后，河道埋
> 塞，渐移南流，至汉元光三年，徙从顿邱入渤海，今滨沧间也。[①]

虽然与今天的地表形态有相当大的差距，杜佑的解析还是极具启发性的。今天的河南与河北的形成，乃是上古时期黄河大改道之后的结果。在黄河大改道之前，大河故道从碣石入海，文献中记载的尧、舜、禹的不少都城在黄河以南地区。这是无可置疑的。

在今天的版图上，山西西南部（河东）、河北南部、河南地区似乎值得特别关注，因为更多的古代帝王的都城集中于这些地区。古代学者服虔曾指出："唐、虞、夏之都，大率相近，不出河东之界。"即谓尧帝、舜帝以及夏禹所都之地，都在"河东"（即今山西省西南部地区）。

上述几个地区在古文献中又被合称为"三河"。长期以来，黄河流域被认为是哺育中华民族与中华文明的"摇篮"，或者更确切地说，"三河"地区才是中华民族与中华文明"摇篮地"的标志。同时，就民族迁徙而言，我们可以断言，经过漫长时间的艰苦迁徙与探索，更多的炎黄子孙在"三河"地区聚集起来，从而使这一地区成为中国境内最早的人口繁多、文明发达的"鼎盛之区"。

第二节　夏商周三代的民族迁徙与经济发展

> 昔太古尝无君矣，其民聚生群处，
> 知母不知父，无亲戚、兄弟、夫妻、男女之别，
> 无上下长幼之道，无进退揖让之礼……
>
> ——《吕氏春秋·恃君览》

夏、商、周上古三代王朝，在中国古人心目中是圣洁美好的时代，三代的圣王与名臣也常常成为后代大臣所称颂的"道德典范"。这种对上古时

---

① ［宋］郑樵：《通志二十略》，中华书局 1995 年版，第 561 页。

代完美化的想象,在今天认同历史进步观的人们看来,当然是幼稚可笑的,但是,却主导了中国传统士人的思想达数千年之久。在生产力原始低下的年代,维持一个稳定的政权,维系一个拥有较多人口的族群,甚至维持自身的生存,都是相当困难的,都要面对严峻的挑战。为了躲避灾难,或为了寻找更好的生存之所,古老的先民不断地迁徙。可以说,在原始时代,迁徙更是一种积极的生存方式。也许,在今天的人们看来,当时迁徙的距离并不遥远。然而,这种迁徙却是华夏早期文明发展难得的历练。如著名学者丁山在先秦都邑研究中特别强调了其反复迁徙的特点,提出并细致分析了"夏后氏都邑十迁""殷商都邑十六迁""周都十余迁"的现象。① 先秦史学者蒙文通则对两周时期的民族迁徙进行了十分深入的探讨,提出了诸多精辟的见解。可以说,在蒙先生看来,先秦民族发展史不啻是一部民族迁徙史。②

　　古人通常认为:"帝王所都为中,故曰中国。"③夏、商、周三代王朝的核心区,即王都,是王朝疆域的最重要的部分,而夏、商、周三代王朝最重要的迁徙,正是王都的迁徙。都城的迁徙,必然伴随着王朝人口的迁徙。每一次都城迁移,都是一次规模可观的移民活动。一次又一次迁移,犹如划出了一条条地理界线;一条条界线围成了彼此相接的地理区域。夏、商、周三代划出的区域,便是日后的"天下之中",即居于天下中心的国家,这也许就是古文献"中国"的最初含义。

一、"大禹治水"传说与夏族迁徙历史

> 古禹、皋陶久劳于外,
>
> 其有功乎民,民乃有安。
>
> 东为江,北为济,西为河,南为淮。
>
> 四渎已修,万民乃有居。
>
> ——《史记·殷本纪》载成汤之语

---

① 丁山:《由三代都邑论其民族文化》,《古代神话与民族》,江苏文艺出版社 2011 年版。

② 蒙文通著:《中国古代民族史讲义》之《目录》,天津古籍出版社 2008 年版。

③ [清]阎若璩撰:《四书释地三续》卷中引刘煦注,《景印文渊阁四库全书》。

在华夏民族的文化记忆中，"夏人""夏族"无疑是华夏民族中历史最为悠久的血缘集团。而夏人与夏族的功绩，莫过于创建了中国古代历史上第一个著名的中原王朝。

夏王朝的开创者大禹，是结束中国古史"传说时代"，并开启华夏历史新纪元的传奇英雄。作为大禹功业的崇拜者，先秦诸家大哲们在他们的著作中充满了对大禹功业的敬仰之情。《孟子·滕文公章句下》称：

> 天下之生久矣，一治一乱。当尧之时，水逆行，泛滥于中国，蛇龙居之，民无所定，下者为巢，上者为营窟。《（尚）书》曰："洚水警余"。洚水者，洪水也。使禹治之，禹掘地而注之海，驱蛇龙而放之菹，水由地中行，江、淮、河、汉是也。险阻既远，鸟兽之害人者消，然后人得平土而居之。

《吕氏春秋·爱类篇》也追述当时的情形称：

> 昔上古龙门未开，吕梁未发，河出孟门，大溢逆流，无有丘陵沃衍、平原高阜，尽皆灭之，名曰鸿水。禹于是疏河决江，为彭蠡之障，干东土，所活者千八百国，此禹之功也。

大禹最伟大的功业是治理洪水。在世界各文明古国的传说中，大多出现过"洪水滔天"的"洪荒时代"。洪水泛滥，江河横流，原本是自然现象。然而随着人类社会的发展，原始农业文明已开始初具规模，农业的进步导致人口的增加。与之同步，人类较为稳定的聚居区在逐渐增多，地域在逐渐扩展，这样一来，肆意横流的江河必然对原始农业生产、人类聚居区的稳定乃至原始人群的生存构成了巨大的威胁。如果洪荒不治，江河乱流是原始时代生态环境一个最明显特征的话，那么，治理洪水、疏导江河，便成为上古时期人们实现自身生存以及发展人类文明的首要任务之一。

相传大禹是黄帝之玄孙、颛顼帝之孙，而他的父亲鲧却因治水失败而被舜帝处死。遵照远古时代职守家族世袭的传统，舜帝又任命大禹承继父亲未竟之业，继续整治天下的河流与水道。在传说及古人追忆之中，大禹治水的规模十分庞大，涉及地域也极为广袤。《墨子·兼爱篇》称：

> 古者禹治天下，西为西河渔窦，以泄渠、孙、皇之水；北为防原、泒，注后之邸、嘑池之窦，洒为底柱，凿为龙门，以利燕、代、

胡、貉与西河之民;东方漏之陆,防孟诸之泽,洒为九浍,以楗东土之水,以利冀州之民;南为江、汉、淮、汝,东流之注五湖之处,以利荆、楚、干、越与南夷之民。

不难看出,在先秦思想家墨子等人的回忆中,大禹的足迹几乎遍及天下:从西河之水到东土之泽,从北方的燕代之民到荆楚的南夷,大禹不仅全面治理了天下的水系与水道,其功德也惠及了天下四方的各个民族。我们可以发现,在古代传说中不仅是华夏尊崇大禹,就是不少所谓"四夷"民族也把大禹当做自己民族的始祖,治水的伟大功业恐怕是最重要的原因之一吧。

《庄子·天下篇》又载称:

昔者,禹之湮洪水,决江河而通四夷九州也,名山三百,支川三千,小者无数。禹亲自操橐耜而九杂天下之川。腓无胈,胫无毛,沐甚雨,栉疾风,置万国。禹,大圣也,而形劳天下也如此。

梳理天下河道,并不是大禹唯一的工作目的。除疏通洪水外,划定或开启九州,是大禹创立的另一项伟大功绩。在中国古人的眼中,二者有着直接的关联。江河的疏导与治理不仅反映了上古先民坚韧不拔的毅力,更反映出古代先民不凡的智慧以及地理认知的进步。最突出的表现是,中国最早的地理区划是与江河的治理相伴而生的。东汉大史学家班固在《汉书·地理志》中辑录、阐发了西汉刘向、朱赣两人关于当时各地风俗异同的论述,其中提到:"古有分土,亡(同无)分民。"唐朝学者颜师古注释云:"有分土者,谓立封疆也。无分民者,谓通往来不常厥居也。"应该承认,这是有关中国民族史的极为重要的观点。在对中国古代的认知上,究竟是地域区分在前,还是民族的分辨在前呢?这恐怕是许多博学之士难以解答的难题,而刘向、班固等学者早已提出了明确的观点,即地域的区分远早于族类、族群及民族等区别。地域的区别是地理认识的基本,而在传说中上古时代的地域认识工作就是由大禹来完成的。

关于大禹开启九州的伟大工作,《史记·夏本纪》记述道:大禹"左准绳,右规矩,载四时,以开九州,通九道,陂九泽,度九山"。这九州之名分别是冀州、沇(兖)州、青州、徐州、扬州、荆州、豫州、梁州、雍州。"九州"此后便成了中国或天下的代称。古代文献集《尚书·禹贡篇》便详细记载了大禹所开九州的状况,包括山川、物产、道路、人口与贡赋等内容,也成为中国历史上第一篇有科学价值的地理学论著。[①]

西汉伟大的史学家、《史记》的作者司马迁为考求史迹遍游天下,他同样被大禹治水的壮烈功绩所震撼:

> 余南登庐山,观禹疏九江,遂至于会稽太湟,上姑苏,望五湖;东窥洛汭、大邳,迎河,行淮、泗、济、漯洛渠;西瞻蜀之岷山及离碓;北自龙门至于朔方。曰:甚哉,水之为害也![②]

当然,面对如此宏伟壮烈的功绩,崇尚科学及实事求是理念的现代学者们却表示了极大的怀疑,因而提出了"大禹非人论"或"大禹为神论",即以常理推之,在原始时代生产力极端落后的状况下,无论如何艰苦努力,一个首领与一个部族似乎绝不可能完成如此巨大的水利工程。可以肯定,疏通江河、平定九州,是中国远古先民们不遗余力完成的一项伟大工程。这项工程的完成,也须有若干杰出领袖的卓越贡献,而不应将这项工程的完成归结于个人的功劳。治理江河,应该是多少代人艰苦奋斗的结晶,将之归美于一位伟大英雄,不过是传奇故事的惯用方式而已。

即使是在江河得到治理,以及天下"九州"划定之后,夏王与夏族的居留地仍在不断变化之中。夏王与夏人的迁徙,反映在为数不少的"禹迹"与夏都所标志出的路途之上。著名学者丁山先生根据《古本竹书纪年》对于"夏后氏都邑十迁"问题进行了细致的考证,并得到较为准确的结论,见表1—1。

表1—1　　　　　　　　　　　　　夏后氏都邑考

都邑名	迁居者	考证
阳城即唐	禹	今山西省翼城县西
晋阳即平阳	禹	今山西省临汾县西
安邑	禹	今山西省平陆县东北虞山

---

① 侯仁之主编:《中国古代地理学名著选读》(第一辑),学苑出版社 2005 年版。
② 《史记》卷二九《河渠书》,第 1415 页。

续表

都邑名	迁居者	考证
黄台之丘（邱）	启	今河南省新密县间
斟鄩	太康、桀	今河南省巩县西南寻谷水畔
斟灌	后相	今山东省观城县
帝邱	后相	今河北省濮阳县
原	帝宁	今河南省济源县西北
老邱	帝宁	今河南省陈留县东北
西河	胤甲	今陕西省郃阳县附近

资料来源：丁山：《由三代都邑论其民族文化》，《古代神话与民族》，江苏文艺出版社2011年版，第7－8页。

笔者试就几个重要的"夏都"进行地望及迁徙史解析。

第一，夏朝最早、最著名的都城之一——安邑。在今山西南部运城市夏县西北。"禹都安邑"与"尧都平阳""舜都蒲坂"一样，是夏朝都城最通行的说法之一。由于与传说中尧都、舜都地望前后相承，具有一定的合理性，且与夏朝发展史轨迹相吻合，即从晋南到河南，因此，这一地望受到历代学者的推重。唐代地理名著《元和郡县图志》即载明："安邑故城，在（唐代夏）县东北一十五里，夏禹所都也。"①可见，这一说法在唐代已成公论。宋人所著《皇王大纪》、清初顾炎武所著《历代宅京记》等著作也都赞同这一说法。

第二，夏朝最著名的都城之二——阳城与阳翟。阳城在今河南登封县告城镇。"禹都阳城"也是关于夏代都城的另一种通行的说法。《竹书纪年》（即《汲冢书》）最早提出了这种说法，《史记正义》也表示赞同："今洛州，夏禹所都。"而不少古代学者将阳翟作为夏朝的最重要的国都，阳翟在今河南禹州市。如东汉班固所著《汉书·地理志》载云："阳翟，夏禹国，今颍昌府阳翟县有禹山。"西晋学者皇甫谧的《帝王世纪》也载称："禹受封为夏伯，在豫州外方之南，今河南阳翟是也。"

————————————

① 《元和郡县图志》卷六《河南道二》，第159页。

第三，夏族曾经迁居的都城——晋阳。在今山西太原市西南古城营。根据古代学者对《左传》注释的说法，上古大禹所居住过的"夏虚大夏"，就在今天山西太原。宋代乐史《太平寰宇记》载称："禹自安邑都晋阳，桀徙安邑。"[①]也就是说，夏禹曾从安邑迁往晋阳。然而，现代不少学者对此表示怀疑，以为晋水就在晋南，晋阳，即晋水之北，也应该在晋南地区。

第四，夏王朝最边远的都城——会稽。会稽，又是一处非常著名的"禹迹"。相传大禹在即位十年之后，东向巡狩，行到会稽时去世，享年百岁，葬于当地。魏晋时代的史籍《皇览》载云："禹冢在山阴县会稽山上。会稽山本名苗山，在县南，去县十里。"《越绝书》也云："禹到大越，上苗山，大会计，爵有德，封有功，因而更名苗山曰会稽。"《续汉书·郡国志》"会稽郡"下称："会稽山在南，上有禹冢。"通常认为这个会稽山就在今浙江绍兴市境内。

然而，这个会稽山的所在却是一个很大的疑问。因为安邑、阳城、阳翟等数个夏都，与会稽山相距甚远，夏禹真的葬在此地了吗？如果我们细察史料就不难发现，让会稽与大禹联系起来的是先秦时代越人对大禹的崇拜。在先秦时代，在今天江浙地区的吴国与越国都被认为是非华夏族后裔，但是，越人坚称大禹是他们的祖先。《史记·越王句践世家》称："越王句践，其先禹之苗裔，而夏后帝少康之庶子也。封于会稽，以奉守禹之祀。文身断发，披草莱而邑焉。"由此足见，大禹祭祀与禹祖崇拜在江浙地区由来已久，少康是夏代非常有名的国王，越人的祖先正是他的后代。当这些后代初来会稽时，依从了当地风俗，"文身断发"。显然，这也许是最重要的大禹后代外迁的故事，而最著名的越王，就是那位以"卧薪尝胆"故事千载传名的句践。

至夏朝末年，夏人的主要活动区域已基本划定。如战国时吴起曾指出："夏桀（夏朝末代君王）之居，左河（水）、济（水），右泰（山）、华（山），伊阙在其南，羊肠在其北，修政不仁，汤放之。"[②]《国语·周语》引伯阳父（即伟大的哲学家老子）之语云："夫国必依山川，山崩川竭，亡之征也。""昔

---

① 《太平寰宇记》卷四十《河东道一》，中华书局 2007 年版，第 836 页。

② 《史记》卷六五《孙子吴起列传》，第 2166 页。

伊、洛竭而夏亡,河竭而商亡。"①很显然,夏国的地域在河、济、伊、洛诸水之中。著名学者邹衡先生根据考古发现与文献资料,对夏文化区进行了全面的考释,高度评价了"有夏之居"的重要价值。他指出:

> 从这些地望的考证,可知所谓"有夏之居",是靠近中岳嵩山的地区。北有黄河,南有伊、洛;北有太行(豫北)或霍山(晋南),南有三涂山。大约包括了今天河南省的嵩县、临汝、洛宁、宜阳、伊川、洛阳、孟津、偃师、巩县、登封、禹县等地。……围绕洛阳的这一地区,是夏文化的中心分布区……可见考古发现和"有夏之居"的记载是能契合的……"有夏之居"正是中国古代文明最重要的策源地。②

被尊为中国"史学鼻祖"的司马迁曾在《史记·封禅书》中讲道:"昔三代之君皆在河、洛之间,故嵩高(即今河南嵩山)为中岳。"河、洛之间正是日后所谓"中国"的核心区,而这种认同正是从夏代开始的。东汉许慎在《说文解字》中释"夏"为"中国之人也",正是对这种通行观念权威性的总结。

二、国都迁徙与殷商王朝史

> 天降玄鸟,降而生商,宅殷土芒芒,
> 古帝命成汤,正域彼四方。
> ……邦畿千里,维民所止,
> 肇域彼四海,四海来假……
>
> ——《诗经·商颂·玄鸟》

殷商是中国上古时期强盛一时的王朝。如果说夏朝的历史内容难免存疑的话,那么商朝在中华文明历史上的不朽功绩与举足轻重的地位则早已为中外学术界所公认。《诗经》是中国古代第一部诗歌总集,其中就保存了歌颂商朝光辉历史的诗篇。自清末以来,甲骨文字的横空出世,更

---

① 《国语》卷一,上海古籍出版社1978年版,第27页。
② 邹衡:《夏文化分布区域内有关夏人传说的地望考》,《夏商周考古论文集》,文物出版社1980年版,第221页。

是直观地展现了商朝文明成就,不啻为商族与商朝历史的华彩与骄傲。

关于商族的起源与殷商王朝的地理范围,现代著名学者傅斯年先生提出了"夷夏东西说",在中外学术界影响极大。这一论点的核心观点便是认为当时夏人散布于西方,而夷人聚居于东方。当时的天下,根据自然地势与方位被很自然地分割为东、西两大块。

东平原区是世界上极平的大块土地之一,平到河流无定的状态中,有人工河流始有定路,有堤防黄河始有水道。东边是大海,还有两个大半岛(辽东半岛与朝鲜半岛)在望,可惜海港好的太少,海中岛屿又太少,是不能同希腊比的。北边有热(河)、察(哈尔)两省境的大山作屏障……东平原中,在古代有更多的泽渚为泄水之用,因垦地及人口增加,这些泽渚一代比一代少了。这是绝好的大农场而缺少险要形胜,便于扩大的政治,而不便于防守。

西高地系是几条大山夹着几条河流造成的一套高地系。在这些高地里头关中高原最大,兼括渭、泾、洛三水下流冲积地,在经济及政治上的意义也最重要。其次是汾水区,汾水与黄河夹着成一个"河东",其重要仅次于渭水区。又其次是伊雒区,这片高地地方本不大,不过是关中、河东的东面大口,自西向东的势力,总要以雒阳为控制东平原区的第一步重镇。在这三片高地之西,还有陇西区。是泾渭的上游……西高地系在经济的意义上,当然不如东平原区,然而也还不太坏,地形尤其好,攻人易而受攻难……因地形的差异,形成不同的经济生活,不同的政治组织,古代中国之有东、西二元,是很自然的现象。[①]

可以说,中国历史地理上南、北、东、西方位意识的出现,本身就是一个较为漫长的认知过程,而这一认知与中国古代先民的迁徙运动是密不可分的。南与北,东与西,都是相对而言:没有南,也就无所谓北;没有东,也就无所谓西。著名学者陈梦家先生曾经根据甲骨文字考释出商国的范

---

① 《傅斯年全集》第三册,中国(台北)联经出版事业公司1980年版,第884—887页。

围："这个范围相当于今天行政区域内的山东、河北、河南三省和安徽、江苏两省的北部，而以河南、山东两省为主要部分。自盘庚以来的殷代，商王国的主要范围在河南，在此以前，商的活动范围偏于山东省。"①显然，商王族崛起于夏朝东部，属于古代东夷族群。"夷夏东西说"揭示了中国民族地理格局东西相对意识出现的奥秘。

殷商的历史同时也是一个极具典型意义的迁徙历史，研究价值非同寻常。殷商王族的始祖名叫契（音谢），又称为殷契。曾经作为佐助夏后大禹治水的有功之臣，被分封于商。商国，为契始封之地。《括地志》释云："商州东八十里商洛县，本商邑，古之商国，帝喾之子卨所封也。"唐代商洛县就是最古老的商国所在，在今天河南省商丘县境内。

在契之后，殷商部族的迁徙活动十分频繁。如《史记·殷本纪》又载云："自契至汤八迁，汤始居亳，从先王居。"从始祖契在位到成汤在位之时，商族的国都（即核心居留地）已经历了八次较大规模的迁徙。后世的人们已搞不清楚这八次迁徙的具体情况了。

成汤是商王朝的缔造者，他率领商族人马击溃了夏朝最后一位国君——夏桀手下的军队，平定海内，建立了商王朝。成汤时代最重要的国都就是亳。关于亳的方位，《括地志》释云："宋州谷熟县西南三十五里南亳故城，即南亳，汤都也……河南偃师为西亳，帝喾及汤所都，盘庚亦徙都之。"作为商都的亳城"两亳"，即南亳与西亳，南亳在今天河南商丘县东南，西亳在今河南偃师市西。

在汤之后，商都迁徙的脚步仍没有停止。"帝中丁迁于隞，河亶甲居相，祖乙迁于邢。"《史记·殷本纪》载云："帝盘庚之时，殷已都河北，盘庚渡河南，复居成汤之故居，迺五迁，无定处，殷民咨胥皆怨，不欲徙。"据古代学者解释，从成汤到盘庚继位之时，商国先后进行了五次迁徙。张守节《史记正义》释云："汤自南亳迁西亳，仲丁迁隞，河亶甲居相，祖乙居耿，盘庚渡河，南居西亳，是五迁也。"这五次迁徙之都又被学者们称为"商五邦"。

最重要且最有影响的迁都事件无疑是"盘庚迁都"了。迁徙，不仅是

---

① 陈梦家：《殷墟卜辞综述》，中华书局 1988 年版，第 311 页。

艰辛的跋涉,更意味着放弃原有的不动产,而迁到新址,一切都要重新开始,这一切又谈何容易!频繁的迁徙引起了不少殷民的强烈不满,因此,盘庚的迁徙之举受到了来自"殷民"的强大阻力。中国最古老的文献集、《十三经》之首——《尚书》保留了《盘庚(上、中、下)三篇》,相当详实地记录了盘庚迁都前后劝导殷民的情况。因为其文辞古奥难懂,历代学者进行了相当艰苦的诠释工作。如唐代学者孔颖达就解释道:"此三篇皆以民不乐迁,开解民意,告以不迁之害,迁都之善也。中、上二篇未迁时事。下篇既迁后事。上篇人皆怨上,初启民心,故其辞尤切。中篇民已少悟,其辞稍缓。下篇民既从迁,故辞复益缓。"①从这些文辞中,可以看到盘庚为完成迁移所运用的苦心与智慧。

　　盘庚迁都所至之地,又名"殷",在今河南省安阳市西北小屯村,故而商朝又称为殷朝。盘庚迁都所越过的"河"就是洹水,也就是今天河南北部卫河支流安阳河。《史记正义》的作者张守节曾旁征博引,综合考订了殷都问题:"《括地志》云:'相州安阳,本盘庚所都,即北蒙,殷墟南去朝歌城百四十六里。'《竹书纪年》云,'盘庚自奄迁于北蒙,曰殷墟,南去邺四十里',是旧邺城,西南三十里有洹水,南岸三里有安阳城,西有城,名殷墟,所谓北蒙者也。今按:洹水在相州北四里,安阳城即相州外城也。"很明显,到《竹书纪年》成书之时,商都遗址已被当时的人们称为"殷墟"。毋庸置疑,从那个时代开始,"殷墟"已经被视为先秦时代最有影响力的都城遗址之一了。

　　殷商时期,都城的迁徙过程是相当艰辛复杂的,而事实证明,迁都为商朝的发展迎来了一个新的繁盛时期。《史记·殷本纪》称赞道,盘庚"行汤之政,然后百姓由宁,殷道复兴。诸侯来朝,以其遵成汤之德也"。商代所创造的文明是极为辉煌的。《诗经·商颂》有这样的诗句歌颂历代商王的功业:"昔有成汤,自彼氐羌,莫敢不来享,莫敢不来王,曰商是常。天命多辟,设都于禹之绩(同迹)。""商邑翼翼,四方之极。赫赫厥声,濯濯厥灵。"

---

① 〔汉〕孔安国传,〔唐〕孔颖达正义,黄怀信整理:《尚书正义》,上海古籍出版社2007年版,第337页。

近代以来,大批甲骨文在殷墟地区被发现,成为中国文字史研究划时代的事件,更使安阳遗址成为代表中国古代文明高度成就的圣地。今天,即使从殷墟遗址中的城池遗迹上,我们也依然可以想象到当年殷都的宏伟气象。

三、周王族的迁移与建国历程

> 后稷之孙,实维大(太)王,居岐之阳,实始翦商。
>
> 至于文(王)、武(王),缵大王之绪,致天之届,于牧之野……
>
> ——《诗经·鲁颂·閟宫》

周朝,代表着中国上古文明与国家建设的鼎盛时代。周王族的崛起及建国历史,同样伴随着波澜壮阔的迁徙历程。周朝包括西周与东周两个时期,而东周的出现,正是迁移的直接结果。

现代学者齐思和先生在《西周地理考》一文中将周民族称为"渭水民族",并解释道:"世界最早之文化,类皆发生于河流之冲积区。古埃及文化发生于尼罗河流域,西亚文化起于两河流域,印度文化起于恒河流域,其显例也。盖文明初启,农业幼稚,人类既不知施肥之法,又昧于深耕之术,民劳利薄,文化自难繁盛,惟有沿河流之地,土壤肥美,适于灌溉,物产丰饶,得天独厚。一人耕可食数人,余人可从事其他方面之工作,文化进步,自较他处为速也。是故最早文化多发生于河流之两岸,此乃历史之通例,中国亦非例外。"[1]

周王族的始祖为后稷,因善于耕作而被帝尧举为农师,并将其封在邰。邰城便是周王族最早的聚居地。据《括地志》记载,邰城在"(唐朝)雍州武功县西南二十二里,古邰国,后稷所封也。有后稷及姜嫄祠"。邰城在今陕西武功县西南。后稷死后,其子不窋生不逢时,当时的夏王不重视农耕业,他因此丢掉了农师之职,并逃入戎狄人聚居之地。当其孙公刘为部族首领时,重新大力振兴农耕业,并因地制宜,发展经济,周族也由此逐渐富强起来,受到周边百姓的爱戴,周边人民纷纷向周族聚居区汇聚,"百

---

① 齐思和:《西周地理考》,引自《中国史探研》,中华书局1981年版,第56页。

姓怀之,多徙而归焉,周道之兴自此始"。而公刘的另一项功业就是率领部众选择豳地建国,为周王族的进一步发展奠定了基础。豳,又作"邠",其地在今陕西旬邑县境内。从邰地迁移到豳地,本身就是一个漫长的选择过程。《诗经·大雅·公刘》一诗生动地展现了公刘当时率领部众在豳地建国的艰难历程,故而被学者们称为"史诗"。其诗句有云:

笃公刘,逝彼百泉,瞻彼溥原,廼陟南冈,乃觏于京玛。

京师之野,于时处处,于时庐旅……

笃公刘,既溥既长,既景廼冈,相其阴阳。

观其流泉,其军三单。度其隰原,彻田为粮。度其夕阳,豳居允荒。

笃公刘,于豳斯馆。涉渭为乱,取厉取锻……

从此诗可见,先秦时代的人们对于定居地环境的选择逐渐有了相当周全的考虑,考虑到耕地广狭、水泉走向、军事地理形势以及物产等诸多直接关系到民生与政治的因素。这无疑是长期迁徙经历所积累的宝贵经验,而在生产力水平非常原始的时代,人们对居住地自然环境的依赖是相当突出的,尤其是国都的选择更是关系重大,甚至是决定迁徙与否最重要的原因,因而,古代先王对于新的居住地的选择也是极为谨慎的。

古公亶父是周族早期历史上又一个著名领袖,即周王朝的创立者周文王之祖父,故又称为"太公""太王"。他领导了周王族早期历史上的一次重要迁徙,即从豳地迁徙到周原。古公亶父即位首领之后,受到民众的拥戴,国势日益强盛,然而受到了周边戎狄部众的攻击。《吕氏春秋·审为篇》就记载了一则周太王亶父让地的轶事:

太公亶父居邠,狄人攻之,事以皮帛而不受,事以珠玉而不肯,狄人所求者,地也。……遂成国于岐山之下。

岐山在今天陕西岐山县东北。《史记·周本纪》更是将这场迁徙描绘成一场仁德之举。面对戎狄之众咄咄逼人的攻势,为了避免部族人民在暴力冲突中伤亡流血,古公亶父采取了宽容避让的态度。他率领自己最亲近的部民主动迁离豳地,涉过漆水与沮水,翻越梁山,到达岐山之南麓。闻听古公亶父外迁的消息,豳国百姓也扶幼携幼,跟随迁到了周原。

历史证明,"祸福相倚",迁居岐山以南的周原,被视为周王族及周国真正崛起的开始。面积广阔、土壤肥沃的周原也由此成为周王朝的发祥地。岐山也由此成为周国百姓心目中神圣的地方。我们从古诗中也能发现当时人们对岐山发自内心的赞美：

> 天作高山，大王荒之。
>
> 彼作矣，文王康之。
>
> 彼徂矣，岐有夷之行，子孙保之。
>
> ——《诗经·周颂·天作》

周文王、周武王在位时，先后建都于丰、镐。丰，又被称为"丰京"，在今陕西长安县西沣河西岸的客省庄、张家坡、马王村、西玉村一带西周遗址内。镐，又被称为"镐京"，大致在今陕西长安县西北沣河（水）东岸的斗门镇、普渡村、丰镐村一带。迁都丰镐，更被视为周国兴旺发达的转折点。当时的人们热情地赞颂文王父子的功业与丰镐城池的宏伟景象：

> 文王受命，有此武功，既伐于崇，作邑于丰。文王烝哉！
>
> 筑城伊淢，作丰伊匹，匪棘其欲，遹追来孝……
>
> 王公伊濯，维丰之垣，四方攸同，王后维翰……
>
> 丰水东注，维禹之绩。四方攸同，皇王维辟……
>
> 镐京辟廱，自西自东，自南自北，无思不服……
>
> 考卜维王，宅是镐京。维龟正之，武王成之……
>
> ——《诗经·大雅·文王有声》

发生在公元前11世纪的牧野之战终结了殷商王朝的历史，以周邦为首的诸侯国联盟取得了决定性的胜利。而周文王、周武王所统治的周邦原本不过是商朝西方的一个属国而已，在联合众多诸侯国（文献习称"八百诸侯"）攻灭商朝之后，疆域面积在很短的时间里极度扩张。这对于周朝的统治而言，可谓一个极大的挑战。换言之，在西周初期，在中国政治地理版图上出现了前所未有的严峻的"东西制衡"之问题，即在生产力及军事控制能力相对薄弱的古代，由于疆域面积广大而引起的政治中心区选择所面临的困境。周国原居于西部，而商朝所统辖的大部分邦国都在东部，这种状况对于维持周王朝的统治是极为不利的。

为了扭转统治的被迫局面，取得制衡的主动权，以周武王为首的周朝统治者开始了空前的大分封。《史记·周本纪》对此记载道：

> 武王追思先圣王，乃褒封神农之后于焦，黄帝之后于祝，帝尧
> 之后于蓟，帝舜之后于陈，大禹之后于杞。于是封功臣谋士，而师
> 尚父为首封。封尚父于营丘，曰齐；封弟周公旦于曲阜，曰鲁；封
> 召公奭于燕，于弟叔鲜于管，弟叔度于蔡。余各以次受封。[①]

周王族大分封，意味着是周王族与周国百姓的一次向东大迁徙，周王朝的功臣、眷属及王族子孙由此迁往中原各地。在分封的属国中，有所谓"姬姓诸国"与"异姓诸国"之别。"姬姓诸国"均为周王族的亲属，如鲁国、管国、蔡国、晋国等。"异姓诸国"均为周朝的功臣谋士，如齐国、燕国等。

周初分封的另外一个主要特点是数量多，而封国面积非常有限。司马迁曾在《史记·汉兴以来诸侯王年表》中总结道："武王、成、康所封数百，而同姓五十五，地不过百里，下三十里，以辅卫王室。管、蔡、康叔、曹、郑，或过或损。厉、幽之后，王室缺，侯伯强国兴焉，天子微，弗能正。非德不纯，形势弱也。"现代著名学者齐思和先生曾对西周初年所分封的 26 个小国（见表 1—2）进行了统计分析，指出在 26 国中"在河南者十三，当全数之半，在山东者六，在陕西者三，在山西者三，在河北者一。亦略可代表新封国家分布之情形矣"。[②]

表 1—2　　　　　　　　　　　周初所封 26 国地望表

封国名称	地望今地	封国名称	地望今地
管	今河南郑州境废管城	蔡	今河南上蔡县
郕	今山东曹县境	霍	今山西霍州市
鲁	今山东曲阜市	卫	今河南卫辉
毛	今河南宜阳县境	聃	今河南开封境
郜	今山东城武县境	雍	今河南修武县
曹	今山东定陶	滕	今山东滕县
毕	今陕西咸阳市	原	今河南济源

---

① 《史记》卷四《周本纪》，第 163 页。
② 齐思和：《西周地理考》，引自《中国史探研》，中华书局 1981 年版，第 90—91 页。

续表

封国名称	地望今地	封国名称	地望今地
鄠	今陕西户县境	郇	今山西解县境
邘	今河南怀庆境	晋	今山西太原
应	今河南鲁山县	韩	今陕西韩城县
凡	今河南卫辉县境	蒋	今河南固始县
邢	今河北邢台	茅	今山东金乡
胙	今河南汲县境	癸	今河南开封境

西周与东周的分界点在于平王东迁。周都的东迁，从表面上看，主要是受到了西方"戎狄"族人的进逼。但实际上，就血缘族系而言，周王族与"戎狄"西部民族保持着十分亲密的关系，可以说，就族源而言，周王族原本就是西部戎狄民族的一员。另一方面，周王族东迁，也证明了西部（包括当地的关中地区）"戎狄"等非华夏民族数量众多，甚至可称为"戎狄之区"，因而后来秦国初起关中之时，十分自然地被中原诸侯国视为典型的"夷狄之国"。

西周最后一个帝王为周幽王，他嬖爱美人褒姒，荒废国事。周朝规定："有寇至则举烽火。"也就是说，只有在遭到外来侵犯的情况下，才可以点燃烽火，招集天下诸侯前来救援。因褒姒不爱笑，为博美人一笑，周幽王竟在无事之时擅自点燃烽火。当天下各路诸侯兵马急急忙忙全数赶到之时，才发现并无外寇侵袭，只不过是周幽王的一场玩笑。见此情形，褒姒禁不住大笑起来。戏弄天下诸侯的周幽王不以为戒，还觉得这是博取美人欢颜的高招，于是又频频无事点起烽火，饱受戏弄的诸侯们敢怒不敢言，只是再看到烽火时，也就不理不睬了。这种擅自破坏军政条律的荒唐之举，最终为周幽王的身败名裂埋下了伏笔。

为了进一步取悦褒姒，周幽王竟然废掉皇后申氏及太子宜臼，立褒姒为皇后，立其子伯服为太子。这引起申氏之父申侯的强烈不满，申侯联合缯侯与西夷犬戎，向周幽王所在国都发起攻击。情急之下，周幽王再燃烽火，想召集天下人马，结果无人来救。申侯等人最终攻进国都，刺杀周幽王于骊山之下。申后的太子宜臼在诸侯的拥戴下即位，这就是周平王。

幽王之乱与犬戎的进攻,不仅让周朝国都地区遭受重大损失,而且犬戎部族更以此居功要挟,气焰嚣张,在这种状况下,周平王被迫迁都雒阳。

周平王迁都雒阳(即洛阳,今河南省洛阳市)开启了东周的历史。东周的历史,也就是我们所熟知的"春秋战国"时期。春秋战国时期,是中国历史上一个伟大的转折时期,是"春秋五霸"与"战国七雄"称雄争立的时代。《史记·周本纪》载称:"平王之时,周室衰微,诸侯强并弱,齐、楚、秦、晋始大,政由方伯。"原来号召天下的周王族已失去了权威和对属下诸侯国的控制力,这自然给了这些小国更大的发展空间,原来的一些诸侯国在中原逐鹿的搏杀中逐渐壮大起来。

其实,早在攻灭殷商之初,周王朝就开始了对于洛阳地区的经营。太史公司马迁曾对周朝迁都之事进行了考订。他指出:"学者皆称周伐纣,居洛邑,综其实不然。武王营之,成王使召公卜居,居九鼎焉。而周复都丰、鄗,至犬戎败幽王,周乃东徙于洛邑。"①周王所在的周王畿的地域范围是相当有限的。据清代学者顾栋高的考定:"东迁后,(周)王畿疆域尚有今河南(治今河南洛阳市)、怀庆(治今沁阳市)二府之地,兼得汝州(治今市),跨河南北。"②后内外交侵,周王畿疆域日削。"于是周境东不过虎牢,南至伊、汝二水之间,西不及崤、函,北距黄河,广运不过一二百里之间罢了。"③蜷缩在这样的一个弹丸之地内,周王畿只不过是一个象征性的标志而已,当然再也无法号令诸侯了。

西周与东周相比,华夏族聚居区最明显的变化之一便是周王畿与周王本族的迁徙。人口数量也许是非常有限的,但是,周王族的迁徙,不仅仅开创了东周的历史,而且标志着周朝政治重心的大转移。周都的两都丰镐(长安—洛阳一线),从此构成了中国古代历史上最重要的政治地理轴心线,长安与洛阳之间也成为中国政治地理最重要的心脏地带。而这一政治地理格局正是由周朝的历史所开启的。

---

① 《史记》卷四《周本纪》,第212页。
② 顾栋高:《春秋大事表》,中华书局1993年版,第801页。
③ 童书业:《春秋史》,山东大学出版社1987年版,第102页。

第二章

匈奴民族历史与迁移运动

在众多的边塞诗篇中，

秦朝与西汉的历史被描绘成了激烈征战的历史，血雨腥风。

而稍具历史常识的读者都会知晓，

秦朝与西汉王朝最大的威胁，就是塞北的匈奴族人。

——作者题记

匈奴，是中国历史上第一个势力强盛且具有重大影响力的北方非华夏（汉）民族，也是最早对汉族中原王朝产生重大影响的北方游牧民族，以至于在匈奴族消失之后，匈奴或"胡"（"匈奴"二字之促读）人依然是域外及北方民族的代名词。同时，匈奴（Huns）还是一个对于欧亚历史产生广泛影响的世界性民族。匈奴人的一支西迁队伍从亚洲进入欧洲地区，纵横驰骋，声威赫赫，甚至逼使日耳曼掀起了大迁徙的狂潮。[①] 匈奴学研究也由此成为一门世界性的显学。

中国历史上各个游牧民族与中原王朝的关系都经历了复杂的演变过程。其中匈奴族与中原王朝的敌对状态维持时间最长，关系发展也最为曲折。早在战国时期，匈奴人对中原诸国的侵袭已相当频繁。秦与西汉时期，长城南北曾爆发过多次大规模的战争，造成生命财产的巨大损失。尽管经过数百年的征战与厮杀，匈奴族人并没有永久驻足于阴山山脉以

---

① 丁弘编著：《历史上的大迁徙》第3章"上帝之鞭：欧洲匈人大迁徙"，中国发展出版社2007年版。

北,长城与中原王朝的军队也没有挡住匈奴人南迁的脚步,匈奴人穿越长城,进入内地,成为中原居民的一部分。正缘于此,匈奴人的历史与中原地区的历史不可剥离地融合到了一起。

鉴于匈奴在中国乃至民族史上的显赫地位,匈奴学也很早成为世界性的显学,有关论著相当繁富。在现代学者中,林干先生对匈奴学的贡献是有目共睹的。他不仅主持编辑了《匈奴史论文选集》①《匈奴史料汇编》(上、下册)②等资料性文献集,还编撰了《匈奴历史年表》《匈奴通史》等专门著作。此外,在早期研究中,马长寿先生的《北狄与匈奴》③、周伟洲先生的《汉赵国史》等也都是匈奴史研究中颇有价值的著作。

第一节　匈奴族早期分布与经济生活

一、匈奴早期历史溯源

> 亡我祁连山,使我六畜不繁息;
> 失我焉支山,使我妇女无颜色!
>
> ——《古匈奴歌》

匈奴作为族名,据学者们的考证,仅与匈奴有关的名称就达数十个之多,不过与之直接对应的应为"胡"。有关民族渊源问题,学者们也见仁见智,进行了长期的争论。

笔者以为,以记载中的任何一种古族作为匈奴的唯一渊源,都不免牵强,匈奴族应该是由远古时期居住于北方地区各种原始民族混居通婚演化而来的民族共同体,其混居融合的地域便是所谓"北蛮"。

关于匈奴起源地的研究,大概有两种路径:一是文献学的考证方法,二是考古学的证据。关于匈奴族的起源地与风俗,《史记·匈奴列传》称:"匈奴,其先祖夏后氏之苗裔也,曰淳维。唐、虞以上有山戎、猃狁、荤粥,

---

① 林干:《匈奴史论文选集 1919—1979》,中华书局 1983 年版。
② 林干:《匈奴史料汇编》,中华书局 1988 年版。
③ 马长寿:《北狄与匈奴》,生活·读书·新知三联书店 1962 年版。

居于北蛮,随畜牧而转移。"《汉书》作"北边"。不过,"北蛮"仅是一种方位性的大致猜测,并无多大实证意义。其方位参照的政治核心或首都所在区域,应该是秦朝与西汉的所在地——长安(今陕西西安市),即大致在今天山西、陕西北部或更远。

据确切记载,匈奴人与华夏族人正面接触,至迟从战国初期开始。早期较为确切的地点便是在雁门与代两郡以北。《史记·匈奴列传》所载:"……后百有余年,赵襄子逾句注而破并代以临胡、貉。"句注山(或作勾注山)又称陉岭、西陉山,坐落在今山西代县西北,与雁门山冈陇相连,故也有雁门之称,因阻隔南北、地位特殊而成为中国古代史上的一座非常著名的山脉。《吕氏春秋》等典籍将其列为天下九塞之一。此处"代"指句注山、常山及夏屋山以北的代国,在今河北蔚县东北。赵襄子在位时期为公元前475年至前425年,攻灭代国应在其即位之初,即公元前475年左右。[1] 三家分晋后,"则赵有代、句注之北"。[2]

从先秦时期开始,匈奴民族与华夏汉族国家逐渐明确划分了各自的地盘。当时与匈奴分布区接界的有三个国家,即秦、赵、燕。为了抗御匈奴的侵袭,秦、赵、燕三国都大规模地修建边界防御工事,这也就是北边长城的前身。如秦国修建长城起于秦昭王时(公元前306年—前251年在位),在攻灭义渠国之后。"于是秦有陇西(治今甘肃临洮县)、北地(治今甘肃宁县西北)、上郡(治今陕西榆林市东南),筑长城以拒胡。"赵国自赵武灵王在位后实行胡服骑射,在国力充实后,大举北伐,同时筑长城以守。"而赵武灵王亦变俗胡服,习骑射,北破林胡、楼烦,筑长城,自代并阴山下,至高阙为塞。而置云中(治今内蒙古托克托县东北)、雁门(治今山西右玉县南)、代郡(治今河北蔚县东北代王城)。"

秦统一六国后,不仅派遣大军出击匈奴,让匈奴势力遭受重创,还强征各地百姓,连接原来各国长城,筑成万里长城。从此,这条万里长城就成为匈奴族活动区与汉族中原王朝辖区的分界线。

秦汉之际,一位杰出领袖的出现,揭开了匈奴民族历史的新篇章。这

---

[1] 赵襄子攻灭代国的事迹,参见《史记·赵世家》。

[2] 《史记》卷一一〇《匈奴列传》,第2885页。本小节引文未特殊注明者,均出于该传。

位杰出领袖就是冒顿。在冒顿即位初期，匈奴人面临严峻的生存威胁。"当是之时，东胡强而月氏盛。"①匈奴部族面对东面的"东胡"部族与西面的"月氏"国的两面夹击。冒顿因此卧薪尝胆，忍辱负重，逐渐积蓄力量，最终一举摧毁了东胡王势力，然后又大举向西攻击月氏国，逼使其向更远的西北地区迁徙，国势大盛，"控弦之士（即男性军人）三十余万"。冒顿在后来给汉孝文帝的书信中回顾了这段光辉的创业史："以天之福，吏卒良，马强力，以夷灭月氏，尽斩杀降下之。定楼兰、乌孙、呼揭及其旁二十六国，皆以为匈奴。诸引弓之民，并为一家。"至此，强大的匈奴族联盟宣告建立。

匈奴联盟控制区域包括大量附庸小国，范围是相当辽阔的。其中，最核心的部分还是匈奴族群所控制地域范围。其分布的大致范围是：

> 诸左方王将居东方，直上谷以往者，东接秽貉、朝鲜；右方王将居西方，直上郡以西，接月氏、氐、羌；而单于之庭直代、云中；各有分地，逐水草移徙。②

这片区域在长城以北，东起上谷，西至氐羌聚居区，这也就是日后文献中经常出现的所谓"匈奴故地"的所在。其中，涉及的重要地名有：

上谷（郡，治今河北怀来县东南），是匈奴聚居区中部与东部之界限。

秽貉、朝鲜，是匈奴"左方"之边缘。

上郡（治今陕西榆林市），是匈奴"右方"部落与汉朝西部边境交界处。

代（郡，今治河北蔚县西南）、云中（郡，治今内蒙古托克托县东北），处于中间地带，而越过长城直达单于庭，即匈奴部落联盟的核心。

塞外匈奴民族的强大，对于汉族中原王朝的统治者来讲，当然不是一个好消息。西汉初年，国力衰弱，无力北顾，汉高祖、汉文帝等只得被迫采取屈辱的"和亲"政策，即将宗室公主许配单于作妻（即阏氏），赠送丰厚的财物，以缓和匈奴人频繁而凶猛的南侵活动。匈奴与汉朝双方约定：

> 先帝制：长城以北，引弓之国，受命单于；长城以内，冠带之室，朕亦制之。使万民耕织射猎衣食，父子无离，臣主相安，俱无

---

① 关于月支国的方位，《史记正义》引《括地志》云："凉、甘、肃、延、沙等州地，本月氏国。"也就是在今天甘肃与青海之间的河西走廊地区。

② 《史记》卷一一〇《匈奴传》，第2891页。以上引文无特别注明，均出于该传。

暴逆。

匈奴与汉朝之间这样的约定,实际上构建了中国历史政治地理与民族地理上"南北相抗"的大格局,也从法规角度上确立了长城作为南北政权与民族区分界线的重要地位。当然,在实际上,这种约定并未完全制约匈奴骑兵的南下杀掠。因此,在西汉文帝与景帝在位期间,为抵御匈奴人的南下侵袭,在坚持"和亲"政策的同时,在西北边境地区驻守重兵,严阵以待,不敢丝毫松懈。

汉朝为缓和汉匈关系而实施"和亲"政策,付出了相当高昂的代价,我们可以从单于提出的和亲条件中略窥一斑:

> 南有大汉,北有强胡。胡者,天之骄子也,不为小礼以自烦。
> 今欲与汉阆(开启)大关,取(同娶)汉女为妻,岁给遗我蘖酒万
> 石,稷米五千斛,杂缯万匹,它如故约,则边不相盗矣。①

蒙古高原恶劣的自然环境与游牧社会落后的生产力水平,造成匈奴部族各种生活与生产物资极度匮乏,这也是造成匈奴部落频频南侵的一个极为重要的客观因素。汉朝长期实行"和亲"政策,屡屡派遣宗室公主北上,并通关市,厚赏赐,在一定程度上改善了蒙古高原物资严重匮乏的状况,取得了相当显著的效果。这种措施不仅让匈奴人体会到在和平状况下改善物质生活的现实可能性,同时也在匈奴贵族阶层培养了一批亲汉人士,"匈奴自单于以下皆亲汉,往来长城下",这对于汉与匈奴关系的改善起到了不可忽视的作用。

在汉武帝即位后,汉朝国力已显强盛,开始积极反击匈奴人的侵袭。其中著名将领卫青、霍去病多次统率汉朝军队大举北上,甚至深入大漠,登临瀚海,给了匈奴部落以沉重的打击,极大地鼓舞了汉朝军民的士气。但是,实力尚存的匈奴单于也不示弱,向汉朝边境地区发动了更为频繁的侵袭。激烈的征战使汉匈双方都付出了沉重的代价。"汉两将军大出围单于,所杀虏八九万,而汉士卒物故(即死亡)亦数万,汉马死者十余万。"

关于匈奴部落的人口规模,文献记载相当缺乏。汉朝初年,贾谊曾在

---

① 《汉书》卷九四上《匈奴列传上》,中华书局 1962 年版,第 3780 页。

上疏中指出："臣料匈奴之众不过汉一大县,以天下之大困于一县之众,甚为执事者羞之。"①这显然有低估之嫌。据《汉书·地理志》,譬如人口最稠密的长安地区而言,长安县为 246 200 人,长陵县为 179 469 人,茂陵县为 277 277 人。以此类推,"一大县"户口最多在 20 万左右。匈奴各部人口合计,应不止于此数。如元狩二年,匈奴昆邪王率部归降汉朝,部众合计就达 4 万余人,号称"十万"。又如《史记·匈奴列传》载,冒顿在位之时,"控弦之士三十余万"。所谓"控弦之士",即指成年男子。葛剑雄先生据此估计匈奴的人口总数不过五六十万,绝对不会达到一百万。②

匈奴人的数量,还可以在匈奴内迁的规模上见其一斑。匈奴人的内迁主要有以下两种形式:一是归降。汉朝为了瓦解匈奴部落的力量,优遇归降的匈奴人,"设金爵之赏以待降者"③,故而在两汉时期匈奴人南迁的记载相当多。见于记载的匈奴人南迁,多以匈奴首领率领下的群体为主。二是俘虏。这类内迁在汉朝大举北伐时最为集中。记载中著名将领卫青、霍去病两人战绩最为辉煌。"最大将军(卫)青,凡七出击匈奴,斩捕首虏五万余级。""最骠骑将军(霍)去病,凡六出击匈奴,其四出以将军,斩捕首虏十一万余级。"④如果将"斩""捕"的数量各半计算,那么卫青与霍去病率军捕获的匈奴部众也起码有数万人之多。

残酷的现实让更多的匈奴族首领体会到"和亲"政策的可贵,促使他们更多地向汉朝靠拢。"前此(汉武帝统治后期)者,汉兵深入穷追二十余年,匈奴孕重墯殰,疲极苦之,自单于以下常有欲和亲计。"⑤汉朝宣帝与元帝在位期间,汉匈关系发生了重要变化。匈奴联盟内部发生内讧,五个单于争立,其中呼韩邪单于毅然于甘露二年(公元前 52 年)南下附塞,入朝汉朝皇帝,受到汉朝的隆重款待。以后,呼韩邪单于又多次入朝,汉元帝在厚赏之余,还应单于之请,选取王嫱(墙)赐配单于。这个王嫱就是青史留名的王昭君。

---

① 《汉书》卷四八《贾谊传》,第 2241—2242 页。
② 葛剑雄:《中国人口发展史》,福建人民出版社 1991 年版,第 117 页。
③ 《汉书》卷九四下《匈奴传》,第 3080 页。
④ 《史记》卷一一一《卫将军骠骑列传》,第 2941—2945 页。
⑤ 《汉书》卷九四上《匈奴列传上》,第 3781 页。

　　古代社会素有重视血缘宗亲的传统。"和亲"政策的一个核心内容就是建立了刘氏皇室与匈奴单于家族之间的姻亲关系,即将刘氏宗亲及其他汉族女子许配给单于为妻。这些汉族妇女远离故土与亲人,忍受着水土不服的痛楚,做出了巨大的牺牲。她们为改善汉匈关系所做出的艰苦努力是值得后世人纪念的,她们中的杰出代表便是王昭君。呼韩邪单于的亲汉之举在汉匈关系史上产生了深远的影响,成为亲汉派匈奴首领的榜样。

二、匈奴早期经济生活形态

> ……且匈奴者,轻疾悍亟之兵也。
>
> 畜牧为业,弧弓射猎,逐兽随草。
>
> 居处无常,难得而制也……
>
> ——[汉]刘向《新序》

　　《史记·匈奴列传》是关于匈奴民族历史最早的文献。该《列传》载称:"匈奴,其先祖夏后氏之苗裔也,曰淳维。唐、虞以上有山戎、猃狁、荤粥,居于北蛮,随畜牧而转移。"匈奴人自认为夏后氏(即夏王族)的后裔,在血缘上与华夏族并无大异。然而,从现有文献资料分析,就其生产方式及风俗习惯而言,匈奴作为典型的北方游牧民族,与农耕民族华夏(汉)族之间可谓相差悬殊。《史记·匈奴列传》关于其生产生活特征的记载有:

> 居于北蛮,随畜牧而转移……逐水草迁徙,毋城郭常处耕田
>
> 之业,然亦各有分地。毋文书,以言语为约束,……其俗,宽则随
>
> 畜,因射猎禽兽为生业,急则人习战攻以侵伐,其天性也……

　　古代罗马史学家也在他们的著作里留下了关于匈(奴)人生活状况的描述,与中国古代文献的记述极为接近:

> 匈人的凶猛与野蛮是难以想象的,他们划破他们的孩子们
>
> 的面颊,使他们以后长不出胡子,他们像野兽般地生活,食生食,
>
> 不调味,吃树根和放在他们马鞍下压碎的嫩肉……常年游牧。
>
> 他们从小习惯了忍受寒冷、饥饿和干渴……他们在马背上度过
>
> 一生,甚至躺在马脖子上睡觉。在战斗中,他们扑向敌人,发出
>
> 可怕的呐喊声。当他们受到阻挡时,他们分散,又以同样的速度

返回,砸碎和推翻沿路所见的一切。他们不知道如何攻下一个
要塞和一个周围挖有壕沟的营帐。但是,他们的射箭技术是无
与伦比的,他们能从惊人的距离射出他们的箭,其箭头上装有像
铁一样硬的可以杀死人的骨头。[①]

　　汉族与匈奴族之间最大的差异,来自经济生活方式的不同,在这一点
上,西汉时期杰出思想家晁错论述得最为清晰。晁错为颍川(治今河南禹
州市)人,以上“削藩”之策而名扬史册。他对北部边疆问题相当熟悉,其
中对于中原王朝与匈奴之优劣的看法相当精辟。他指出:

　　　　……今匈奴地形、技艺与中国异,上下山阪,出入溪涧,中国
　　之马弗与也;险道倾仄,且驰且射,中国之骑弗与也;风雨罢劳,
　　饥渴不困,中国之人弗与也;此匈奴之长技也! 若夫平原易地,
　　轻车突骑,则匈奴之众易挠乱也;劲弩长戟,射疏及远,则匈奴之
　　弓弗能格也;坚甲利刃,长短相杂,游弩往来,什伍俱前,则匈奴
　　之兵弗能当也;材官驺发,矢道同的,则匈奴之革笥木荐弗能支
　　也;下马地斗,剑戟相接,去就相薄,则匈奴之足弗能给也;此中
　　国之长技也! 以此观之,匈奴之长技三,中国之长技五……

　　　　夫胡貉之地,积阴之处也,木皮三寸,冰厚六尺,食肉而饮酪,其
　　人密理,鸟兽氄毛,其性能寒……胡人衣食之业不著于地,其(势)易
　　以扰乱边竟,何以明之? 胡人食肉饮酪,衣皮毛,非有城郭、田宅之
　　归居,如飞鸟走兽于广壄,美草甘水则止,草尽水竭则移,以是观之,
　　往来转徙,时至时去,此胡人之生业,而中国之所以离南晦也。[②]

　　晁错所言,十分生动而全面地描述出游牧民族的主要特征。长城南
北,是农业与游牧业的分界地带。匈奴族作为古代游牧民族的代表,其生
产生活方式与自然条件有着十分密切的关联。当然,对于长城南北政治
体制与经济生活的差异,生活在长城附近的人们应该感受最为深刻,匈奴
使者由余就是一个典型。由余的祖上为“晋人”,后举家逃到长城以北“戎
人”部落之中,因“能晋言”,他后来作为匈奴使者出使秦国,秦穆公有意向

---

① 丁弘编著:《历史上的大迁徙》,中国发展出版社 2007 年版,第 58 页。
② 《汉书》卷四九《晁错传》,第 2281—2285 页。

他炫耀秦国壮丽的宫室与积聚的财富，由余却不以为然：

> 使鬼为之，则劳神矣！使人为之，亦苦民矣！

秦穆公觉得很奇怪，难以理解，便问由余：

> 中国以诗书、礼乐、法度为政，然尚时乱。今戎夷无此，何以
> 为治，不亦难乎？

对此，由余回答道：

> 此乃中国所以乱也！夫自上圣黄帝作为礼乐法度，身以先
> 之，仅以小治。及其后世，日以骄淫，阻法度之威，以责督于下，
> 下罢极则以仁义怨望于上，上下交争怨而相篡弑，至于灭宗，皆
> 以此类也。夫戎夷不然。上含淳德以遇其下，下怀忠信以事其
> 上，一国之政犹一身之治，不知所以治，此真圣人之治也！①

由于生长于近长城之地，由余对于长城南北政治文化之利弊有着自
己独特的理解与评价，相当难能可贵。华夏礼乐文化树立了崇高的道德
标准与严格的生活规范，而这种标准与规范往往由于失之过严、缺乏人情
世故而无法长期施用。在实际生活中，礼乐文化的主持人往往就是拿较
高的标准要求他人。长此以往，就会形成虚情假意、空呼口号的"假道德、
假仁义"与虚张声势的可悲局面。而在匈奴部落中，则没有较多的等级制
度束缚和较多的义务承担，因此，社会关系显得较为单纯，从而在一定程
度上避免了社会矛盾的累积与爆发。

第二节　东汉时期匈奴族南迁与分布

> 匈奴本与汉约为兄弟，后匈奴中衰，
> 呼韩邪单于归汉，汉为发兵拥护，世世称臣。
> 今汉亦中绝，刘氏来归，我亦当立之……
>
> ——《后汉书·卢芳传》载匈奴单于之语

东汉初立之时，中原混战，群龙无首，无暇北顾，塞外的匈奴乘机发动

---

① 《史记》卷五《秦本纪》，第192—193页。

了相当猛烈的攻势,边塞地区损失惨重。但时至光武二十四年(公元 48
年),由于内部纷争,匈奴分为南、北两大部,故又称为"北匈奴"与"南匈
奴",匈奴大联盟从此宣告分裂。边塞形势发生了戏剧性的变化。南边八
部匈奴族众拥立首领比为呼韩邪单于(呼韩邪单于为名号,此为第二个呼
韩邪单于),这个呼韩邪单于是西汉末年呼韩邪单于之孙,向往祖父朝汉
和亲的故事,与东汉关系十分亲近,主动要求归款东汉的五原塞,开启了
汉匈关系的新篇章,也由此引发了匈奴族众大规模的内迁运动。

　　对于这样一个变化,以刘秀为首的东汉朝廷真是喜出望外。东汉官
府不仅允许南单于入居云中地区,而且设置匈奴中郎将之职,其责任就是
率领官军护卫入居的匈奴部众。这也是南匈奴部众第一次大规模向长城
以南地区迁徙。其迁徙的规模与稳定性都是前所未有的。关于内迁匈奴
人的分布状况,《后汉书·南匈奴传》载云:

　　　　(东汉朝廷)使韩氏骨都侯屯北地(治今甘肃庆阳),右贤王
　　屯朔方(治今内蒙古杭锦旗),当于骨都侯屯五原(治今内蒙古包
　　头市),呼衍骨都侯屯云中(治今内蒙古托克托),郎氏骨都侯屯
　　定襄(治今内蒙古和林格尔),左南将军屯雁门(治今山西右玉),
　　要籍骨都侯屯代郡(治今河北蔚县)。皆领部众,为郡县侦罗耳
　　目。[①]

　　后来,南单于又徙居西河美稷(今内蒙古自治区准格尔旗西北),南匈
奴各部所入居的东汉缘边诸郡,相当于今天内蒙古中西部及山西、河北两
省北部。为了回报东汉朝廷的厚遇,南匈奴单于主动要求与东汉边防军
队一起,共同担负起抗击北匈奴的重任。

　　公元 88 年,趁北匈奴内外交困、实力大为削弱之际,南单于上书东汉
朝廷,有意借助东汉的力量,吞并北匈奴。在这份上书中,他表达了对东
汉朝廷的感激之情:

　　　　臣累世蒙恩,不可胜数……臣伏念先父归汉以来,被蒙覆
　　载,严塞明候,大兵拥护,积四十年。臣等生长汉地,开口仰食,

---

　　①　《后汉书》卷八九《南匈奴列传》,第 2945 页。

岁时赏赐,动辄亿万……①

真是情真意切,感人至深! 无疑,"生长于汉地"的匈奴贵族与生长于塞外的匈奴酋长存在着不容忽视的差别。东汉朝廷给予南匈奴上层人物十分丰厚的待遇,并允许匈奴贵族子弟前往京师洛阳太学读书,享有与汉族贵族同等的就学机会,这对于培养他们亲汉的感情以及提高汉化水平是相当关键的。

到东汉永平年间,南匈奴在反击北匈奴的战争中取得重大胜利,北匈奴在东汉与南匈奴的联合攻击下,陷于土崩瓦解的状态,大批北匈奴部众也南迁加入南匈奴之中,部族势力也趋于强盛。如永平二年(公元 90年),"是时,南部连克获纳降,党众最盛,领户三万四千,口二十三万七千三百,胜兵五万一百七十"。② 可以说,此时南匈奴部众的数量已毫不逊色于塞外时期匈奴联盟的户口规模。

值得特别关注的是,尽管南匈奴日趋强大,但他们自上而下却没有因此产生回归塞外的愿望;相反,南匈奴内迁的步伐进一步加快了。到曹魏时期,匈奴的核心部分已居住于今天山西省的中、西、南部,当时人们也由此称内迁南匈奴为"并州胡"。因其主体分为五部,故又被称为"五部胡"。《晋书·北狄匈奴传》曾回顾当时其五部分布格局为:

> 左部居太原兹氏(今山西汾阳市),右部居祁(今山西祁县东南),南部居蒲子(今山西隰县),北部居新兴(今山西忻州市一带),中部居大陵(今山西文水县东南)。

西晋名士江统在所著《徙戎论》中全面分析了西晋时期的民族发展状况,其中特别提到了"并州之胡"的危险性:

> 并州之胡,本实匈奴桀恶之寇也。汉宣之世,冻馁残破,国内五裂,后合为二,呼韩邪遂衰弱孤危,不能自存,依阻塞下,委质柔服。建武中,南单于复来降附,遂令入塞,居于漠南。数世之后,亦辄叛戾……建安中,又使右贤王去卑诱质呼厨泉,听其部落散居六郡。咸熙之际,以一部太强,分为三率。泰始之初,

---

① 《后汉书》卷八九《南匈奴列传》,中华书局 2012 年版,第 2952 页。
② 《后汉书》卷八九《南匈奴列传》,第 2953—2954 页。

又增为四。于是刘猛内叛,连结外虏。近者郝散之变,发于谷远。今五部之众,户至数万,人口之盛,过于西戎。然其天性骁勇,弓马便利,倍于氐、羌。若有不虞风尘之虑,则并州之域可为寒心。[①]

民族政权的建立,应该是民族自立意识的充分表达,同样也是民族文化素质提升的结果,而非华夏民族领袖在长城以南的中原地区创立政权,当然是一项了不起的创举。西晋末年,爆发了所谓的"八王之乱",战乱席卷大半个中国,政局动荡,民不聊生,这给了雄心勃勃的南匈奴首领们施展抱负的时机。江统的忧虑最终变成了现实。但是,这是难以逆转的历史发展趋势,如果不了解匈奴族的迁徙历史,也就不可能理解开启"五胡十六国"时代的汉赵国的由来。

第三节　汉赵国时期与南迁匈奴族的分布与政权建设

夫帝王岂有常哉?

大禹出于西戎,文王生于东夷。

顾惟德所授耳!

——《晋书·刘元海载记》录刘渊之语

"五胡十六国"是指西晋末年出现的由各种非汉民族领袖所创立的割据政权,主要集中于北部中国,与由南迁而建立的东晋政权南北对应。"五胡"通常指匈奴、鲜卑、羯、氐、羌。其实,当时并不仅限于五种非汉民族,也并非只有十六个割据政权。但是,匈奴人所创立的汉赵国(包括刘氏汉国与前赵国)是"十六国"时代的开创者,则是无可置疑的。官修史书《晋书》为此特创一种体例——"载记"——来记述十六国开创者的事迹,汉赵国的开创者刘渊自然名列前茅。同时,汉赵国的创立及其历史地位,也是与南迁的匈奴族在中国民族史的地位与作用相一致的。

一般来说,以长城一线为界,历史上南北主要民族关系的发展大致可

---

① 《晋书》卷五六《江统传》,中华书局 1974 年版,第 1533—1534 页。

分为两大阶段：一是对峙时期，二是入居时期。比较而言，对峙是南北民族关系中最常见的态势。然而，当北方游牧民族入居汉地之后，即成为真正的移民之后，南北民族的关系就进入了一个复杂而特殊的阶段。笼统地说，南北民族融合的大趋势是"汉化"，即非汉民族逐步接受农耕经济及中原文化。南迁的匈奴族也在接受汉化方面作出了很好的表率。

中原汉族传统士大夫出于狭隘的民族偏见，往往对少数民族的风俗习惯极尽丑化之能事。然而，在地位崇高的"正史"（如《晋书》）之中，后世的史官却对刘渊等人的汉化程度与水平作了十分肯定的记述。这也引起了众多研究者的关注。

刘渊，字元海，因名犯唐高祖李渊名讳，故史书习称其字。他是十六国时期最早出现的刘氏汉国的创立者。据载，他是新兴（今山西忻州）匈奴人，是匈奴单于冒顿之后。因汉高祖将皇族女子嫁与冒顿为妻，故而冒顿后裔都以刘为姓氏。刘渊之父为左贤王刘豹。刘渊虽出身于匈奴酋长之家，但自幼就以好学闻名，拜上党籍儒士崔游为师，攻读《诗经》《易经》《尚书》等儒家经典，尤其喜爱《左传》《孙子兵法》等书，博览《史记》《汉书》及诸子百家之书，学识大进，并州地区的汉族名士，如屯留崔懿之、襄陵公师彧、太原王浑等人都与他有着深厚的友谊。与此同时，匈奴上层贵族也积极与汉族士大夫交游，与汉族朝廷及士大夫的关系日益融洽，深受汉族文化熏染。这一点在刘渊等人身上表现得特别明显。

西晋末年，刘渊曾任匈奴五部大都督，声望更著，"幽冀名儒，后生秀士，不远千里，亦皆游焉"。可以说，除却其民族属性，我们很难发现刘渊与一般汉族士人的差别。除刘渊外，刘氏汉国的后继者及主要匈奴族官员也都具有较高的汉文化素养，如头号功臣刘宣（字士则），也是匈奴贵族后裔，以儒生孙炎为师，好学精思，废寝忘食，深受汉族友人的推重。晋末纲纪大乱，刘宣多方策划，极力劝说刘渊自立称王。刘渊之子刘聪的汉文化造诣较之其父有过之而无不及。他自幼聪悟好学，博通经史，广涉百家之言，《孙子兵法》等书能背诵如流。他还精于书法，文笔畅达，创作述怀诗百余篇，赋、颂等50余篇，称得上是一位颇有成就的才子。弱冠后，刘聪游历京师洛阳，汉族名士争相与之订交。其出类拔萃的人格魅力显然出于他对汉族传统文化的极高造诣。

刘渊等人经过深思熟虑,决定打出恢复刘氏汉室政权的旗号。据《晋书·刘元海载记》记载,刘渊宣称:

夫帝王岂有常哉?! 大禹出于西戎,文王生于东夷,顾惟德所授耳! ……吾又汉氏之甥,约为兄弟,兄亡弟绍,不亦可乎?①

刘渊自认为在姻亲关系上是刘氏皇族的外甥,匈奴单于曾与刘氏子弟约为兄弟,兄位弟承,有何不可?! 俨然以汉室继承人自居,以恢复刘氏王朝为己任,完全可与晋朝司马氏相颉颃。这也就是他将"汉"立为国号的原因。刘宣等人策划的这一场宣传攻势收到了良好的效果。刘渊汉国创立之初,闻讯而来的"华、夷"人士达数万人。刘渊任命著名儒士雁门人范隆为大鸿胪,上党人朱纪为太常。从这个意义上讲,将刘氏汉赵国完全称为匈奴族的民族政权,也不是非常恰当的。

经过细密的准备,刘渊首先在左国城(今山西离石市东北)被匈奴部众推立为大单于,受到各部匈奴的积极响应。"二旬之间,众已五万,都于离石(今山西离石市)。"②永兴元年(公元304年),刘渊又于左国城即汉王位,定年号为元熙,并置百官,刘氏汉国正式创立。刘渊军队在较短时间内,先后攻陷太原、泫氏、屯留、长子、中都及河东、平阳等地,所向披靡。永嘉二年(公元308年),刘渊即皇帝位,并迁都平阳(今山西临汾市)。关于刘渊汉国的早期疆域,《晋书·地理志》载:"及永兴元年,刘元海僭号于平阳,称汉,于是并州之地皆为元海所有。"晋建兴四(公元316年),汉国大将刘曜率领汉国军队攻克长安,俘虏晋愍帝,西晋王朝于次年最终灭亡。

刘氏前赵国的创立者为刘曜。刘曜为刘渊的族子,被刘渊抚养成人。很早便以文武才干获得了刘渊的宠信。"读书志于广览,不精思章句,善属文,工草隶。雄武过人,铁厚一寸,射而洞之,于时号为神射。尤好兵书,略皆闇诵。"③胸怀大志,常自比于乐毅、萧何、曹操。刘氏汉国建立

---

① 《晋书》卷一〇一《刘元海载记》,第2649页。
② 《晋书》卷一〇一《刘元海载记》,第2648页。
③ 《晋书》卷一〇三《刘曜载记》,第2683页。

后，刘曜得到重用，屡立大功，频任高职，率领重兵镇守长安。

刘氏汉国最终败亡于内乱之中，当时镇守长安的刘曜拥兵自立，并决定徙都长安，并于太兴元年（公元 318 年）即皇帝位，改国号为赵，史称前赵。关中本是氐、羌及西部各民族的聚居之地，因此，前赵国受到了极大的挑战。与汉国相比，前赵国的民族成分相当复杂。"曜署刘胤为大司马，进封南阳王，以汉阳诸郡为国；置单于台于渭城，拜大单于，置左右贤王已下，皆以胡、羯、鲜卑、氐、羌豪桀为之。"[①]前赵国最后被石勒的后赵国所吞并。

第四节　稽胡分布区与经济形态

> 汾州之北，离石以南，
>
> 悉是生胡，抄掠居人，阻断河路……
>
> ——《周书·韦孝宽传》

南迁匈奴族的影响并没有因为汉赵国的灭亡而烟消云散。南北朝时期，北部中国"稽胡"族的强盛又是其影响的典型例证。匈奴人大规模南迁始于东汉初年，南匈奴首先入居的诸郡（即北地、朔方、五原、云中、定襄、雁门、代郡等）就包括今天的雁门关以北地区。至魏晋时期，南匈奴的居留区进一步向南伸展，覆盖了山西大部分地区，并形成几大聚居中心，如兹氏县（今吕梁汾阳）、祁县（今晋中祁县）、蒲子县（今临汾隰县）与新兴县（今忻州市）等。其中今天山西吕梁地区与陕西陕北地区已成为南匈奴部众聚居的最重要的区域。十六国时期之初，刘渊首先在离石（今吕梁离石）发难，显然与这一移民运动的大背景直接相关。而在刘渊南迁平阳之后，这一区域似乎为世人所遗忘，直到"稽胡"的出现才重新为世人所重视。

数量庞大的"稽胡"（又称"山胡"），长期居住在包括今山西西部、陕西北部、甘肃东部的辽阔地区，实际上形成了具有十分独特的"稽胡文化区"。关于稽胡文化区的主要特征，《周书·稽胡传》进行了十分精辟的概括：

---

①　《晋书》卷一〇三《刘曜载记》，第 2698 页。

稽胡，一日步落稽，盖匈奴别种，刘元海五部之苗裔也。或云山戎赤狄之后。自离石以西，安定以东，方七八百里，居山谷间，种落繁炽。其俗土著，亦知种田。地少桑蚕，多麻布。其丈夫衣服及死亡殡葬，与中夏略同。妇人则多贯蜃贝以为耳及颈饰。又与华民错居，其渠帅颇识文字。然语类夷狄，因译乃通。蹲踞无礼，贪而忍害。俗好淫秽，处女尤甚。将嫁之夕，方与淫者叙离，夫氏闻之，以多为贵。既嫁之后，颇亦防闲，有犯奸者，随事惩罚。又兄弟死，皆纳其妻。虽分统郡县，列于编户，然轻其徭赋，有异齐民。山谷阻深者，又未尽役属。而凶悍恃险，数为寇乱。①

与其他文献资料相参证，我们可以对山西境内的山胡情况有一个较全面的认识。

首先，山胡区范围相当广，"自离石以西，安定以东，方七八百里"。安定即今甘肃泾川，离石即今吕梁离石。显然这种估计过于保守。如东魏孝静帝在鼓吹高洋等人的功绩时曾说，"胡人别种，延蔓山谷，酋渠万族，广袤千里，凭险不恭"云云。② 另外，各种史籍往往以居留中心地为各地山胡命名，而这正为我们确定其活动区域提供了方便。这类名号有"离石胡""西河胡""吐京（今山西石楼）胡""河西胡""并州胡""汾州吐京胡"等③。又据《周书·韦孝宽传》载："汾州之北，离石以南，悉是生胡，抄掠居人，阻断河路。"《周书》所载是以北周辖境为限。以黄河一线为界，稽胡区可分为东、西两个部分，而东部应为当时中国北方山胡或稽胡居留最集中的区域。这一区域又以离石、吐京为核心，完全覆盖了今天的吕梁地区。居住于黄河以西的稽胡，被称为"河西山胡"。西部稽胡区则涉及今天陕西北部及甘肃东部地区。又据《周书·稽胡传》记载，当时稽胡聚居的河西州县有夏州（治今陕西靖边县北）、延州（治今陕西延安市）、丹州（治今陕西宜川县东北）、绥州（治今陕西绥德县）、银州（治今陕西横山县

①　《周书》卷四九《稽胡传》，第896－897页。
②　《北齐书》卷四《文宣纪》，中华书局1972年版，第57页。
③　参见《魏书》诸帝本纪，中华书局1974年版。

东)等,集中于今天陕西省境内。

其次,由于山胡"居山谷间",再加上当地属长城以南农耕区及华夏族聚居区,因此,稽胡部众无论是在生产方式还是在习俗上与纯粹游牧民族已有相当明显的差距,其文化属性具有明显的过渡性与交叉的特色。崇山峻岭间的丘陵地带缺乏从事游牧业的客观条件;同时,"又与华民错居",稽胡之众已掌握初步的农业生产与纺织技术,如"其俗土著,亦知种田,地少桑蚕,多麻布"。山胡居民长期与汉族居民共同生活,不可避免地受到汉族文化风俗的熏染,如"其丈夫衣服及死亡殡葬,与中夏略同""其渠帅颇识文字"等。

南北朝时期山胡或稽胡区的形成有其客观条件:吕梁地区自然环境状况。这一地区农业生产的条件较为恶劣,在很大程度上限制了当地经济与文化的发展。吕梁山脉从北向南纵贯全区,适合农业生产的、较为平坦的地块均在吕梁山脉东侧,为太原盆地的边缘。吕梁山脉以西至黄河基本上是丘陵山地。境内山势险峻,道路崎岖,与山西其他地区相比,人烟稀少,农业生产比较落后,在生产条件十分原始的古代更是如此。特别是吕梁山脉以西,由于群山环抱,与外界交通不便,形成相当封闭的自然小区,恰好为山胡提供了适宜的栖身之地。这绝非偶然的巧合。学者们对山胡的渊源尚有争论,笔者同意这种观点:山胡的来源是多元的,是多种内迁民族混同后的遗存,其中以匈奴苗裔为主。[1]

北魏前期,大批"胡人"的出现,震动了北魏统治阶层,如数量众多的河西胡向黄河东岸地区迁移。如《魏书·太宗纪》载:神瑞元年(公元414年),"河西胡酋刘遮、刘退孤率部落等万余家,渡河内属"。二年(公元415年),"河西胡刘云等,率数万户内附"。从这些简略记载中,我们也可以想见当时东迁河西胡族人的繁盛。这样就很容易理解,终北魏一朝,也没有能遏制山胡人的反抗运动。

也许是受到刘渊开创汉赵国的启示,山胡的首领们也崇尚自立称王,试图建立割据政权。如北魏末年,稽胡地区就出现了不少自立称帝的酋

---

[1]　参见马长寿:《北狄与匈奴》,生活·读书·新知三联书店1962年版。

长。《魏书·裴庆孙传》又载:"正光末,汾州吐京群胡薛悉公、马牒腾并自立为王,聚党作逆,众至数万。……于后贼复鸠集,北连刘蠡升,南通绛蜀,凶徒转盛。""时有五城郡(今山西吉县北)山胡冯宜都、贺悦回成等以妖妄惑众,假称帝号,服素衣,持白伞白幡,率诸逆众,于云台郊抗拒王师。……又山胡刘蠡升自云圣术,胡人信之,咸相影附,旬日之间,逆徒还振。"①可见,这些山胡首领利用宗教形式,得到了众多稽胡部众的响应,其中,刘蠡升的影响更为广泛。人们甚至将当时的混乱局面称为"胡荒"。

　　魏孝昌(525—527年)中,有刘蠡升者,居云阳谷,自称天子,立年号,署百官。属魏氏政乱,力不能讨。蠡升遂分遣部众,抄掠居民,汾、晋之间,略无宁岁。②

　　东魏与西魏分裂后,以并州晋阳为根基的北齐政权向山胡进行了多次大规模的清剿,大肆屠杀之余,将大批山胡部众外迁。如天平二年(535年)三月,高欢潜师袭击刘蠡升所在稽胡区,刘蠡升在内乱中被杀,高欢所率北齐军队取得大胜,"获南海王及其弟西海王、北海王、皇后、公卿已下四百余人,胡、魏五万户"。与此同时,西魏的宇文泰等人也出兵追讨,解散其境内山胡部落③。然而,这些措施依然不能完全清除"山胡"的影响。

　　至隋末唐初大乱之时,又有不少稽胡首领趁机起事,他们甚至以塞外突厥作为后援,其影响及人口数量也无法低估。《旧唐书·屈突通传》载:隋大业年间,"有安定人刘迦论举兵反,据雕阴郡,僭号建元,署置百官,有众十余万"。与刘迦论相呼应,吕梁地区又有刘季真等也自立称王。"刘季真者,离石胡人也。父龙儿,隋末拥兵数万,自号刘王,以季真为太子。龙儿为虎贲郎将梁德所斩,其众渐散。及义师起,季真与弟六儿,复举兵为盗,引武周之众攻陷石州。季真北连突厥,自称突利可汗,以六儿为拓定王,甚为边患。"④虽然稽胡首领们的起事最终均以失败告终,但都较为客观地表现了稽胡区的人口规模与客观影响。

　　从先秦到隋唐,匈奴族的发展历史曲折而漫长。从秦与西汉时期的

---

① 《魏书》卷六九《裴延俊附裴良、裴庆孙传》,中华书局1974年版,第1531—1532页。
② 《周书》卷四九《稽胡传》,中华书局1971年版,第897页。
③ 《北齐书》卷一、二《神武纪》(上、下)、《周书》卷二七《韩果传》等。
④ 《旧唐书》卷五六《刘季贞(应为真)传》,中华书局1975年版,第2281—2282页。

南北对抗，到东汉以后迁入塞内，以及至西晋时期已形成所谓"并州之胡"，匈奴部族的大发展与大迁徙有关。十六国时期刘氏汉赵国的崛起，与北朝时期"稽胡"区的强盛，都应该视为内迁匈奴势力发展至极盛的标志，他们的历史已成为华夏历史的重要组成部分。即使在残酷的屠戮之后，我们完全有理由相信匈奴人的后裔没有绝灭，而是深深融入了中华民族大家庭的血脉之中。

第三章

古代氐羌族的内迁与发展

武丁、成王,殷、周之大仁也。

然地东不过江黄,西不过氐羌,

南不过蛮荆,北不过朔方……

——《汉书·贾捐之传》

氐族与羌族是中国古文献中最早出现的西部非华夏族,譬如《诗经·商颂》中就有"昔有成汤,自彼氐、羌,莫敢不来享,莫敢不来王"的记载。在先秦时期华夏族士大夫所总结的"华夷"五方格局中,氐、羌两族同属于"西戎"集团,散居于今天的西部地区。其中,仇池百顷山是氐族最著名的聚居区,羌族早期发祥地在河湟地区。氐羌人的发展史与迁徙相关,通过大迁徙,氐羌先民离开了故地,来到了中原王朝的核心区。

关中地区曾经是秦汉时代的汉族文化鼎盛之区,但是,从东汉开始,大量周边民族的迁入,又使关中地区的文化风貌发生了巨大的变化,出现了十分突出的"氐羌化"特征,这无疑是中国地域文化发展史上浓墨重彩的一笔。

第一节　古代氐族的迁移与发展历程

一、古代氐人的起源地、内迁与仇池山

> 吾尝奉使过仇池，
>
> 有九十九泉，万山环之。
>
> 可以避世，如桃源也。
>
> ——［宋］苏轼《和桃花源诗序》录王钦若之语

在唐宋时代的文人墨客眼里，仇池山地区是一个世外桃源之地，宋代大文学家苏东坡有一本著名笔记《仇池笔记》，殊不知，这个仇池山是氐族人民的古老家园。生活在这里的氐族人民在这里建立了长达数百年的民族政权。历史时期描写仇池地区最著名的诗篇，是唐人杜甫的《秦州杂诗》之一：

> 万古仇池穴，潜通小有天。
>
> 神鱼人不见，福地语真传。
>
> 近接西南境，长怀十九泉。
>
> 何时一茅屋，送老白云边。

白马国地区最突出的自然地理景观或标志就是仇池山，又称百顷山。仇池山，在今天的甘肃西和县西南洛峪，形势险峻，易守难攻。《后汉书·南蛮西南夷列传》载云：白马氐人"居于河池，一名仇池，方百顷，四面斗绝。数为边寇，郡县讨之，则依固自守"。又如《仇池记》亦云：

> 仇池百顷，周回九千四十步，天形四方，壁立千仞。自然楼橹却敌，分置调均，竦起数丈，有逾人功。仇池凡二十一道，可攀缘而上。东西二门。盘道下至上，凡有七里。上则岗阜低昂，泉流交灌。①

《三秦记》又记云：

---

① 《后汉书》卷八六《西南夷列传》注引，中华书局1965年版，第2859页。

"仇池山上有顷池,平如砥,其南北有山路,东西绝壁,万仞
上有数万家。一人守道,万人莫向,山势自然有楼橹却敌之状,
东西二门,盘道可七里,上有冈阜、泉源。《史记》谓秦得百二之
固也。西晋末,为氐杨茂搜所据,于山上立宫室、囷仓,皆为板
屋,乃氐之所治于此,今谓之洛道是也。"①

在宏观的地域格局中,当时氐人集中于今天甘肃、陕西、四川三省的
交界地区,以仇池国为中心,或者说正处于关中与巴蜀两大区域的通道之
上,且与中原王朝的核心政治区——关中——距离不远。正是出于这种
客观地理位置的特点,氐人与汉族中原王朝的关系非常密切。换言之,氐
族的发展很早就受到中原王朝的干预与影响。

关于氐人的早期发展历史与分布区状况,《魏书·氐传》进行了简要
的回顾:

氐者,西夷之别种,号曰白马。三代之际,盖自有君长,而世
一朝见,故《诗》称"自彼氐羌。莫敢不来王"也。秦汉以来,世居
岐陇以南,汉川以西,自立豪帅。汉武帝遣中郎将郭昌、卫广灭
之,以其地为武都郡。自汧渭抵于巴蜀,种类实繁,或谓之白氐,
或谓之故氐,各有侯王,受中国封拜。汉建安中,有杨腾者为部
落大帅,腾勇健多计略,始徙居仇池,仇池方百顷,因以为号,四
面斗绝,高七里余,羊肠蟠道三十六回,其上有丰水泉,煮土成盐
……②

据此可知,氐人,又被称作"白氐""故氐"。自秦汉以来,就广泛地分
布于岐山、陇山以南,汉川以西的地区之内,"自汧、渭抵于巴蜀",汧即汧
水,是渭水的分支。渭即渭水,即今天关中地区的渭河,氐人户口繁盛,分
布于今天从甘肃省及陕西南部到四川及重庆北部的广大区域之内。

在汉朝开置郡县之前,氐人不仅有自己的部落组织,还建立起了自己
的民族政权——白马国,后来,"白马"也成为氐族人的代称。《后汉书·
南蛮西南夷列传》载:"自冉駹以东北有白马国,氐种是也。此三国(指冉

---

① 《太平寰宇记》卷一五〇《陇右道成州》下引,第2907页。
② 《魏书》卷百一《氐传》,第2227页。

骊、莋都、白马)亦有君长。"与匈奴人相比,氐人自古即为一个定居性民族,住房形式以板屋为主。氐人从事的主要产业为农业与畜牧业,就经济形式而言,与汉族之间存在很大的兼容性。

汉武帝在位期间,大力开拓西南边疆地区,设置初郡,在氐族人聚居区设置了武都郡,自此以后的数百年中,武都地区一直是中原王朝疆域内氐族人最重要、最著名的聚居区。然而,对于土著白马氐人而言,开设武都郡,对他们的生活及分布造成了重大影响。武都郡设置之后,原先居住于平坦地带的土著氐人受到排挤,被迫向境外及周围崇山峻谷间转移。《魏略·西戎传》载称:

　　自汉开益州,置武都郡,排其种人,分窜山谷间,或在福禄
(或作禄,在今甘肃酒泉),或在汧(水)、陇(山)左右。[①]

显然,从西汉时期,氐人分布区已开始扩展,不仅从平原地带向山谷地区移居,还从武都一带进一步外扩,进入河西走廊及关中边缘地区。

至东汉末年及三国时期,氐人分布区又发生了重大变化。当时,氐人聚居区正处于魏、蜀两大政权的交争之地。曹操担心各部氐人为刘备蜀国所利用,于是先后派官吏将氐人强行向关中及陇右地区迁移,"徙氐五万余落出居扶风、天水界"。[②] 落,通常相当于汉族的"户",若以每户5口计算,那么,当时被强行迁出的氐人就已达到25万之多。

在大规模迁徙之后,武都郡也由此内徙。《魏书·杨阜传》载:当时,曹操任杨阜为武都太守。"及刘备取汉中以逼下辩,太祖以武都孤远,欲移之,恐吏士恋土。阜威信素著,前后徙民、氐(应为氐),使居京兆、扶风、天水界者万余户,徙郡小槐里,百姓襁负以随之。"[③]可见,杨阜就是当时强制移民行动的主要实施者之一。

氐人的大量内徙,造成关中及陇右地区氐人与汉人杂居。参照文献记载可知,当时迁入的主要地区及郡县有:京兆尹(治今陕西西安市西

①　《三国志》卷三〇《魏书·乌丸鲜卑东夷传》裴注引,中华书局1971年版,第858—859页。
②　《三国志》卷一五《张既传》,第472—473页。
③　《三国志》卷二五,第704页。

北)、扶风郡(今陕西兴平市东南)、美阳县、天水郡(今甘肃甘谷县东)或汉阳郡、南安郡(今甘肃陇西县东南)、广魏郡(治今甘肃秦安县东南)等。氐族人聚居于关陇地区,也为自己民族政权在关中地区的建立奠定了基础。

二、氐族发展与前秦政治

> 长安大街,夹树杨槐;
>
> 下走朱轮,上有鸾栖;
>
> 英彦云集,诲我萌黎。
>
> ——《晋书·苻坚载记》录百姓之歌词

前秦政权的建立,称得上是氐族在中国政治发展历史上的重要贡献。创立前秦的苻氏家族就是内迁的略阳临渭(今甘肃南安县东南)氐人。苻氏家族原为蒲氏家族,其最早的领袖是苻洪。《晋书·苻洪载记》称:"苻洪,字广世,略阳临渭氐人也。其先盖有扈氏之苗裔,世为西戎酋长……时咸谓之蒲家,因以为氏焉。父怀归,部落小帅。"

晋末"永嘉丧乱"之时,苻洪等人也密谋自立,被推为当地氐人的盟主。因为当时实力有限,苻洪率部曾先后归附于刘曜前赵国与石勒后赵国,均被委以要职,苻洪的实力日渐充实。据载,后赵国王石勒在位期间,苻洪劝说石勒迁徙关中豪杰及羌戎"内实京师(即邺城,今河北临漳县西南)",获得石勒赞赏,并被委派监督移民事宜。其所部氐人也一起加入大移民的行列,被安置于枋头(今河南浚县西南)。"累有战功,封西平郡公,其部下赐爵关内侯者二千余人。"如果说苻洪手下封关内侯的氐族部落酋长达 2 千人,那么其属下的氐人数量应该是相当庞大的。到后赵国晚期,"洪有众十余万",这十余万之众应以外迁出来的氐人为核心。

后赵国败亡于内乱。当时中原大乱,自感羽翼丰满的苻洪迫不及待地于永和六年(公元 350 年)自封为三秦王,正当他雄心勃勃准备平定中原之时,却不幸被人毒死。临终之时,苻洪向其子苻健分析了中原的形势,指令重返关中,定都长安。他在遗命中讲道:

> 所以未入关者,言中州可指时而定。今见困竖子,中原非汝

兄弟所能办。关中形势,吾亡后便可鼓行而西。①

苻健听从父命,统率大军杀进潼关,于永和七年(公元351年)在长安自立,称天帝,置立百官,史称前秦。可以说,至此,当初外迁的氐人大多返回了关中地区。前秦国至苻坚即位为帝时,国势达到了极盛,先后攻灭前燕、前凉、代等多个割据政权,疆域几乎覆盖了北部中国。汉族封建史官对于苻坚取得的功业也是称赏有加。可以说,苻坚称得上是十六国时期最杰出的非华夏族政治家之一,这无疑也是氐族人的光荣。

> 乃平蜀定燕,擒代吞凉,跨三分之二,居九州之七,遐荒慕义,幽险宅心,因止马而献歌,托栖鸾以成颂,因以功侔曩烈,岂直化洽当年! 虽五胡之盛,莫之比也。②

清代学者洪亮吉《十六国疆域志》考证出前秦的疆域共囊括22州,这22州分别为:司隶、雍州、秦州、南秦州、洛州、豫州、东豫州、并州、冀州、幽州、平州、凉州、河州、梁州、益州、宁州、兖州、南兖州、青州、荆州、徐州、扬州。毋庸置疑,前秦王国疆域之广袤,在十六国中是首屈一指的。

苻坚却在民族移民问题上犯下了致命的大错,或者说,面对政治地理"东西制衡"的棘手问题时,苻坚非但没有利用移民这一有力手段巩固自己的政权,却错误地估计形势,让前秦国陷入空前被动的困境,而这一困境在很大程度上导致了前秦国的最终败亡。其失误的举措集中反映在以下两个方面:

第一,在攻灭慕容鲜卑的前燕国后,为了消灭死灰复燃的危险,苻坚仿照秦汉时代移民关中的做法,将包括前燕皇族在内的大批鲜卑族众迁入关中。如《晋书·慕容暐载记》称:"坚徙(前燕末代皇帝慕容)暐及其王公已下并鲜卑四万余户于长安。"若每户按口计算,那么当时迁入关中的鲜卑人至少应有20万人。

第二,想要有效控制这广袤的疆域,苻坚政权又采取了类似西周初年大分封的做法,分迁关中氐族人到关东各地镇守,由此引起了较大规模的氐族人口外迁。

> 洛既平(即平定苻洛叛乱),(苻)坚以关东地广人殷,思所以

---

① 《晋书》卷一一二《苻洪载记》,第2868页。
② 《晋书》卷一一五《苻登载记》后史臣之语,第2956页。

镇静之,引其群臣于东堂议曰:"凡我族类,支胤弥繁,今欲分三原、九嵕、武都、汧、雍十五万户于诸方要镇,不忘旧德,为磐石之宗,于诸君之意如何? 皆曰:此有周祚隆八百,社稷之利也。"于是分四帅子弟三千户,以配苻坚镇邺,如世封诸侯,为新券主。……于是分幽州置平州,以石越为平州刺史,领护鲜卑中郎将,镇龙城;大鸿胪韩胤领护赤沙中郎将,移乌丸府于代郡之平城;中书令梁谠为安远将军、幽州刺史,镇蓟城;毛兴为镇西将军、河州刺史,镇枹罕;王腾为鹰扬将军、并州刺史,领护匈奴中郎将,镇晋阳;二州各配支户三千;苻晖为镇东大将军、豫州牧,镇洛阳;苻叡为安东将军、雍州刺史,镇蒲坂。[1]

据此可知,氐人外迁所驻的军事重镇主要有今天河北地区的邺城(今临漳县西南),北京的蓟城,东北地区的龙城(今辽宁朝阳市),山西境内的平城(今大同市)、晋阳(今太原市)和蒲坂(今永济市西南),河南的洛阳(今洛阳市),以及西北重镇枹罕(今甘肃临夏县西南)。

学者们据此估计,外迁之前,分布于关中及附近地区的氐人至少在20万户以上,按每户5人计,氐族总人口应在100万以上[2]。苻坚声称氐人"族类弥繁",实在并非完全虚夸。而15万户的氐人,正是前秦政权建立的最基础、最重要的根基,相当于其民族总人口的3/4,将其迁至关东各军事重镇,对于控制关东局势,肯定大有裨益。但关中地区却是前秦的心腹之地,即政治核心区,大量鲜卑人内迁与大量氐人外迁对于关中的稳定与安全无疑是极为不利的。当时,一位名叫赵整的琴师曾作歌谣告诫苻坚,可惜苻坚根本不当回事。这首歌谣云:

阿得脂,阿得脂,

博劳旧父是仇绥,尾长翼短不能飞。

远徙种人留鲜卑,一旦缓急语阿谁![3]

至太元八年(公元383年),抱负远大的苻坚迫不及待地发起了对东

[1]　《晋书》卷一一三《苻坚载记上》,第2903页。
[2]　张长寿:《碑铭所见前秦至隋初的关中部族》,中华书局1985年版,第10页。
[3]　《晋书》卷一一四《苻坚载记下》,第2928页。

晋的战争，结果在"淝水之战"中招致惨败，风声鹤唳，草木皆兵，留下了千古之笑柄。惨败后的苻坚再也无力控制境内各种民族势力的反叛，前秦国也从此分崩离析。

这次大规模的氐人外迁措施最终被证明是失败了，前秦政权的覆亡是一个极其典型的例证。在民族成分与矛盾纷繁复杂的历史时期，单纯依赖本民族的力量，要想维持过于广袤的疆域，对于统治者而言，是非常严峻的考验，需要承担非常大的风险。盲目乐观、急于求成的苻坚最终陷于失败，实在情理之中。

常语云："不以成败论英雄。"可以说，氐人的迁徙历史是异常悲壮的。被中原政权强制外迁，本是一段不堪回首的痛苦历程，成千上万名氐人因此离开了自己的家园，离开了仇池百顷山，来到了关陇之地。但是，如果没有迁徙，氐人首领们也就不可能在中原与关中之地开创不可一世的功业。最后，缺乏仔细考量的民族大迁徙又让前秦陷于四面楚歌的境地。"成于斯，败于斯。"反思历史时期移民与政治建设的特殊关系，氐人的迁徙史有着不可替代的研究价值。

第二节　古代羌族人的迁徙与发展历程

一、古代羌族起源地与早期经济生活

> 胡人吹玉笛，一半是秦声。
> 十月吴山晓，梅花落敬亭。
> 愁闻《出塞曲》，泪满逐臣缨。
> 却望长安道，空怀恋主情。
>
> ——[唐]李白《观胡人吹笛》

羌族是中国西部最古老与最重要的民族之一。关于"羌"字的本义，东汉学者许慎在《说文解字》中曾释"羌"字云："西戎牧羊人也，从人从羊，羊亦声。"这一定义所涵盖的范围不免过于广大了，也正因为民族识别的过于宽泛，因此，历史上羌人的种类是最为复杂的，其识别难度也最大。

《后汉书·西羌传》是历代正史中关于羌族早期历史最早、最全面的著述。关于羌人的起源与发祥地,该《传》载云:

> 西羌之本,出自三苗,羌姓之别也。其国近南岳。及舜流四
> 凶,徙之三危,河关之西南羌地是也。滨于赐支,至乎河首,绵地
> 千里。赐支者,《禹贡》所谓析支者也。南接蜀汉徼外蛮夷,西北
> [接]鄯善、车师诸国。①

根据古史传说,羌人是远古三苗人的后裔。原本居住于南岳衡山一带,在舜帝在位期间被迁往三危山地区,也就是东汉河关县(今青海贵德县西南)的西南地区。赐支河,又称为赐支河曲,即青海海南藏族自治州境内的黄河河段,河首就是黄河源头,羌族先民最早便聚居于今天青海境内的黄河两岸。关于羌族早期分布地范围,著名民族史学者马长寿先生精辟地指出:

> 河关在兰州西南,以西千余里为河曲。黄河自西来,至大积
> 石山东南端,曲而西北行;经小积石山的东北麓,又曲而东北行;
> 至曲沟,又曲而东行,凡千余里,皆称"河曲",羌语称之为赐支
> ……河曲及其西岸和北岸都是西羌分布的中心。②

可以说,羌族依黄河上游而居,同样是以黄河为母亲河的民族。

在传说中,羌族的始祖名叫无弋爱剑,早年为秦国所俘虏成为奴隶,后逃回,率其种落居住于三河之间,即黄河、赐支河、湟河三河之间的地区,于是,"河湟间"和"三河间"成为羌族早期发祥地的代称。原本羌族以射猎为生,生产方式极为原始。而爱剑从秦国学习了农耕与畜牧养殖技术,以后羌族开始田畜并重,农耕业与畜牧业占有同样重要的地位。这种经济结构与对羌人以后内迁关中并很快适应下来,创造了良好的条件。我们可以看出,爱剑的故事从一个侧面表现出汉羌之间的密切关系。

古代羌族的发展具有一些十分突出的特征,这些民族发展特征对于汉羌关系的发展也起到了不可忽视的作用。与塞外游牧民族相类似,古

---

① 《后汉书》卷八七《西羌传》,第 2869 页。
② 马长寿:《氐与羌》,上海人民出版社 1984 年版,第 11—12 页。

代羌族先民实行过继婚制，民族人口增加较快，且种落分支繁多，分布地区日渐增广，几乎遍布整个西部地区。"其俗氏族无定，或以父名母姓为种号。十二世后，相与婚姻，父没则妻其后母，母亡则纳釐［女更，同嫂］，故国无鳏寡，种类繁炽。"①关于羌人种类及兴衰状况，《后汉书·西羌传》载云：

> 自爰剑后，子孙支分凡百五十种。其九种在赐支河首以西，及蜀、汉徼北，前史不载口数。唯参狼在武都，胜兵数千人。其五十二种衰少，不能自立，分散为附落，或绝灭无后，或引而远去。其八十九种，唯钟最强，胜兵十余万。其余大者万余人，小者数千人，更相钞盗，盛衰无常，无虑顺帝时胜兵合可二十万人。发羌、唐旄等绝远，未尝往来。牦牛、白马羌在蜀、汉，其种别名号，皆不可纪知也。②

此外，更值得重视的是汉羌之间复杂的地理分布形势。羌人的故乡本在黄河之源及河湟之间。但是，随着羌族人口的增多，羌族的居住地也在不断扩展，不可避免地同其他民族接触及交往。当秦汉时期匈奴族势力鼎盛之际，河湟地区的羌族投附在匈奴联盟之内。西汉朝廷对于这种"胡、羌"联盟的局面十分忧虑。为了与匈奴人争夺西域地区，西汉军队在名将霍去病等人的指挥下大举北进，在河西走廊一带先后设置河西四郡，即敦煌、酒泉、张掖、武威。河西四郡的最大战略意义就在于"隔绝羌、胡"，即阻断匈奴与羌人之间的联手。

任何事情都有可能"祸福相倚"。河西四郡的建立却使汉羌之间的关系变得异常复杂起来。一方面，为了维持河西四郡的建置，汉朝必须向河西地区迁徙相当多的汉族官吏、士兵及眷属；另一方面，一些羌族酋豪倾向于依附汉朝，入居汉朝边塞之内，故东汉有护羌校尉之设，统管边境地区的羌族事务。由此，汉朝的西部边郡成为羌族人最先入居的区域。

---

①　《后汉书》卷八七《西羌传》，第 2869 页。
②　《后汉书》卷八七《西羌传》，第 2898 页。

二、两汉以后羌族的迁徙与政权建设

> ……胡笳关下思，羌笛陇头鸣。
>
> 天长地自久，人道有亏盈。
>
> 未穷激楚乐，已见高台倾。
>
> ——（南朝齐）虞羲霍《北伐诗》

早在西汉后期，西部边区爆发了大规模的羌人叛乱事件。汉朝派重兵镇压后，采取优抚酋豪、罢兵屯田等政策，才维持了边塞局势的暂时平静。据《汉书·赵充国传》，神爵二年（公元 60 年）五月，赵充国上报其平定羌乱的功绩时云："羌本可五万人军，凡斩首七千六百级，降者三万一千二百人。"通常，这些降附的羌人都被分布关中及边郡地区。

西汉末年，中原大乱，边境失守，羌族开始大举进犯西部边区，使边区形势异常严峻起来。东汉建立后，为消除羌人对边境地区的威胁，开始将羌人内迁。关中（即三辅地区）即是氐、羌人内迁的主要安置地之一。如建武十一年（公元 35 年），东汉名将马援击败先零羌之后，将羌众内迁，安置于天水（治今甘肃通渭）、陇西（治今甘肃临洮）、扶风（治今陕西兴平）三郡。这是羌人大规模内迁关中的开端。当时实际迁入区主要集中于关中。

> 建武中，以马援领陇西太守，讨叛羌，徙其余种于关中，居冯翊（今陕西大荔）、河东（今山西西南部）空地，而与华人杂处。数岁之后，族类蕃息……①

此后，这种内迁形成一种惯例，每当东汉军队平定一次"羌乱"后，总有不少降服的羌人内迁到关中一带。这势必造成关中地区羌人数量的急增。如永平六年（公元 58 年），窦固击败反叛的羌人之后，同样将降服之众内迁，安置于三辅地区。现代研究者对羌民内迁的规模与特点也颇感惊诧：

> 越是后来，西羌之人入关者越多，除三辅外，安定、北地、上郡等地无不有羌。②

---

① 《晋书》卷五六《江统传》，第 1531 页。
② 马长寿：《碑铭所见前秦至隋初的关中部族》，中华书局 1985 年版，第 8 页。

羌族的一个鲜明风俗特征就是崇尚武力，勇敢善战，以战死为荣。"(羌族)不立君臣，无相长一，强则分种为酋豪，弱则为人附落，更相抄暴，以力相雄，杀人偿死，无它禁令。其兵长于山谷，短于平地，不能持久，而果于触突，以战死为吉利，病终为不祥。"①这种崇尚武力、不惧牺牲的民族性格为日后的所谓"羌叛"或"羌乱"埋下了伏笔。

进入内地后，当羌人受到民族歧视与民族压迫时，强烈的反抗精神会自然迸发出来。"羌胡被发左衽，而与汉人杂处，习俗既异，言语不通，数为小吏黠人所见侵夺，穷恚无聊，故致反叛。"早在建武九年(公元 33 年)，名臣班彪就在上书中全面分析了边区形势：

> 今凉州部皆有降羌，羌胡被发左衽，而与汉人杂处，习俗既异，言语不通，数为小吏黠人所见侵夺，穷恚无聊，故致反叛。夫蛮夷寇乱，皆为此也。②

可以说，东汉时期羌人的内迁，在文献中最常见的形式是所谓的"降附"。这种"降附"式的内迁，不仅没有遏制羌人的反叛势头，反而促使汉羌矛盾更加激化，汉羌关系陷入了"反叛—镇压—再反叛—再镇压"的恶性循环。

"羌乱"或"羌叛"几乎与东汉一朝相始终。可以肯定，内迁羌人人口的快速增长，也正与羌人反抗力量的增强形成正比关系。据统计，东汉时期，东西羌及白马羌前后起义 50 多次，其中大规模的有 5 次，前后延续100 多年，几乎与东汉王朝相始终。③

西晋初年，名士江统提出了《徙戎论》，其核心思想就是强调关中地区内迁的氐、羌人对汉族王朝统治的巨大威胁，并主张将这些氐、羌人迁回故地。之所以提出"徙戎"主张，江统最大的忧虑就是关中地区"戎狄"人口的繁庶："且关中之人，百万余口，率其少多，戎狄居半。"④这里所云"戎狄"包含了众多进入关中的其他民族，然应以氐、羌族人为主，羌人数量及实力仅次于氐人。

---

① 《后汉书》卷八七《西羌传》，第 2869 页。
② 《后汉书》卷八七《西羌传》，第 2878 页。
③ 参见王钟翰主编：《中国民族史》，中国社会科学出版社 1994 年版，第 273 页。
④ 《晋书》卷五六《江统传》，第 1533 页。

后秦国的建立,是内迁羌人规模与影响的最重要的体现。后秦国之崛起,始自姚弋仲。他为南安赤亭(今甘肃陇县东)羌人,其家族为羌族烧当种之后裔,曾被迫迁出塞外,至迁那为酋长之时重新内附,居于南安赤亭,累世为羌酋。其父柯回为魏镇西将军,绥戎校尉、西羌都督。永嘉丧乱时,姚弋仲率众东徙榆眉(今陕西千阳县东),势力逐渐壮大,"戎夏繦负随之者数万"。前赵刘曜统治期间,姚弋仲被封为平襄公,占据陇上之地。

有趣的是,与前秦开创者苻洪相仿,在后赵石虎攻占关中地区后,姚弋仲也曾力劝石虎迁徙秦雍地区豪杰之家于河北地区。姚弋仲及其部族自然也在迁徙之列。"弋仲率部众数万迁于清河(今山东临清市东南),拜奋武将军,西羌大都督,封襄平县公。"①

姚弋仲、姚襄父子死后,姚苌等人归降于前秦。淝水之战后,前秦国内大乱,分崩离析,豪杰并起。"西州豪族尹详、赵曜、王钦卢、牛双、狄广、张乾等率五万余家,咸推苌为盟主。"姚苌于是拥众自立,太元九年(公元384年),他自称"秦王",又有"北地、新平、安定羌胡降者十余万户"。② 公元386年,姚苌在长安称帝,建立后秦政权。

与前秦苻氏政权相比,后秦姚氏政权初建之时,疆域大为收缩,但在姚兴统治期间,攻占了洛阳地区,大抵与前赵国疆域相似。如《晋书·地理志》载云:"既而姚苌灭苻氏,是为后秦。及苌子兴克洛阳,以并、冀二州牧镇蒲坂,豫州牧镇洛阳,兖州刺史镇仓垣,分司隶领北五郡,置雍州刺史镇安定。及姚泓为刘裕所灭,其地寻入赫连勃勃。"

据《十六国疆域志》统计,后秦政区设置包括了15个州。这15个州分别是司隶部、雍州、秦州、南秦州、凉州、河州、并州、冀州、荆州、豫州、东豫州、徐州、兖州、梁州、南梁州。但是,这些州往往为设官而置,实际辖区相当有限,或根本没有(即所谓"遥领")。

尽管后秦在数十年之后为东晋所灭,但可以肯定,大多数羌族平民依然留居在关陇地区。因此,到北魏时期,三秦地区"华夷杂居"的文化风貌依然相当显著,关陇地区各族人民的反叛风起云涌。可以肯定,当时的关

---

① 《晋书》卷一一六《姚弋仲载记》,第2959—2960页。
② 《晋书》卷一一六《姚苌载记》,第2965—2966页。

中根本不是北部中国文化发达之区，而是少数民族风俗特征占优势的各民族杂居之地。

学者们往往十分赞赏氐、羌族上层人物，如苻坚、姚苌等人接受汉化的热情与高度汉文化素养，却没有充分估计到在特定环境下民族文化所固有的顽强性，尤其是在大批普通平民集体入居之后，民族特性会在新的移民社区中长期维持。

直到隋唐时期，关中地区依然有不少羌村存在，大诗人杜甫曾居住于羌村，并有吟咏羌村的诗篇，表达了诗人与羌族父老的深厚情谊。

如《羌村三首》云：

峥嵘赤云西，日脚下平地。柴门鸟雀噪，归客千里至。

妻孥怪我在，惊定还拭泪。世乱遭飘荡，生还偶然遂。

邻人满墙头，感叹亦歔欷。夜阑更秉烛，相对如梦寐。（其一）

晚岁迫偷生，还家少欢趣。娇儿不离膝，畏我复却去。

忆昔好追凉，故绕池边树。萧萧北风劲，抚事煎百虑。

赖知禾黍收，已觉糟床注。如今足斟酌，且用慰迟暮。（其二）

群鸡正乱叫，客至鸡斗争。驱鸡上树木，始闻扣柴荆。

父老四五人，问我久远行。手中各有携，倾榼浊复清。

莫辞酒味薄，黍地无人耕。兵革既未息，儿童尽东征。

请为父老歌，艰难愧深情。歌罢仰天叹，四座涕纵横。（其三）①

与氐族相仿，羌族内迁历程是异常悲怆的，汉羌关系经历了太多血与火的洗礼。在多民族共同生活的国度里，尊重各民族的风俗与权利，促进民族团结，维护民族和睦，是保证各民族美好生活、共同发展的第一要义。

---

① ［唐］杜甫著，闵泽平校注：《杜甫诗全集》，崇文书局2023年版，第240—242页。

第四章

古代鲜卑族的迁移与发展

敕勒川,阴山下,天似穹庐,笼罩四野。

天苍苍,野茫茫,风吹草低见牛羊。

——[宋]洪迈《容斋随笔》卷一《敕勒歌》

鲜卑族是继匈奴族之后又一个对中国历史进程发挥重大影响的塞外民族。鲜卑族发祥于中国东北地区,通过民族大迁徙,鲜卑民族的大部分来到了蒙古草原,进入北部中国,与汉族中原王朝发生了密切的关系,在中国政治史与民族史上占据十分突出的地位。可以说,与匈奴、氐、羌等民族一样,古代鲜卑民族的发展史,同样也是一部民族迁徙史。没有迁徙,也就没有民族的发展。

与匈奴部落联盟相仿,古代鲜卑族群的构成也相当复杂。根据现代学者们的研究,以民族迁徙与后期分布地域为标志,古代鲜卑族群集团大致可分为"三大部",即东部鲜卑、西部鲜卑与拓跋鲜卑,而西部鲜卑与拓跋鲜卑都由东部大兴安岭地区迁移而来。"三大部"鲜卑族的故乡都在大鲜卑山(即今大兴安岭北段)下。

第一节　古代鲜卑族的发源地与早期迁移

> 鲜卑种众新盛，自匈奴北遁以来，据其故地。
>
> 称兵十万，弥地千里，意智益生，才力劲健。
>
> 加以禁网漏泄，善金良铁，出者莫察。
>
> 汉人逋逃，为其谋主，兵利马疾，过于匈奴……
>
> ——［东汉］蔡邕《蔡中郎集》卷二

关于人类历史与迁徙活动之间的关系，美籍华裔地理学家段义孚曾在《逃避主义》一书中作过十分精辟的总结。他指出：

> 人类的故事大部分可以叙述为一种迁徙活动。人们通过短距离迁徙，去寻找更好的狩猎场地，寻找更富饶的土地，寻找更好的赚钱机会，或是寻求更好的文化。短距离迁徙很可能是周期性的……长途迁徙很可能是单向性的且是永久性的。这种迁徙如同恢宏的史诗一般伟大而壮观。①

古代鲜卑民族的迁徙发展史可谓上述论断的绝好证明。鲜卑族先民，是上古"东胡"民族集团的一支，很早就生活在白山（长白山）、黑水（黑龙江）之间。巍巍的长白山正是古代鲜卑人的故乡。

最早为鲜卑人立传的汉文史籍，是王沈所著《魏书》。这部史籍的内容因为裴松之的《三国志注》而流传下来。关于鲜卑族起源与发祥地，王沈《魏书》载云：

> 鲜卑，亦东胡之余也，别保鲜卑山，因号焉。其言语习俗与乌丸同。其地东接辽水（即今辽河），西当西城。常以季春大会，作乐水上……鲜卑自为冒顿所破，远窜辽东塞外，不与余国争衡，未有名通于汉，而自与乌丸相接。②

乌丸，即乌桓，是与鲜卑族关系极为密切的一个东北民族，同属于"东胡"集团。关于鲜卑人的得名，有不同的说法。"鲜卑人"与"鲜卑山"两者

---

① ［美］段义孚：《逃避主义》，河北教育出版社 2005 年版，周尚意、张春梅译，第 8 页。
② 《三国志》卷三〇《魏书·乌丸鲜卑列》裴注引，第 836 页。

之间,究竟是因族名山,还是因山名族,似乎很难断定,但二者之间的密切关联则是无法否认的。作为鲜卑人的早期发源地,"鲜卑山"或"大鲜卑山"通常指今天东北大兴安岭山系的北段。鲜卑早期分布地较出名的地理景观为饶乐水,即今天内蒙古境内的西拉木伦河,或称沙拉木伦河。如《后汉书·乌桓鲜卑传》记载鲜卑人"以季春月大会于饶乐水上"。可以说,饶乐水畔是古代鲜卑人享受生活乐趣的公共空间。

关于鲜卑人的族源,除"东胡说"之外,还有一种说法也颇引人注目,那就是所谓的"汉人说"。如《史记索隐》引述古代学者应奉的说法云:"秦筑长城,徒役之士亡出塞外,依鲜卑山,因以为号。"①应奉之说,即为"汉人说"的代表,即将鲜卑的起源及民族构成与秦朝中原逃入鲜卑地区的"徒役之士"联系起来,很有启发性。如果说鲜卑人的祖先都是北逃的中原人,似乎令人难以置信,但我们却无法完全否认早期鲜卑人中有北上中原人(无论是自愿逃难还是被掳)的加入。

匈奴联盟强盛后,"东胡"国被匈奴酋长冒顿所击溃,鲜卑人的祖先随之远逃至辽东塞外,与汉族中原王朝绝少往来。在其后相当长的时间里,鲜卑、乌桓等东北民族不得不向匈奴俯首称臣,其发展受到匈奴集团的抑制。随着其实力的上升,鲜卑人甚至追随在匈奴人之后向汉朝边界地区发动侵袭。《后汉书·祭肜传》曾载云:

> 当是时(东汉初年),匈奴、鲜卑及赤山乌桓连和强盛,数入塞杀略吏人……(建武)二十一年(公元45年)秋,鲜卑万余骑寇辽东,(辽东郡太守祭)肜率数千人迎击之,自被甲陷陈,虏大奔,投水死者过半,遂穷追出塞……自是后鲜卑震怖,畏肜不敢复窥塞。②

虽然鲜卑在这场反击中遭受惨败,我们依然可以想见当时鲜卑族势力的快速增长。酋长动辄组织万余骑兵南侵,其部落总人口已相当可观。但是,至建武年间后期,北方边塞形势发生重大变化,南、北匈奴因发生内讧而分裂,匈奴联盟力量大为削弱,无暇外顾,鲜卑乘机独立,从此摆脱了

① 《史记》卷一一〇《匈奴列传》注引,第2883页。
② 《后汉书》卷二〇《祭肜传》,第744—745页。

屈从于匈奴人的历史。

　　同时，东汉朝廷对塞外民族大力推行武力围剿与货贿优抚两手并举的政策，对于塞外民族产生较大吸引力，大大改善了长城南北的民族关系，鲜卑族部落逐渐向汉朝边塞地区靠拢。"（辽东太守祭）肜之威声，畅于北方，西自武威，东尽玄菟及乐浪，胡夷皆来内附，野无风尘。乃悉罢缘边屯兵。"①《后汉书·乌桓鲜卑列传》又载称：

　　　　于是鲜卑大人皆来归附，并诣辽东受赏赐，青徐二州给钱岁二亿七千万为常。明（帝）、章（章）二世，保塞无事。②

　　通常，北方游牧民族频繁南下侵袭的主要目的，并不在于企望夺取中原政权、占领中原疆土，而在于多多地获得南方的财物补给。北方民族也许会认为，既然能够在兵不血刃的状况下获取大量财物供给，又何必兵戎相见？况且，武力对抗所造成的损失往往是双方面的，这也就是货贿政策的最大好处。

　　至汉和帝在位时期，在南匈奴与东汉军队的联合进击下，北匈奴最终落得惨败与远徙的下场，退出了广袤无垠的大漠地区。这为鲜卑人的发展创造了难得的机遇与广阔的空间，鲜卑日趋强盛之势从此难以抑制。还应注意的是，此时强大起来的鲜卑族群联盟，已不仅仅是鲜卑本族群的集合，还有大量残留匈奴人的加入。

　　　　北单于逃走，鲜卑因此转徙据其地。匈奴余种留者尚有十余万落，皆自号鲜卑，鲜卑由此渐盛。③

　　与此相印证，王沈所著《魏书》将匈奴人的加入定在顺帝年间（公元126 - 144 年）。当时鲜卑人为乌丸校尉耿晔所击败，"于是鲜卑三万余落，诣辽东降。匈奴及北单于遁逃后，余种十余万落，诣辽东杂处，皆自号鲜卑兵"。④ 据此可知，鲜卑与匈奴的融合，可谓一种双向的运动，匈奴人向东移动，鲜卑向西拓展，最终结果是大批匈奴人融入鲜卑族。这不仅增加了鲜卑族类构成的复杂性，更使鲜卑人的势力迅速膨胀，称雄塞北。

---

① 《后汉书》卷二〇《祭肜传》，第 745 页。
② 《后汉书》卷九〇《乌桓鲜卑列传》，第 2986 页。
③ 《后汉书》卷九〇《乌桓鲜卑列传》，第 2986 页。
④ 《三国志》卷三〇《魏书·乌桓鲜卑东夷传》裴注引，第 837 页。

通常游牧人口以"落"或"帐"计数,相当于汉族的户,按每落 5 口计,鲜卑族众"十余万落"则至少有六七十万口之多。再加上鲜卑原有的人口,最晚至顺帝在位时期,鲜卑总人口数已经接近百万了。就分布地域而言,记载中已有辽东鲜卑、辽西鲜卑、雁门鲜卑等称呼,冠以汉朝不同的边郡名称,说明这些鲜卑人的分布地在相应的边郡周围。至此,可以肯定,鲜卑部落的主体已走出了大鲜卑山,开始较大规模地向汉朝边塞地区移居了。

到东汉桓帝、灵帝之际时,鲜卑族出现了一个杰出的领袖——檀石槐。檀石槐之神勇,与匈奴著名的首领冒顿颇为相似。他被推为首领后,统一各部,鲜卑族势力达到顶峰,成为另一支继匈奴之后真正称雄塞外的北方民族。其地域之广、实力之强,较之匈奴极盛时有过之而无不及。

> 檀石槐既立,乃为庭于高柳北三百余里弹汗山(今河北尚义县南大青山)啜仇水(今内蒙古兴和县与河北怀安县境东洋河)上,东、西部大人皆归焉。兵马甚盛,南抄汉边,北拒丁令,东却夫余,西击乌孙,尽据匈奴故地,东西万二千余里,南北七千余里,网罗山川、水泽、盐池甚广……乃分其地为中东西三部。从右北平以东至辽,东接夫余、濊貊为东部,二十余邑,其大人曰弥加、阙机、素利、槐头。从右北平以西至上谷为中部,十余邑,其大人曰柯最、阙居、慕容等,为大帅。从上谷以西至敦煌,西接乌孙为西部,二十余邑,其大人曰置鞬落罗、日律推演、宴荔游等,皆为大帅,而制属檀石槐。[①]

与以往匈奴联盟相比较,檀石槐领导的鲜卑部落联盟在分布上更为合理明确。由匈奴笼统的左方王与右方王两大部分演化为五六十邑及三大部,足证鲜卑人不仅在实力和规模上堪与匈奴相提并论,而且组织更加严密细致。鲜卑联盟具备这样强盛的实力,必然会对汉朝边境稳定及边民生命财产安全构成极大的威胁。《后汉书·乌桓鲜卑传》载:"灵帝立,幽、并、凉三州缘边诸郡无岁不被鲜卑寇抄,杀略(同掠)不可胜数。"

---

① 《三国志》卷三〇《魏书·乌桓鲜卑东夷传》裴注引《魏书》,第 837—838 页。《后汉书·乌桓鲜卑列传》所载与此大同小异,如载地域范围为"东西万四千余里"。

对于东汉时期鲜卑族联盟势力膨胀的客观背景,著名文士蔡邕曾有非常精到的说明。他指出:

> ……自匈奴遁逃,鲜卑强盛,据其故地,称兵十万,才力劲健,意智益生。加以关塞不严,禁网多漏,精金良铁,皆为贼有;汉人逃逃,为之谋主,兵利马疾,过于匈奴。[①]

事实证明了蔡邕的判断,为遏制鲜卑对边塞地区的攻袭,东汉军队大举北伐鲜卑,最终招致惨败。鲜卑联盟强盛与大批汉人北徙融入鲜卑密切相关。这是中国民族史上值得特别关注的现象,也许正是鲜卑起源"汉人说"的有力注脚。

但是,我们在观察古代民族发展史时屡屡看到这样的现象:一个族群的强盛,往往与一位杰出领袖之间存在过于紧密的联系,一个领袖的逝去,往往造成一个部族的衰亡。檀石槐也是这样一个神奇的领袖。檀石槐死后,一度强盛无比的鲜卑联盟集团陷于分裂,各部首领各自为政,世相传袭。

到三国曹魏时期,鲜卑分布区已发生了较大变化,诸部之中以附塞鲜卑轲比能部最为强盛。《三国志·乌丸鲜卑东夷传》载云:"后鲜卑大人轲比能复制御群狄,尽收匈奴故地,自云中、五原以东抵辽水(今辽河),皆为鲜卑庭。数犯塞寇边,幽、并苦之……部落近塞,自袁绍据河北,中国人多亡叛归之,教作兵器铠盾,颇学文字。故其勒御部众,拟则中国,出入弋猎,建立旌麾,以鼓节为进退……控弦十余万骑。……然犹未能及檀石槐也。"[②]无论如何,即使无法与檀石槐极盛时相提并论,轲比能所据地域还是相当广阔的。另外,尽管占据"匈奴故地",但是鲜卑部落的分布还是以"近塞"为特征,且有大批边郡的"中国"人源源不断地加入,这为鲜卑族后来的发展都起到了不可忽视的影响。

---

① 《后汉书》卷〇《乌桓鲜卑列传》,第 2991 页。
② 《三国志》卷三〇《魏书·乌丸鲜卑东夷传》,第 831—839 页。

第二节 慕容鲜卑的迁徙与建国

> 大燕虽革命创制，
>
> 至于朝廷铨谟，
>
> 亦多因循魏、晋……
>
> ——［前燕］常炜奏言

现代学者周伟洲教授对鲜卑族的迁徙历史进行了深入的研究。他特别强调：魏晋十六国时期"鲜卑族迁徙的规模之大，路途之遥，影响之巨，在中国历史上都是很引人注目的。这种迁徙的主流，是居于今蒙古草原、东北地区的鲜卑一批一批向南、向西南迁入内地；东起山东，西至新疆，南到淮河、长江，到处都有他们活动的踪迹。由于鲜卑族大量的内迁，在五胡十六国时期，鲜卑先后在北方建立了代、前燕、西燕、后燕、南燕、西秦、南凉、吐谷浑八个政权。'五胡'之中，鲜卑是建立政权最多的一个民族"。[①] 其中，在鲜卑族所建立的"四燕"政权，即前燕、后燕、西燕、南燕，均由慕容鲜卑人所建立。

前燕国的创始人为慕容廆（音"委"），原籍为昌黎县棘城（今辽宁义县西北）。据《晋书·慕容廆载记》，慕容氏出于"东胡"，为匈奴击败后，避居于鲜卑山。到曾祖莫护跋时，举部迁居辽西郡（治今辽宁义县西）。他归附于中原政权，跟随司马懿征战，因功封拜为率义王，定居于棘城（今辽宁义县西砖城子）之北。其祖父为鲜卑左贤王、父亲涉归进拜为鲜卑单于，后迁邑至辽东郡（治今辽宁辽阳市）以北地区。

关于慕容氏的由来，史籍中记载了这样的故事：当时，燕代地区的汉人流行头带"步摇冠"，莫护跋非常羡慕，便改变原来披发左衽的习俗，束起头发，也带上了"步摇冠"，其他鲜卑部人因之称其为"步摇"，后因音讹传为"慕容"。这个故事是很有代表性的，与其他北方部族相比，慕容鲜卑更早地南下迁居边塞地区，与中原汉族人民交往密切，且以倾慕"华风"著

---

① 周伟洲：《魏晋十六国时期鲜卑族向西北地区的迁徙及其分布》，《民族研究》1983年第5期，第31页。

称。这一点在慕容鲜卑后来的迁徙及政权建设中也都有突出的体现。

西晋初年，慕容廆降附中原政权，被封拜鲜卑都督之职。太康十年（公元289年），慕容廆又率部迁至徒河（今辽宁锦州市）之青山。徒何，又作徒河，后来成为慕容鲜卑的一种别称，如魏收《魏书》即称"徒何慕容廆"。

元康四年（公元294年），慕容廆又移居于大棘城，棘城也就成为前燕的第一个都城。在当时的传说中，棘城是上古颛顼皇帝生活过的遗址。在此，慕容廆开始仿效中原政权，进行较全面的政治与经济建设，"教以农桑，法制同于上国（指西晋）"。

永嘉初年，慕容廆自称鲜卑大单于。当时辽东地区成为一个重要的避难地，大批中原汉人逃难流亡，北迁到辽东地区。这为前燕国的建立创造了良好条件。

> 时二京倾覆，幽、冀沦陷，廆刑政修明，虚怀引纳，流亡士庶多襁负归之。廆乃立郡以统流人，冀州人为冀阳郡，豫州人为成周郡，青州人为营丘郡，并州人为唐国郡。于是，推举贤才，委以庶政……平原刘赞儒学该通，引为东庠祭酒，其世子（慕容）皝率国胄束修受业焉。廆览政之暇，亲临听之，于是路有颂声，礼让兴矣。[1]

在中原王朝倾覆之际，由非华夏族人主导的慕容鲜卑地区竟成了华夏人士向往的"礼让之邦"，这也是两晋之交乱局中的一个特殊现象。慕容部不仅设置郡县，还建立儒学庠馆，彼此之间哪里还有"华夷之别"？在大批华夏名士的辅佐下，前燕国规模初具，雄踞一方。因此，将之简单归为"鲜卑族政权"，似乎并不十分准确。

慕容廆之子慕容皝于咸康三年（公元337年）自立，称燕王，这就是历史上的前燕国。至咸康七年（公元341年），慕容皝迁都龙城（今辽宁朝阳市）。当时，前燕面对的两大强敌为宇文归部与高句骊国。幕容皝首先率军攻伐高句骊国，取得重大胜利。"大败之，乘胜遂入丸都，（高句骊王）钊

---

[1] 《晋书》卷一〇八《慕容廆载记》，第2806页。

单马而遁……掠男子五万余口,焚其宫室,毁丸都而归。"其次,慕容皝又率军亲征宇文归部,也取得大胜。"尽俘其众,归远遁漠北。皝开地千余里,徙其部人五万余落于昌黎,改涉奕于城为威德城。"燕国记室参军封裕曾在上书中回顾前燕国辉煌的创业历史:

> 自永嘉丧乱,百姓流亡,中原萧条,千里无烟,饥寒流陨,相
> 继沟壑。先王(指慕容廆)以神武圣略,保全一方,威以珍奸,德
> 以怀远,故九州之人,塞表殊类,襁负万里,若赤子之归慈父,流
> 人之多旧土十倍有余,人殷地狭,故无田者十有四焉。殿上(指
> 慕容皝)以英圣之资,克广先业,南摧强赵,东灭句丽,开境三千,
> 户增十万,继武阐广之功,有高西伯(指周文王)……①

如此看来,前燕国的建立,本身就是一个民族大迁徙的产物。大批避难的各族百姓聚居在一起,"流人"(即难民)的数量竟然超过当地土著人口的 10 倍以上,显然是各族人民共同组建的新兴政权,誉之为避难者的"乐土"也是当之无愧的。在天下大乱的苦难中,慕容氏前燕政权的创立可以称为"重整河山"的壮举。相形之下,古史中常见的"五胡乱华"的论调是何等之荒谬啊。

慕容儁于永和五年(公元 349 年)即燕王位,第二年即趁后赵国大乱之际,率军南伐,先是攻陷蓟城(今北京城西南隅),并将燕国都城从龙城迁至蓟城,这无疑是慕容鲜卑的一次大迁徙。

其后,燕国军队又攻克了后赵国邺都(今河北临漳县西南)。慕容儁又于永和八年(公元 352 年)即皇帝位,以司州为中州。升平元年(公元357 年),又迁都于邺城。邺城也成为慕容氏前燕国最终的首都。

都城的迁徙,是慕容鲜卑族迁徙的重要标志。都城往往是一个民族国家最重要的政治与军事中心,也是本民族的聚居中心,聚集了数量可观的本族人口。都城的迁徙便意味着本民族人口的迁徙。慕容鲜卑部的聚居中心从最早的鲜卑山到徒何的青山,从徒何又到大棘城,从大棘城又到龙城,从龙城又到蓟城,从蓟城又至邺都,真可称之为"燕都五迁"。随着

---

① 《晋书》卷一〇九《慕容皝载记》,第 2823 页。

都城的迁徙，慕容部不断向中原腹地挺进。这是迁徙的历程，同样也是逐渐接受汉族礼制文化的历程。慕容鲜卑也从一个边塞部落，发展壮大为一个中原强国。

攻占后赵国后，前燕国疆域大为扩展。据《十六国疆域志》，前燕国的疆域主要设有 11 州，分别是平州、幽州、中州、洛州、豫州、兖州、青州、冀州、并州、荆州、徐州，覆盖了今天华北大部分地区。但时至东晋太和五年（公元 370 年），前燕国遭遇到灭顶之灾。燕国末代皇帝慕容暐在位期间，国力衰弱，朝政混乱，在前秦苻坚军队的强大攻势下，前燕国分崩离析。

消灭前燕国，是前秦疆域建设的一项重大成果。据《晋书·苻坚载记》记载："坚入邺宫，阅其名籍，凡郡百五十七，县一千五百七十九，户二百四十五万八千九百六十九，口九百九十八万七千九百三十五。"①若这些数字属实，那么，前燕国晚期，其全国人口总数已接近 1 000 万人。这在两晋末及"十六国"的历史中应该是相当惊人的纪录，远远超过了前秦国首府关中地区的人口。

正由于前燕所在东部地区人口众多，自然又出现了中国历史政治地理上常见的"东西制衡"的矛盾。苻坚担心中原地区形势难以控制，于是采取了大规模强制性移民行动。"坚徙暐及其王公已下并鲜卑四万余户于长安。"《晋书·苻坚载记》对此有更详细的记载："徙关东豪杰及诸杂夷十万户于关中，处乌丸杂类于冯翊、北地，丁零翟斌于新安……诸因乱流移，避仇远徙，欲还旧业者，悉听之。"②

10 万户之中，鲜卑族人就占了 4 万户以上，这无疑是鲜卑族人较为彻底的又一次大迁徙。迁入地便是前秦腹地——关中地区。

然而，这次大迁徙是不成功的，并没有维持多长时间。前秦军队在"淝水之战"惨败后，前秦国也陷入混乱，迁入关中地区的鲜卑乘机起事，在慕容泓、慕容冲等人的率领下全面反叛，很快聚集起 10 万兵马，自立、改元，这也就是"西燕"国的前身。同时，慕容冲等率兵向长安城发起猛攻。苻坚无力抵抗，在外逃途中被杀。慕容泓自立后不久即为部将所杀，

---

① 《晋书》卷——三《苻坚载记上》，第 2893 页。
② 《晋书》卷——三《苻坚载记上》，第 2893 页。

慕容冲在长安城称帝。由于慕容冲所率鲜卑军队在长安滥杀无辜，引起众怒，故其友人劝其赶紧返回关东地区："凤凰，凤凰，何不高飞还故乡，何故（又作无故）在此取灭亡？"

凤凰正是慕容冲的小名。可见，尽管在关中的鲜卑族人数量不少，但与其他各族相比并不占有多大优势。慕容冲即位后不久即被部下所杀。重返关东的重任就落在了慕容永的身上。西燕政权上最重要的皇帝当属慕容永。慕容永在前燕国灭亡后，也被迁往长安。据《十六国春秋·后燕录》的记载，慕容冲被杀后，"（慕容永等人）率鲜卑男女四十余万口，乘舆、服御、礼乐、器物，去长安而东，于是长安空虚……"①

魏收《魏书》与李延寿《北史》均将此次迁徙的数量记为"三十余万口"。无论是 30 余万口，还是 40 余万口，西迁关中的慕容鲜卑数量，较之迁徙前的 4 万余户，又有较大增长。慕容鲜卑的迁离，竟然使长安地区空虚。慕容永等人离开关中地区后，占据了长子城（今山西长子县西南），以其为都城。慕容氏西燕政权最终为后燕军队所灭。

后燕政权的创始者为慕容垂。他为慕容皝之子，曾投降于苻坚。"淝水之战"后，慕容垂借机逃回关东地区。他于太元八年（公元 383 年）于荥阳（今河南荥阳县东北）称燕王，史称"后燕"。后又于太元十一年（公元 386 年）定都中山（今河北定州市）。慕容垂平定丁零翟氏政权后，即挥师西进，进攻西燕，取得大胜。"（慕容）永所统新旧八郡户七万六千八百及乘舆、服御、伎乐、珍宝悉获之，于是品物具矣。"②无论如何，至此，西迁的慕容鲜卑又重新回到了前燕时期的疆域。后燕政权后为北魏所灭。

南燕政权的创立，也是慕容鲜卑大迁徙的成果。南燕的创立者为慕容德，为慕容皝之少子，曾参加"淝水之战"。后燕时期，慕容德长期官拜冀州牧，镇守于邺城（在今河北临漳县西南），总制南夏地区。北魏攻灭后燕时，慕容德据守邺城。在自感无力回天之后，慕容德便于隆安二年（公元 398 年），"乃率户四万、车二万七千乘"，自邺城徙居于滑台（今河南滑县东滑县城），自立为燕王，史称"南燕"。南燕国建国之初，疆域面积相当

---

① 《十六国春秋》卷五十《后燕录八》，明万历三十七年屠氏兰晖堂刻本。
② 以上引文见《晋书》卷一二三《慕容垂载记》，第 3089 页。

狭小，处于北魏、后秦及东晋等政权的夹击之下，国势岌岌可危。"时德始都滑台，介于晋、魏之间，地无十城，众不过数万。"①于是，其谋臣潘聪力劝慕容德向青齐（即今山东地区）进军：

> 青齐沃壤，号曰"东秦"。土方二千里，精兵十余万，右有山河之固，左有负海之饶，可谓用武之国。三齐豪杰，蓄志以俟，孰不思得明主，以立尺寸之功？广固城者，曹嶷之所营，山形崄峻，足为帝王之都……②

慕容德从其计，统率大军攻破东晋齐郡，进入青齐地区，将广固（今山东青州市西北）建为都城。从此，青齐之地成为南燕国的根基之地，原来后燕国的许多鲜卑人也随之进入这一地区。南燕后为东晋所灭。广固城被攻陷之后，东晋大将刘裕因久攻不下，积忿于胸，"犹斩鲜卑王公已下三千余人，没入家口万余，以妻女为军赏，夷其城隍，获生口万余，马二千匹……"③据此可知，南燕国内的不少鲜卑首领被斩杀，也有不少人（特别是妇女）被俘，进入东晋国。

第三节　西部鲜卑的分布与政权建设

> 退浑儿，退浑儿，
> 冰销青海草如丝。
> 明堂天子朝万国，
> 神岛龙驹将与谁？
>
> ——［唐］吕温《蕃中答退浑词》

鲜卑人的分类与地理分布，从根本上讲取决于鲜卑人长时间的迁徙运动。西部鲜卑集团的出现，正是长途迁徙的结果。根据周伟洲教授的研究，西部鲜卑种类繁多，分布广泛，其影响并不逊色于东部鲜卑。"东起陕西潼关，西至新疆吐鲁番，北从河套，南到四川西北，几乎到处都有。"

---

① 《晋书》卷一二七《慕容德载记》，第 3165 页。
② 《十六国春秋》卷六三《南燕录一》，明万历三十七年屠氏兰晖堂刻本。
③ 《十六国春秋》卷六四《南燕录二》，明万历三十七年屠氏兰晖堂刻本。

"在这些鲜卑部落之中,乞伏、秃发、吐谷浑势力最强,他们先后在十六国时期征服原居于西北的汉、羌、氐、卢水胡、丁零等族,建立了西秦、南凉和吐谷浑三个政权。"[1]

西秦国的创始人为乞伏国仁。《晋书·乞伏国仁载记》称:"乞伏国仁,陇西鲜卑人也。在昔有如弗斯、出连、叱卢三部,自漠北南出大阴山……"陇西郡的治所在今甘肃临洮南,因在陇山以西而得名。乞伏鲜卑部原由如弗斯、出连、叱卢三部鲜卑人所组成,原游牧于漠北地区,后越过阴山,进入今天陇山以西地区。至乞伏祐邻为酋长时,攻并鲜卑鹿结部七万余落,迁居于高平川。这七万余落鲜卑人正是日后西秦立国的基础力量。高平川又名葫芦川、苦水,即今天宁夏境内黄河支流清水河。至乞伏述延为首领时,又破降鲜卑莫侯部于苑川,收并其众七万余落,乞伏部落的聚居中心地也从高平川移至苑川。苑川,又名子城川、勇士川,就是指今天甘肃榆中县境内宛川河流域。

前秦强盛之时,首领乞伏司繁率部归附于苻坚,后奉命镇守勇士川。"淝水之战"后,乞伏国仁乘机独立,于东晋太元十年(公元385年)自封为大单于,史称"西秦"。"置武城、武阳、安固、武始、汉阳、天水、略阳、漒川、甘松、匡朋、白马、苑川十二郡,筑勇士城以居之。"勇士城在今天甘肃榆中县北。西秦国一度相当强大,如在乞伏乾归在位期间,攻杀氐王杨定。"于是尽有陇西、巴西之地。"乞伏炽磐在位期间,攻灭南凉国,"兵强地广"。[2] 可以想见,随着西秦国疆域的扩大,虽然不少鲜卑部落被兼并在内,而国内民族构成已相当复杂,鲜卑人所占比例是有限的。西秦国后为赫连勃勃夏国所攻灭。

南凉国创始人为秃发乌孤。《晋书·秃发乌孤载记》称:"秃发乌孤,河西鲜卑人也。其先与后魏同出。八世祖匹孤率其部自塞北迁于河西,其地东至麦田(城,在今甘肃靖远县东北)、牵屯,西至湿罗,南至浇河(今青海贵德县境内),北接大漠。"[3]这里所谓"河西",即今天河西走廊及湟

---

①　周伟洲:《魏晋十六国时期鲜卑族向西北地区的迁徙及其分布》,《民族研究》1983年第5期,第38页。

②　《晋书》卷一二五《乞伏国仁载记》,第3115—3124页。

③　《晋书》卷一二六《秃发乌孤载记》,第3141页。

水流域。"秃发"与"拓跋"，为同名异译。南凉国先民与拓跋鲜卑同出于一源。大漠即蒙古高原。应该说，秃发乌孤的先祖的迁徙路线相当清晰，就是离开蒙古高原，进入河西走廊及青海地区。

至西晋初年，秃发鲜卑部开始崛起，树机能率部攻杀西晋秦州刺史，"尽有凉州之地"。至秃发乌孤继位之后，因实力有限，先是投靠前秦大将吕光所创立的后凉政权，被授予"河西鲜卑大都统"之职。其后，乌孤率部大破乙弗、折掘二部，筑廉川堡（在今青海民和县西北），并以之为都。随着实力的增长，其部将石亦干等人极力劝其自立称王："今我以士马之盛，保据大川，乃可以一击百，光何足惧也？"西晋隆安元年（公元 397 年），秃发乌孤自称西平王，摆脱后凉而独立，史称"南凉"。南凉建国后，秃发乌孤率军先后攻破金城、乐都、湟河、浇河等郡，"岭南羌胡数万落皆附之"。其后，秃发乌孤迁都乐都（今青海乐都县）。"署弟利鹿孤为骠骑大将军、西平公，镇安夷（在今青海乐都县西）；傉檀为车骑大将军、广武公，镇西平（今青海西宁市）。"[①]我们从上述记载可以推知，在南凉国内的民族构成中，西部羌人与胡人占了很大的比重，并不是单纯的鲜卑族人。南凉国后为西秦所攻灭。

比较而言，在西部鲜卑创立的民族政权中，疆域最广、历时最久、影响最广的无疑要属吐谷（音"玉"）浑了。吐谷浑（又称为"退浑"）国的出现，正是鲜卑人大分化与大迁徙的结果。吐谷浑人的西迁，本身就是整个鲜卑族西迁运动的一个组成部分。

始祖吐谷浑，本为前燕国创始者——慕容廆的庶兄，曾与慕容廆分部而牧。其后两部因争夺牧地而发生矛盾，导致分裂。可以说，这种冲突是慕容鲜卑部众繁盛之后人地矛盾激化的必然结果。《十六国春秋·前燕录八》详细地记载了两部争斗的故事：

> 吐谷浑者，本辽东鲜卑慕容廆之庶兄，因氏其字，以为首类之种号也，故谓之野虏父。徒河涉归有二子，长曰吐谷浑，少曰若洛廆。廆代统部落，为慕容氏。浑庶长，廆正嫡，父在时，分户

---

① 《晋书》卷一二六《秃发乌孤载记》，第 3141—3143 页。

一千七百与浑以隶之。浑与廆二部俱牧马，马斗相伤，廆怒，径遣使让浑曰："先公处分，与兄弟异部牧马，奈何不相远异，而令马有斗伤！"浑怒曰："马是六畜，食草饮水，春气动发，所以致斗。斗在于马，何至怒及于人？若欲远别甚易，恐后会为难耳！今当去汝万里之外矣。"遂拥马西行。①

牧地之争，实则为经济利益及政治权力之争。游牧部族分部而牧的经济生活方式，本来就与一统式的集权制度存在难以调和的矛盾，在利益与权力激烈冲突之际，为避免两败俱伤，"走为上策"——迁徙成为重要的生存选择。

吐谷浑首先率领部落西迁居于阴山地区，在西晋末年又转移至陇山一带，即"西附阴山"，种落逐渐繁盛。关于吐谷浑的早期迁徙路线，《宋书·鲜卑吐谷浑传》载云："(吐谷)浑既上陇，出罕(开)、西零。西零，今之西平郡(今青海西宁市)，罕开，今枹罕县(治今甘肃临夏市)。"②

其他文献对吐谷浑的早期迁徙记载也大致相同。《北史·吐谷浑传》也载云："吐谷浑遂从上陇，止于枹罕。"《梁书·西北诸戎传》又载云：吐谷浑"因遂西上陇，度枹罕，出凉州西南，至赤水(今青海兴海县)而居之"。比较而言，《晋书·西戎传》关于吐谷浑迁徙路线的记述最为明晰："属永嘉之乱，始度陇(山)而西，其后子孙据有西零已西甘松之界，极乎白兰数千里。"即吐谷浑在横渡漠南及阴山之后，又向西穿过陇山，途经枹罕，最后进入青海地区。

至东晋义熙初年(公元405年)，酋长树洛干即位后，吐谷浑部始有雄视西垂之势。"年十六嗣立，率所部数千家奔归莫何川，自称大都督，车骑大将军、大单于、吐谷浑王。化行所部，众庶乐业，号为戊寅可汗，沙漒杂种莫不归附。"③后其弟阿豺自号沙州刺史、骠骑将军。阿豺及慕璝在位时，吐谷浑势力迅速扩张，"阿豺兼并羌、氐，地方数千里，号为强国"。阿豺死后，慕璝即位，"慕璝招集秦、凉亡业之人及羌戎杂夷，众至五六百落，

---

① 《十六国春秋》卷三十《前燕录八》，明万历三十七屠氏兰晖堂刻本。
② 《宋书》卷九六《鲜卑吐谷浑传》，中华书局1974年版，第2370页。
③ 《晋书》卷九七《西戎吐谷浑传》，第2541页。

南通蜀汉，北交凉州、赫连，部众转盛"。①

至拾寅即位酋长时，始定居于伏罗川②。至伏连筹及夸吕在位时，吐谷浑国的发展已至于鼎盛，疆域空前广袤。"伏连筹内修职贡，外并戎狄，塞表之中，号为强富。准拟天朝，树置官司，称制诸国，以自夸大……伏连筹死，子夸吕立，始自号为可汗。居伏俟城（在今青海青海湖西岸布哈河口附近），在青海西十五里。虽有城郭而不居，恒处穹庐，随水草畜牧。其地东西三千里，南北千余里。"③

吐谷浑国内最重要的自然景观为"青海"，即今天青海省境内的青海湖，出产日行千里的宝马——"青海骢"。唐代学者杜佑所撰《通典》载云：

　　　其地四时常有冰雪，唯六七月雨雹甚盛。若晴，则风飘沙砾。有麦，无谷。其青海，周回千余里。海中有小山，每冬冰合后，以良牝马置此山，至来冬收之。马有孕所生得驹，号曰龙种。吐谷浑尝得波斯草马，放入海，因生骢驹，能日行千里，故时称"青海骢"焉。④

吐谷浑在政治上保持相对独立性，并得到南北朝政权的承认。如北魏政权先后封吐谷浑酋长西秦王、西平王及吐谷浑王等；刘宋政权也先后封其酋长为陇西王、河南王等。因大部分疆土处于黄河上游河曲及湟水之南，吐谷浑酋长也自号河南王，故南方政权又常称吐谷浑国为"河南国"。

熟语云："入乡随俗。"对于从东北远迁到西北的吐谷浑人来讲，欲要永久保持原有的风俗特征与族群构成，显然是不现实的。关于吐谷浑国的民族构成，周伟洲教授曾指出："最初，吐谷浑仅是辽东慕容鲜卑的一支，人数很少，可是自其迁徙，特别是建立政权之后，统治了许多其他族属的氏族、部落。在漫长的历史发展过程中，不同族属的人民逐渐成为一个新的民族共同体，统以'吐谷浑'为自己的族名。因此，作为中国古代西北

---

① 《魏书》卷一〇一《吐谷浑传》，第2235页。
② 伏罗川，与莫何川相通，其地有多种说法。周伟洲教授认为，以今青海贵德县西南巴卡尔河较为准确。见周伟洲：《吐谷浑史》，广西师范大学出版社2006年版，第20—21页。
③ 《魏书》卷一〇一《吐谷浑传》，第2239—2240页。
④ 《通典》卷一九〇《吐谷浑》，第5152页。

民族的吐谷浑,事实上应为原慕容鲜卑的一支与羌、氐、汉、匈奴、西域胡、高车等一些氏族、部落,经过长期历史发展融合而成。"①这种认识无疑是符合历史真实情况的。但是,还须指出的是,在中国西部客观的自然地理与人文环境之下,吐谷浑国从属于西部羌族区,其民族融合的主要趋势应是"羌族化"。在全国所属各部族人口中,羌族人口应占到了多数,其风俗特征也是以羌族风俗为主。

　　隋朝大业四年(公元 608 年),吐谷浑在铁勒与隋朝军队的联合攻击下,陷于瓦解,国王伏允远遁,"部落来降者十万余口,六畜三十余万"。"其故地皆空,自西平临羌城以西,且末以东,祁连以南,雪山以北,东西四千里,南北二千里,皆为隋有。置郡县镇戍,发天下轻罪徙居之。"②

　　到隋唐之际,中原大乱,吐谷浑又乘机复国,一度成为唐朝西部强敌。"大业末,天下大乱,(吐谷浑酋长)伏允及顺复其故地。大唐贞观中,李靖、侯君集破灭之,伏允远遁,为左右所杀。其子大宁王顺归降,于是重建其国,封顺为西平部王。"③然至唐中期,吐蕃逐渐强盛,开疆拓土,吐谷浑为吐蕃所攻灭,其疆域并入吐蕃国。吐谷浑酋长诺曷钵率其残部不得不向唐朝内地迁徙。《旧唐书·西戎吐谷浑传》载云:"诺曷钵以亲信数千帐来内属,诏左武卫大将军苏定方为安置大使,始徙其部众于灵州之地,置安乐州,以诺曷钵为刺史,欲其安而且乐也……及吐蕃陷我安乐州,其部众又东徙,散在朔方、河东之境。今俗多谓之'退浑',盖语急而然。"④进入唐朝境内的吐谷浑部族先是被安置于安乐州,安乐州在今宁夏同心县东北韦州。但随着吐蕃人的内侵,吐谷浑部众再一次东迁,进入朔方及河东地区,即今天内蒙古南部、陕西北部及山西西南部地区。而民间习惯促读,而称之为"退浑"。当然,应该说还有相当数量的吐谷浑人依然留在故地,为吐蕃国所役属。

---

①　周伟洲:《吐谷浑史》,第 145 页。
②　《隋书》卷八三《吐谷浑传》,中华书局 1973 年版,第 1845 页。
③　《通典》卷一九〇《边防六》,第 5154 页。
④　《旧唐书》卷一九八《西戎》,第 5300—5301 页。

第五章

❖❖❖❖❖

"永嘉南渡":汉族第一次南迁浪潮

历史上,中华民族是一个多灾多难的民族。

一部完整的中华民族的发展史,离不开灾难史内容的填写。

可以说,不了解中华民族的灾难史,

也就不可能了解中华民族真实的过去。

——作者题记

西晋末年出现的"永嘉丧乱",就是中华民族所经历的一场空前的、惨绝人寰的大灾难。这场大灾难同时引发了中国历史上第一次北方汉族人民大规模的南迁大潮。这次大南迁又被称为"永嘉南渡"(永嘉,晋怀帝年号,公元307—312年)。历史上所谓的"南渡",均指以帝王家族及王侯将相为核心的政权整体性的南向迁徙,往往以国都迁徙为标志。中国历史上出现的西晋"永嘉南渡"、北宋"靖康南渡"及金朝"贞祐南渡"等莫不如此。

第一节　晋末丧乱与"永嘉南渡"

一、"八王之乱"与西晋覆亡

天祸晋室,四海颠覆,

丧乱之极,开辟未有。

——《晋书·王鉴传》

永嘉是西晋怀帝司马炽的年号。晋怀帝即位后，晋朝举国上下陷入了一场空前的大混乱之中，封建统治秩序呈现出土崩瓦解之态势，史称"永嘉丧乱"。在事实上，西晋末年的混乱并非起始于永嘉初年，其祸因肇始于晋惠帝司马衷在位期间爆发的"八王之乱"。

在晋武帝司马炎在位期间，西晋国内一度出现一统天下的鼎盛局面，但好景不长。永熙元年（公元 290 年），晋武帝司马炎去世后，次子司马衷继位，是为惠帝。司马衷智力平庸，毫无理政之才，形同傀儡，朝野间货贿公行，纲纪紊乱。因此，野心勃勃的贾皇后、杨太后之父太傅杨骏及握有军政实权的司马氏亲王们为争夺朝政大权展开了殊死的斗争，势同水火，进而演变为一场旷日持久的血腥厮杀。永平元年（公元 291 年），贾皇后首先发难，借助楚王司马玮、淮南王司马允等人的力量，诛杀太傅杨骏等人，废黜杨太后，独揽朝政。后为削弱司马氏亲王的势力，贾皇后又设计处死了汝南王司马亮与楚王司马玮。永康元年（公元 300 年），赵王司马伦、梁王彤等人进京，废黜并诛杀了贾后及其死党。一时得势的司马伦得寸进尺，甚至废掉司马衷，自立为帝，结果引起其他司马氏亲王的强烈反对。各镇一方的司马氏亲王们自恃兵精马壮，一同举兵向京，中原大地顿成腥风血雨的世界。

"八王之乱"持续长达 10 余年，完全摧毁了西晋王朝正常的统治秩序。天下汹汹，国无宁日。直到光熙元年（公元 306 年），晋惠帝司马衷最终被毒死，怀帝司马炽即位，"八王之乱"才接近尾声，而此时已是全国性大灾难——"永嘉丧乱"——全面爆发的前夜。

"永嘉南渡"的另一个重要历史背景是自东汉以来北方边疆地区少数民族的大举内迁。东汉以后，大量周边民族向中原地区内迁，越过长城，入居于中国北方各地。其中南匈奴族众入居并州（今山西中北部），氐族人、羌族人进入关陇（今陕西、甘肃、宁夏等地），乌桓与鲜卑进入幽、冀（今河北）地区。四边少数民族的内迁，原本可以让统治者感觉"四海宾服"的荣耀，但民族混居不可避免地让北部中国的社会问题趋于复杂化。旷日持久的"八王之乱"不仅从根本上动摇了西晋王朝的统治基础，更使中原地区已然相当紧张的民族矛盾与冲突上升为整个社会矛盾较为核心的部分。在天下惶惶、四海混乱的情况下，拥有实力的各族首领均不甘寂寞，更不愿任人宰割，成为皇权混战中的牺牲品。于是，他们迫不及待地揭竿而起，起兵反晋，加入了逐鹿中原的斗争，并纷纷在各地建立起自己的政权，苟延残喘的西晋王朝由此四分五裂，混战之势愈演愈烈。历史上带有民族偏见的封建士大夫由此将"永嘉丧乱"的原因很不恰当地归结为"五胡（匈奴、鲜卑、羯、氐、羌）乱华"。而当时确实出现了一些少数民族的反叛活动。例如，元康四年（公元294年），匈奴人郝散在上党（今山西晋东南地区）反叛，攻杀官吏。元康六年（公元296年），秦、雍氐、羌人群起反叛，推举齐万年为帅。永宁元年（公元301年），巴蜀流人李特率众反叛，自号大将军，后攻陷成都（今成都市）等重镇。永安元年（公元304年），"十六国"时代出现得最早的少数民族政权——刘渊汉国在山西境内建立，正式吹响了向西晋王朝挑战的号角。

造成"永嘉丧乱"与"永嘉南渡"空前惨烈的第三个重要原因是当时北方各地发生的严重的自然灾害。永嘉三年（公元309年），全国大旱，长江、汉水、黄河、洛水等重要的河流均濒于枯竭，常人徒步可涉，其浅可知，更不要说那些流量有限的支流。永嘉四年（公元310年），幽、并、冀、秦、雍等六州（包括今天河北、山西、陕西等省）发生严重蝗灾，蝗虫飞过，遮天蔽日，草木皆被吃光，连牛、马等牲畜的体毛也不能幸免。农业作物更是面临灭顶之厄。旱灾与蝗灾彻底摧毁了北方各地的粮食生产，大饥馑接踵而至。"凡人七日不食则死。"那些不想坐以待毙的人们只好走上外出求食之路，而路途遥遥，求食多艰，更多的人倒在了求食途中。当时"白骨蔽野，百无一存"，对于整个社会的生存都构成了极其严重的威胁。

永嘉五年（公元311年），刘渊军队攻陷洛阳，晋怀帝司马炽被俘，在平阳羁押一年后遇害。晋朝残余朝臣又在长安拥立司马邺为帝，是为晋愍帝。而当时偌大的长安城居民不足百户，公私仅有车驾四乘，其惨淡状况可知。至建兴四年（公元316年），刘渊大将刘曜又统领大军进攻长安，司马邺无奈出降，又重蹈了司马炽的悲剧。至此，早已名存实亡的西晋王朝彻底烟消云散，西晋王朝的历史最终画上了一个凄凄惨惨的句号。

二、世族南迁与东晋建立

骨肉相残的"八王之乱",北方边疆少数民族南迁,割据政权风起云涌、空前惨烈的自然灾荒等,种种因素交织在一起,犹如火山喷发一般,在西晋末年共同酿就了一场在中华民族历史上具有久远影响的大劫难。这场大劫难不仅结束了西晋的历史,而且使中国南北方社会面貌大为改观。

《晋书·食货志》为我们展现了"永嘉丧乱"中极为可怖的惨况:

> 及惠帝之后,政教陵夷,至于永嘉,丧乱弥甚。雍州以东,人多饥乏,更相鬻卖,奔逝流移,不可胜数。幽、并、司、冀、秦、雍六州大蝗,草木及牛马毛皆尽。又大疾疫,兼以饥馑,百姓又为寇贼所杀,流尸满河,白骨蔽野……人多相食,饥疫总至,百官流亡者十八九。[1]

东晋人虞预在太兴二年(公元 319 年)的上书中也回顾了"永嘉丧乱"之惨酷:

> 大晋受命,于今五十余载。自元康(晋惠帝年号)以来,王德始阙,戎翟及于中国,宗庙焚为灰烬,千里无烟爨之气,华夏无冠带之人,自天地开辟,书籍所载,大乱之极,未有若兹者也。[2]

在众多士大夫眼里,"永嘉丧乱"之惨烈,可谓盘古开辟天地以来所未见,天崩地裂,也不过如此而已。常言道:"三十六计走为上。"在中原地区烽烟四起、血肉横流之际,可叹大批北方无辜百姓无端遭遇如此惨祸,根本无力回天,只好万般无奈又仓皇失措地逃离自己的家园,向相对平静的南方地区寻找避难之所,这样北部中国大地上就出现了一浪高过一浪的南迁大潮。

"惠(帝)、怀(帝)之际,河东先扰。"就外迁地域而言,河东地区(即今天山西省西南部地区)可谓"永嘉丧乱"与"永嘉南渡"的最重要的丧乱策源地与最早的移民迁出地之一。其中原因很简单,以首领刘渊为首的南匈奴部众长期生活在今天山西省中北部(即当时的"并州")境内,势力最

---

① 《晋书》卷二六《食货志》,中华书局 1974 年版,第 791 页。
② 《晋书》卷八二《虞预传》,第 2144 页。

为强盛，在地域上紧毗河东。刘渊首先发难，在西河（今山西吕梁地区）创立政权后，又迁都平阳（今山西临汾市），将并州及河东地区作为自己的根基之地，因此，并州及河东地区受创最为酷烈，百姓逃亡的情况也最为严重。

作为西晋首都所在区域，河南地区理所当然地成为另一个重要的移民迁出地。在西晋京畿洛阳一带失陷后，中原士大夫彻底丧失了固守家园的幻想，南渡之浪潮也由此势不可挡。《晋书·王导传》载称："洛京倾覆，中州士女避乱江左者十六七。"洛阳一带历来是达官士绅的渊薮，兵锋所及，玉石俱焚，骇人听闻的屠戮事件相继发生，大批居留在首都及附近地区的显宦世族慌不择路地加入南迁的人流，从而引发了更大规模的逃徙浪潮。

据现代著名历史地理学家谭其骧先生的考证，在"永嘉丧乱"引发的民族大迁移中，有三条最为重要的南下迁移路线：

一是沿长江支流汉水一线南下，可称为西线。来自今天陕西、甘肃等西北地区的移民由此南下，进入两湖及其他南方地区。

二是沿邗沟（即今天南北大运河中段，连接长江与淮河）一线，可称为东线。来自今天山东及江苏北部的移民由此南迁镇江、武进等地。

三是淮河一线，可称为中线。来自今天河南等地移民由此南迁安徽等地。

"永嘉丧乱"后南迁的北方移民数量相当庞大，准确数量难以计算。据谭其骧先生的初步估计，截止到刘宋时期，南渡人口累计起来大约有90万，占到当时全国总人口的1/6。[①]

在晋朝末年南迁的洪流中，北方世家大族的行动最为引人注目，其中不少世族人士充当了迁徙活动的主要领导者与组织者。这也形成了"永嘉南渡"的一个极为突出的特征。

河东闻喜（今临汾闻喜）人郭璞精于卜筮，也因此成为两晋时代闻名朝野的大预言家。出于敏锐的政治嗅觉及对社会矛盾的忧虑，在反复占

---

① 谭其骧：《晋永嘉丧乱后之民族迁徙》，《长水集》（上），人民出版社 1987 年版，第 199—223 页。

验家乡命运之后,他得出了令人万分沮丧的结论:"嗟乎! 黔黎将湮于异类,桑梓其翦为龙荒乎!"因此,他毫不犹豫地与亲朋好友数十家,结伴向东南地区迁徙。郭璞一行先迁到庐江(今安徽庐江县),庐江郡当时还未受到过大侵扰,太守胡孟康并无心南渡长江避难,有意召请郭璞留居下来,但郭璞坚辞不留。果不出郭璞所料,在他们离开数十天后,庐江即被攻陷。郭璞渡江之后,成为驻守东南的司马睿的座上高参,为东晋的创建出力不少。①

一代豪杰祖逖是大南迁潮流中涌现出来的一位英雄。祖逖原籍遒县(今河北涞水县),后迁居阳平(今河北馆陶),世代显宦。祖逖生性豪放,轻财行侠,在宗亲乡党中声望卓著。后结识刘琨,成为挚友,共同立下拯救天下苍生之誓言,相约闻鸡起舞,刻苦磨炼才干。及洛阳失陷之后,祖逖率领亲朋乡亲数百家迁至淮泗地区,徒步而行,将自己的车马让给同行的老弱之人,与大家同甘共苦,因深孚众望而被推举为"行主",成为徙民集团的领导者。抵达泗口,司马睿任用他为徐州刺史,深为倚重。祖逖所领导的徙民集团也在丹徒之京口(今江苏镇江市)落下脚来。

褚裒也是一位著名的"行主",他的南迁经历也有很强的代表性。褚氏为河南阳翟之望族,褚裒承袭关内侯爵位,并担任冠军参军之职。早在司马氏诸王相互混战之时,褚裒就感到大事不妙,弃官逃往幽州,结果不久,河北当地也出现了战乱苗头,他只好又逃回河南故里。此时,天下鼎沸,大厦将倾,褚裒毅然决定招集同乡亲朋,南下渡江避难。当他们迁到阳城县时,洛阳就被刘曜所攻陷,褚裒与荥阳太守郭秀等人及万余难民一度被迫固守在万氏台,时间长达一年之久。第二年,诸裒率领数千家南迁,结果又遇到寇乱,暂时留居于密县,直到建兴初年,褚裒等人才乘机东渡过江②。

太原晋阳王氏也是北方著名世族之一,累世高官,如王浑、王湛等人均曾身居高位。王承也是较早南迁的世族人士代表。早在永宁初年(公元301年)晋朝"八王混战"期间,王承看到混乱难以平息,便避难南迁。

① 《晋书》卷七二《郭璞传》,第1899页。
② 《晋书》卷七七《褚裒传》,第2031—2032页。

渡江名宦王导、卫玠、庾亮等人都是王承提拔起来的门生弟子，被称誉为"中兴第一人"。

"永嘉南渡"宣告了西晋王朝的彻底毁灭，但也促成了东晋王朝的诞生，而大批南渡的世家大族成为支撑东晋王朝大业的中坚力量。

东晋王朝的开国皇帝为司马睿。司马睿虽名为司马氏王族后裔，但相传其为司马觐之妃夏侯氏与府内小吏私通所生，故在皇族中地位卑微，深受冷遇，本无匡复社稷、救民于水火的宏图大志。碰巧的是，他在永嘉初年正驻镇于建邺（今江苏南京市），远离北方丧乱之地，在司马氏诸王纷纷败落之后，司马睿却羽翼丰满，一支独大。看到天下大乱，确实有机可乘，司马睿才接受手下谋士王导的建议，诚心收纳各方贤才，标举声望，扩充实力。

东晋初期，东南一带流传着一句民谣："王与马，共天下。"王即指琅邪临沂的王氏家族；马，即东晋皇族司马氏。对于东晋的创立，来自琅邪临沂的世族名士王导可谓居功甚伟。司马睿初来建邺之时，江南世族人士纪瞻、顾荣等人嫌其名望不高，态度相当冷漠，不愿理睬。王导便力劝王敦等北来世族名人一齐为司马睿助威捧场。在司马睿出行之时，仪仗威武，声势壮观，使得江南当地世族人士刮目相看。司马睿任人唯才，不分南北，在安抚南方世族的同时，更注意招徕、优待南下的北方世族人士，其皇族正统地位也由此得到南北人士的公认。司马睿也盛赞王导的才干，称之为"仲父"，比之为西汉开国功臣"萧何"。在洛阳、长安相继失陷之后，怀帝与愍帝也先后被掳，死于非命。司马睿于是在群臣的拥戴下，在建邺自立，于太兴元年（公元318年）即皇帝位，史称"东晋"。

第二节　东晋南朝的移民安置与文化发展

东晋的建立，为南奔的北方移民们燃起了新的希望，东晋首都建邺（今江苏南京市）及附近地区很快成为当时最重要的迁入区之一。这些南下世族也就成为东晋政权赖以维系的基础力量。这是东晋王朝的一大特征，因此，东晋王朝初期在很大程度上可称为一个"移民王朝"。

一、移民安置与移民社会

建邺（因避晋愍帝司马邺之名讳，更名为建康）是东晋首都，也是北来世宦家族聚居之地。古都南京的历史在东晋建立后，翻开了崭新而繁盛的一页。南京号称"六朝古都"，此前三国时期吴国在此建都。此后，东晋、宋、齐、梁、陈诸王朝也均以建康为首都，共同构建出"南朝"的历史风云，王朝更迭的历史在此地频繁上演。

历史上描述南京古都兴衰的诗词数不胜数，最为脍炙人口的大概还要数唐代大诗人刘禹锡所写的《乌衣巷》一诗了：

> 朱雀桥边野草花，乌衣巷口夕阳斜。
>
> 旧时王谢堂前燕，飞入寻常百姓家。

朱雀桥与乌衣巷都是南京古城的著名景点。王家、谢家都是东晋时期建康城中最烜赫的世家大族。北来的同姓大族通常选择在同一迁入地聚族而居。在崇尚祖先、重视血脉的中国人看来，姓氏是同宗同祖、同一血脉的标志，具有强大的凝聚力。这在北方世家大族人士身上表现得更为明显。"北土重同姓，谓之骨肉，有远来相投者，莫不竭力营赡，若不至者，以为不义，不为乡里相容。"[①]"同是天下沦落人，相逢何必曾相识。"素不相识的人们尚且如此，更何况流落于南国的骨肉之兄弟、同祖之子孙呢？这种精神力量对于聚集北来的世家大族来说起到了巨大的作用。

当然，江南大族人士的款待与宽容也是形成南北人士聚居建康盛况的一个重要因素。如纪瞻为丹阳秣陵人，与顾荣同为江南大族后裔，司马睿倍加重用，拜为侍中及尚书之高职。纪瞻家财巨万，生活奢侈，其豪宅在乌衣巷中是首屈一指的。"馆宇崇丽，园池竹木"，极显风雅之致。但纪瞻以爱士著称，对于北来名士十分热情，照顾他们及其家眷生活起居，"营护其家，为起居宅，同于骨肉焉"，无微不至，口碑非常好。

京口（今江苏镇江市）在相当长的时间里成为南朝最著名的移民聚居地之一，北来的达官名族如祖逖等人大多定居于此，成为东晋初创时的军

---

① 《宋书》卷四六《王懿传》，中华书局 1974 年版，第 1391 页。

政重镇。关于为何众多北方世族人士选择在京口一带定居的原因,现代学者田余庆先生曾进行了较为深入的分析。京口一带属于晋陵郡,本为江南荒僻之地,人烟稀少,经济相当落后。但是,作为北来移民的避难之处,京口地区却有其独特的优势。如与瓜洲相比,京口不在南北交通要途,比较安全,宽阔的长江成为阻隔北方入侵者的屏障。同时,这一地方与建康、吴郡(今江苏苏州市)等江南重地相距又不甚遥远,退可以守,进可以取。于是,北方迁来的大量移民聚居于此避难,东晋官府也着重招募当时移民入伍从军,后形成所谓"北府兵",军政地位迅速上升。据田余庆先生的总结,在东晋时期,京口的重要作用主要体现于三个方面:一为控制三吴,二为抵御海寇,三为拱卫京师。[1]

来自渤海饶安的刁协一家,被称为"京口一蠹",为劣迹斑斑的北来豪族。刁协很早就颇有文名,曾为太常博士。在永嘉初年,他被任命为河南尹,未及上任,便避难南下,渡江依附于司马睿。东晋草创之初,礼仪疏陋,因刁协娴熟于朝廷礼仪,备受敬畏,在太兴初年升迁至尚书令,权势十分显赫。然而,刁协为人强悍,不敬公卿,平时横行霸道,气焰嚣张,结怨甚多。在朝臣王敦发动的叛乱中,刁协被杀,天下称快。然至成帝在位之时,刁协之子刁彝上讼其父之冤,成帝以其辅佐元帝开国之功,追赠本官。刁氏之族得以复兴,至刁协之子刁逵、刁畅、刁弘等人同样身任显职。然而,刁氏家风却没有丝毫转变,霸悍之风依然如旧。刁氏家族"有田万顷,奴婢数千人",且"奴客豪纵",巧取豪夺,积累下巨额财富。后因起兵抵抗刘宋开国皇帝刘裕,刁氏家族毁灭于一旦。刘裕散尽刁氏之家财,下令周围百姓取用,竟然数天都未散尽。刁氏一族的豪富,与南朝早期经济衰敝、百姓穷苦的状况形成了鲜明对比。

江州是南下移民的又一重要流寓地。江州于西晋元康元年(公元291年)从荆州、扬州中分出,治今江西南昌市,辖境覆盖了今江西、福建二省与湖北长江以南以及湖南东部地区。同为北方移民的刘胤在担任江州刺史后,不理政事,奢侈逸乐,且大肆从事商业投机,聚敛财货。"是时,

---

①   田余庆:《东晋门阀政治》,北京大学出版社 2005 年版。

朝廷空罄,百官无禄,惟资江州运漕。而胤商旅继路,以私废公。"①刘胤的行径由此受到时人的强烈批评:

> 今大难之后,纲纪弛顿,自江陵(治今湖北江陵县)到于建康(即建邺,今江苏南京市)三千余里,流人万计,布在江州。江州,国之南藩,要害之地,而胤以侈汰之性,卧而对之,不有外变,必有内患。②

刘胤不久之后便死于非命。据此,我们可以知道当时在江州流寓的外来移民数以万计,数量相当可观,广泛分布在从湖北江陵到江苏南京之间的辽阔区域内。

表 5—1   南迁的北方望族情况简表

籍贯地	今地	姓氏	代表性人物
琅邪临沂	山东费县东	王氏	王导、王敦、王舒、王廙、王彬、王彪之、王羲之、王徽之、王献之、王神爱
太原晋阳	山西太原市西南	王氏	王承、王述、王坦之、王祎之、王遐、王简姬、王法慧、王蕴、王恭
陈郡阳夏	河南太康县	谢氏	谢鲲
陈郡阳夏	同上	袁氏	袁瓌、袁乔
颍川鄢陵	河南鄢陵县西北	庾氏	庾亮、庾怿、庾冰、庾条、庾翼、庾琛、庾文君、庾道怜、庾楷
谯国龙亢	安徽怀远县西北	桓氏	桓彝、桓温、桓云、桓豁、桓秘、桓冲
颍川颍阴	河南许昌市	荀氏	荀崧、荀灌
泰山南城	山东平邑县南	羊氏	羊曼
汝南安成	河南汝南县东南	周氏	周顗、周闵、周琳
陈留考城	河南民权县东北	蔡氏	蔡谟、蔡邵
彭城	江苏徐州市	刘氏	刘隗、刘波、刘牢之
渤海饶安	河北盐山县西南	刁氏	刁协、刁彝、刁逵
济阴冤句	山东曹县西北	卞氏	卞壸、卞敦、卞瞻

---

① 《晋书》卷八一《刘胤传》,第 2114 页。
② 《晋书》卷八一《刘胤传》,第 2114 页。

籍贯地	今地	姓氏	代表性人物
高平金乡	山东嘉祥县南	郗氏	郗鉴、郗愔、郗超、郗昙
琅邪阳都	山东沂南县南	诸葛氏	诸葛恢、诸葛颐、诸葛长民
琅邪临沂	山东费县东	颜氏	颜含
鲁国	山东曲阜市	孔氏	孔衍、孔夷吾
荥阳阳武	河南原阳县东南	毛氏	毛宝、毛穆之、毛安之、毛德祖
河东安邑	山西夏县西北	卫氏	卫玠
太原祁县	山西祁县东南	温氏	温峤、温放之、温式之
沛国相	安徽濉溪县西北	刘氏	刘恢
陈留圉城	河南杞县西南	蔡氏	蔡豹
陈郡长平	河南西华县东北	殷氏	殷浩、殷融、殷仲堪、殷顗
弘农华阴	陕西华阳县东南	杨氏	杨佺期
河南阳翟	河南禹州市	褚氏	褚裒、褚蒜子、褚爽、褚灵媛、褚翜
河南荥阳	河南荥阳县东北	郑氏	郑阿春
太原中都	山西平遥县西南	孙氏	孙盛、孙绰、孙统

二、坞壁、乞活与侨置州郡：南渡时代的特殊景观

当我们考察这场规模空前的大移民时，不难发现，在那样动荡的年代，迁移的最终完成是相当困难的。东晋初建之时，其正统地位的确认还有待时日，况且路途遥远，险阻丛生，丧乱离家的逃难者一时根本看不到未来的希望与寄托。苦恼、彷徨、迷茫成为西晋与东晋王朝交替之时的时代特征，在相当长的时间里，大批逃难者在痛苦的彷徨中找不到自己的方向。

构建坞壁，步步为营，也是"永嘉南渡"中一个独具特色的迁移景观。坞壁，又被称为保（堡）固，在我们今天的人们看来是相当陌生的，但在东汉以至南北朝时期，却是遍布华夏的一种聚落形式。南宋学者陈傅良在《历代兵制》一书中，曾对坞壁形成的背景做了十分精辟的评述：

惠帝之初,戍兵四出,天下遂大乱矣。继以五代之扰,所在
牧守弱者弃地,强者称盟,民间豪杰亦各推鸠主,以寇抄为事,而
富家大姓多藏户口,以为私附(见《刘遐传》)。京师以羽檄征天
下兵卒,无至者。于是义兵纷然,大者兼为方镇,小者聚为坞壁
(刘、沈诸传),元帝南渡,依以立国,祖逖北讨,籍以为重,因而抚
之,未暇更立。往往授以大将军、都督、四镇、四征、四平之号,或
兼王者,各自为将,而江东征调,不出三吴……①

坞壁与坞主的出现,显然是大动乱时代军政组织的一种特殊形态。
大批坞主出于民间推举,始以自卫为主,后亦不免恃强凌弱,侵掠无辜平
民。在混乱的年代,大批坞主一时看不到可以依赖的强势政权,因而往往
在南北政权中彷徨犹疑,成为各种政治力量争取拉拢的对象。

平阳人李矩大概是两晋之交丧乱时期最著名且最富传奇色彩的一位
坞主了。李矩曾因在平定氐族首领齐万年反叛事件中立下奇功,被封为
东明亭侯,并受命担任平阳郡都护,在当地民众中拥有较高声望。南匈奴
首领刘渊进攻平阳时,当地乡民推举李矩为坞主,率领乡亲奋起自卫,且
逐步南迁进入河南地区。先屯守于荥阳,后又迁至新郑。李矩颇负英雄
气概,不像其他晋朝官员那样在大乱之中魂飞魄散,一走了之,而是志在
立功自效。他同部分留守北方的晋朝官员一起营护落难百姓,抵御盗贼
侵扰,从而有效地遏制了汉赵国、后赵等北方割据政权的南侵势头。他本
人也多次受到东晋朝廷升官晋爵的奖赏,但终因四面楚歌,寡不敌众,死
在南下途中。

河内郡怀县人郭默也是一位颇具声望的坞主,因骁勇善战而成为李
矩的得力盟友,但他有不少"混世魔王"式的劣行。在"永嘉之乱"中,督将
出身的郭默自立为坞主,乘人之危,干起了抄掠过客的勾当,积累起巨额
财富。最后,在情势危急的状况下,他竟然舍弃李矩而去,单骑南遁。到
了建康之后,这位逃亡将领还得到重用。不过,善恶终有报,此后不数年,
郭默也被部将出卖,死于非命。

---

① 　[宋]陈傅良:《历代兵制》卷三,清道光二十四年金山钱氏刻守山阁丛书本。

河南地区是北方地区坞壁最为集中的区域，不少坞主盘踞于此。除李矩、郭默外，据《晋书·桓宣传》称："时坞主张平自称豫州刺史，樊雅自号谯郡太守，各据一城，众数千人。"为了充分利用这些力量，司马睿委派桓宣为使者，规劝张平、樊雅归顺。张平、樊雅等人归顺后，司马睿加封他们四品将军，率领所部人马，"使扞御北方"，即与北方割据势力对抗。

广平易阳人刘遐也是一位骁勇的坞主，天下大乱，刘遐被推为坞主，亲率壮士冲锋陷阵，当地将他与三国名将关羽、张飞相比。同乡邵续为冀州刺史，深所倚重，"壁于河、济之间"，盗贼闻风而遁。刘遐后归顺东晋节度，元帝司马睿封他为龙骧将军。又据《晋书·刘遐传》记载，当时沛县人周坚与周默也因天下淆乱，自立为坞主，但以寇抄为事，不服东晋管辖。刘遐等人奉命讨伐，周坚等兵败北逃。

"永嘉丧乱"实为一场毫无统一组织与管理的、自发性的"大逃亡"式的迁徙运动。对于绝大部分中下层平民而言，他们逃离家园的目的就在于避难，在相当长的时间里，并没有十分明确的迁移目标。或者可以说，他们往往是在四处迁移途中寻找最终的目的地。因此，大部分移民是从所谓"流人"转化而来。漫漫长途，艰辛备尝。为了抵御外来侵害，为了自保自救，成千上万名流人组织起来，形成了声势可观的流人集团。在流人集团中，最著名的就数"乞活"了。"乞活"的出现，与晋末并州地区出现的大灾荒有着直接的关系。"乞活"集团的主体都是当初跟随并州刺史司马腾迁往河北地区的山西部众，数量多达 2 万户。之后辗转北方各地，被现代著名学者周一良先生称为"流民之中团结最坚、活动地域最广、历时最久者"。[1]

在中国移民史上，"侨置郡县"是"永嘉南渡"之后最有代表性的安置方式。"侨"者，客也，寄也。简言之，侨置郡县就是将北方的郡县名称移至迁居的南方地区。《宋书·志序》云：

> 自戎狄内侮，有晋东迁，中土遗氓，播徙江外，幽、并、冀、雍、
> 兖、豫、青、徐之境，幽沦寇逆。自扶莫而裹足奉首，免身于荆、越

---

① 周一良：《乞活考——两晋间流民史之一页》，《魏晋南北朝论集》，中华书局 1963 年版，第 12—29 页。

者,百郡千城,流寓比室。人佇鸿雁之歌,士蓄怀本之念,莫不各树邦邑,思复旧井。既而民单户约,不可独建,故魏邦而有韩邑,齐县而有赵民。且省置交加,日回月徙,寄寓迁流,讫无定托,邦名邑号,难或详书。[1]

侨置郡县出现的历史背景是相当复杂的。

第一,安土重迁,人之常情。大批北方移民在江南地区聚集,最难割舍的是那些浓郁的故土情怀。因此,来自不同地区的移民采取了最直接的方式,保持自己原来的籍贯以标识自己的移民身份,同时寄托深深的故园之思,以及不忘祖籍、重返故土的愿望。

第二,前面已提到,北方世家大族在移民中占有可观的比重。魏晋南北朝时期,是世家大族势力发展的鼎盛时期。世家大族大多拥有特殊的政治地位和雄厚的经济实力。而这些世家大族盘根错节,聚族而居,往往与一定的地域单位相连接,如琅邪临沂王氏、太原晋阳王氏、高平金乡郗氏、河东安邑卫氏、琅邪阳都诸葛氏等。这种特定的地域单位,即所谓"郡望",都是其势力及优越地位的依托。在仓皇南奔之后,这些世族成员也不肯放弃这种优越的标志,希望能够保持家族的实力与优势,侨置郡县便应运而生。这些南迁的世家大族也是侨置郡县产生与维系的根源之一。

第三,侨置郡县也是东晋王朝招诱北方人民南下以增强国力的一个重要手段。"民为邦本,本固邦宁。"没有民众拥戴与支持的政府,不过是一个"空壳"而已。为了鼓励北方百姓南下并尽快安定下来,东晋官府一度积极在缘边地区建立侨置郡县,这样,郡望、同乡、骨肉彼此相互招引,促使北方及南方地区漂泊的移民迅速在侨置郡县集合起来。应该说,侨置郡县的建立,对于东晋王朝的建立是十分重要的。[2]

不难想见,侨置郡县带来的人户与土地管理方面的困难是相当巨大的,如"一郡分为四五,一县割成两三",且侨置郡县具有明显的临时性与不确定性,怀有重返旧土之预设。因此,侨置郡县内的人户被登记为"白

---

① 《宋书》卷十一《志序》,第205页。

② 胡阿祥:《东晋南朝侨州郡县的设置与地理分布》(上、下),分别载于《历史地理》第八辑、第九辑,上海人民出版社1990年版。

籍"，以区别于土著人户的"黄籍"，而且也不像土著人户那样承担赋役义务。户籍制度是赋役制度的基础，而赋役又是国家机器运转的保障。长此以往，不仅会引发新旧人户之间的矛盾，也不利于南下民户实际利益的保障。

为了有效加强对南下移民的管理，东晋及南朝各代官府逐渐推行"土断"之法，"明考课之科，修闾伍之法"。所谓"土断"，简言之，就是将客籍断为土著，通过将侨置郡县省并、割实、改属、新立等方法，调整、整理了侨置郡县与土著郡县之间的矛盾冲突。土断之后，侨籍与客籍变为土籍，与土著民户一样承担赋役，再没有土、客之分与"白籍"与"黄籍"之辨，而从根本上结束了侨置州县的历史。[①]

至此，"永嘉南渡"便成为流传于野老村夫口中的悠悠旧事了。

三、梦断北征之路

西晋的败亡，"永嘉丧乱"之酷烈，对于那个时代的汉族士大夫们的心理创伤是极为惨痛的，神州陆沉，沧海横流，人神乏主，亿兆靡依。丧家辱国之痛、故园桑梓之思，无时不在折磨着漂泊南国的北来移民们。光复中原，重返故园，是多少南渡移民们的梦想与希冀！

上古时代的江南，在中原人士的心目中，本是一片低洼潮湿、瘴疠滋生的"蛮荒"之地，迁往江南，曾经是中原人士谈之色变的畏途。《史记·货殖列传》就宣称："江南卑湿，丈夫早夭。"常理言之，从中原千里迢迢移居江南，初来乍到的不适应是不可避免的。

中国古训将"立德""立功""立言"称为"三不朽"。这对于饱读诗书的传统士大夫的激励作用是相当显著的，况且在家国处于危难之时，理应奋不顾身，以雪家仇国恨。另外，一些有识之士也看到东晋王朝僻居江东一隅，国势难振，绝不可专意守成，故步自封，坐以待毙。因此，以攻为守，方为强国之上策。南渡初期乃至南朝时期，不少北来移民的代表人士屡屡倡言北伐，力求恢复中原。

---

① 　胡阿祥：《六朝疆域与政区研究》，学苑出版社 2005 年版，第 278—291 页。

根据中外人口迁徙的较普遍的规律,在大规模的人口迁徙的同时,反向性迁徙也是不可避免的。纵观"永嘉南渡"引发的民族大迁移历史,这种移民倡导的北征,不仅代表了一些南迁人士光复故国、重返桑梓的正常愿望,也客观地反映了南迁大移民后必然出现的反向迁徙的规律。

祖逖无疑是南渡时代早期最著名的北征义士,在中国历史上留下了"击楫中流"的千古佳话。祖逖在定居京口之后,虽已身任要职,却无时不忘恢复晋朝社稷,光复中原。因此,他养精蓄锐,积聚实力,积极地为北伐之举做准备。但是,当时东晋王朝正处于草创时期,百废待举,刚刚当上皇帝的司马睿忙于安抚江南地区,根本无心于北征之事。在祖逖的苦心劝说下,司马睿才任命祖逖为豫州刺史,①但仅仅提供 1 000 人的口粮与3 000 匹布,并没有铠甲等军用装备,士兵也由祖逖自行招募。即使在这样困难的条件下,祖逖依然豪情满怀,随即带领与自己同时南迁的部曲百余家北渡长江,船只行到长江之上时,面临滔滔的长江水,祖逖击楫发誓道:"祖逖不能清中原而复济者,有如大江。"他激昂慷慨、辞色壮烈,使在场的人们深受感动。祖逖在北征行动中,历经艰险,恩威并举,不仅平定了一些不肯归服东晋的坞主,而且得到不少中原汉族坞主的归顺与支援,收复了大片失地,重挫了称霸一时的北方后赵国的军威。"由是黄河以南尽为晋土。"祖逖的北伐受到了中原百姓的热烈欢迎,中原百姓譬之为"再生父母",并作歌咏云:

> 幸哉遗黎免俘虏,
> 三辰既朗遇慈父。
> 玄酒忘劳甘瓠脯,
> 何以咏恩歌且舞!

但正当祖逖有意大展宏图,进取黄河以北时,却因病去世,终年 56岁。②

北方十六国的后赵国一度统一中国北方,国势强大,但在其国主石勒与石虎死后,境内各族民众纷纷反抗,中国北方陷入一片混乱。这让东晋

---

① 因为当时豫州在中原地区,根本不在东晋辖区,到任必须北上,出任此职即寓有北征之意。
② 《晋书》卷六二《祖逖传》,第 1693—1697 页。

朝野人士切实看到了光复故国的希望，纷纷上疏，请求北伐，于是东晋朝野掀起了相当持久的北征热潮。素有高名的名士殷浩为陈郡长平人，以善谈玄理名闻天下，而且自视极高，屡屡推辞官府的召辟，直到建元初年，在司马昱等人的恳请下，才勉强出任扬州刺史。石虎死后，北方陷入大乱，群龙无首。东晋任命殷浩为中军将军，都督扬、豫、徐、兖、青五州军事，统率晋军北伐。殷浩也慨然以光复中原为己任，大兴屯田，为北征粮储之备。北征一开始还较为顺利，从寿阳一路进军至许昌。没想到，来自石虎后赵国的降将——羌族首领姚襄等人纷纷反叛，东晋军队死伤惨重，屡战屡败，殷浩北征之举终以失败告终。

　　另一位力主北征的著名将领桓温为谯国龙亢人，同为世家大族子弟，少与殷浩齐名，但桓温以豪侠自命，勇于事功。他年少得志，因姿容出众而被选为驸马，官阶升迁很快，拜任徐州刺史后，便成为威震一方的重量级大员。永和年间，桓温统率晋军西伐李氏成汉国，一路势如破竹，惨败之余，汉王李势出降。桓温凯旋，奇功盖世，权倾朝野。功高震主，自然引来东晋统治者的猜忌，因此，当桓温提出北伐主张时，竟得到朝野人士的冷遇，反而一致推举没有丝毫实战经验的殷浩执掌北征兵权。殷浩北征失败后，桓温乘机弹劾，殷浩被削职流放，从此一蹶不振，而东晋兵权一时全归于桓温手中。桓温多次统率北征，取得重大胜利，曾一度进驻关中，但终因粮储不继等原因不得不退守旧地。在一次北伐途中，桓温看到自己年少在北方为官时种下的柳树已粗至十围，不禁流泪感叹："木（树）犹如此，人何以堪？"但是，时人对于桓温后期的北伐活动颇有微词，认为北征行动不过是桓温意欲专掌兵权的藉口而已，劳民伤财，北征已经完全变味了。

　　促成频繁北征的原因是多方面的，动机也是相当复杂的。但是，与此同时，我们发现，当时北伐的阻力之大，也是远远出乎后世人意料的。军事上的困难无疑是北征的最大阻力，实力孱弱的东晋尚不具备一统天下的能力。古今"书圣"王羲之也是琅邪临沂王氏家族的一员。据称其父王旷最早倡议司马睿渡江自立。王羲之少有美誉，但自知无廊庙之能，不堪官司驱使，多次推辞朝廷召辟，仅拜任右军将军、会稽内史等中下层职位。

殷浩对王羲之颇为器重,但当殷浩坚持北征之时,王羲之却断然加以反对。他在规劝的书信中指出了当时北征给东晋国内带来的严重影响:

> 今功未可期,而遗黎歼尽,万不余一。且千里馈粮,自古为难,况今转运供继,西输许、洛,北入黄河。虽秦政之弊,未至于此,而十室之忧,便以交至。今运无还期,征求日重,以区区吴越经纬天下十分之九,不亡何待![①]

更无法否认的是,在艰苦的南渡之后,众多曾经历经磨难的世家大族人士很快适应了南方的生活,延续着名士无为清谈之风,已逐渐迷醉于江南美好景致与惬意生活之中。于是,他们借口"五胡乱华",中原残破,公开反对收复北方失地的北伐行动。如太原晋阳孙统、孙绰兄弟便是其中的代表。孙绰等人在徙居江南后,热衷于游山玩水,"纵意游肆,名山胜川,靡不穷究",依然保持着萧然物外的名士风度。当大司马桓温借口北方大乱、有意迁都洛阳时,孙绰上疏表示反对,十分直白地道出了不少世族人士的心声,他说:

> ……然(永嘉丧乱时)中夏荡荡,一时横流,百郡千城曾无完郭者,何哉? 亦以地不可守,投奔有所故也。天祚未革,中宗(即司马睿)龙飞,非惟信顺协于天人而已,实赖万里长江画而守之耳……自丧乱以来六十余年,苍生殄灭,百不遗一,河洛丘虚,函夏萧条,井堙木刊,阡陌夷灭,生理茫茫,永无依归。播流江表,已经数世,存者长子老孙,亡者丘陇成行。虽北风之思感其素心,目前之衰实为交切。[②]

上述这段话,可以说是当时世族人士对"永嘉丧乱"与"永嘉南渡"历史的一个总结性的认识。可见,在孙绰等人看来,"永嘉南渡"本身就是理所当然的选择,东晋之所以能够幸存,实在是仰赖万里长江之阻隔南北。在南迁人士的心目中,曾经辉煌夺目的中夏胜地,已在丧乱中永久地化为荒芜之地了。而南迁的人们已经将南方落脚之地视作自己新的安身立命的所在了,北来移民已数代同堂,对江南同样有了"安土重迁"的依恋。举

---

① 《晋书》卷八〇《王羲之传》,第2096页。
② 《晋书》卷五六《孙楚附孙绰传》,第1545页。

目四野，无数死去的移民的坟茔遍布田垄，永远安息在江南了……放弃这一切而试图北迁，不过是徒然增添新的苦痛而已，实非寻常人情之所愿。孙绰还极力表述了南下的普通百姓对北伐及北迁的恐惧：

> ……何者？植根于江外数十年矣，一朝拔之，顿驱蹑于空荒之地，提挈万里，踰险浮深，离坟墓，弃生业，富者无三年之粮，贫者无一飱之饭，田宅不可复售，舟车无从而得，舍安乐之国，适习乱之乡，出必安之地，就累卵之危，将顿仆道途，飘溺江川……自古今帝王之都，岂有常所？时隆则宅中而图大，势屈则遵养以待会……①

在江南定居数代的人们同样开始安土重迁了。在这种状况下，北迁就变得与当年的南渡一样凄楚可怕。看来，正如常言所云"时势比人强"，既然大部分南渡人士已安居南国，并无重返故园之心，桓温等人的北伐行动及北迁的愿望就是强人所难，难怪没有成功之希望了。

最惨烈的灾难也有暂时停歇的时候。在尸骨遍野、血迹横溢的荒原上，太阳还会再次冉冉升起，同样光彩夺目。然而，我们这个不绝如缕的苦难民族在如此的大灾难中究竟学到了什么教训，又得到了怎样的智慧呢？！

---

① 《晋书》卷五六《孙楚附孙绰传》，第 1546 页。

第六章

拓跋鲜卑族的迁移与发展历程

拓跋鲜卑的发展历史,是一部向往中原、接受汉化的历史,

更是一部波澜壮阔的迁徙历史。

从最早的发祥地"大鲜卑山",到塞外平城,最终迁都到洛阳。

拓跋鲜卑的光辉历史始终与迁徙运动相伴相随,不可分离。

——作者题记

迁徙运动构成了古代鲜卑族发展的主要线索之一。根据早期迁徙运动的特征与方向,作为"东胡"后裔的鲜卑族可以分为东部鲜卑、西部鲜卑等几个主要分支。前面已经分别讨论过慕容鲜卑与西部鲜卑的迁移和发展状况,而拓跋鲜卑应该是在中国历史上占据特殊地位的一支鲜卑族群。

拓跋鲜卑族创建的北魏王朝,是中国历史上第一个统治北部中国时间上百年的北方民族王朝,走出了"十六国时代"非华夏族政权国祚短促的"怪圈"。在文化发展上,拓跋鲜卑族也称得上是中国历史上接受汉族文化最为积极、也最有影响力的北方民族之一。

第一节　拓跋鲜卑的早期迁徙历程

> 帝王之兴也,
>
> 必有积德、累功、博利……
>
> (北魏)终于百六十载,
>
> 光宅区中(即中原地区)。
>
> 其原固有由矣。
>
> ——《魏书·序纪》后史臣之语

关于拓跋鲜卑的早期历史与风俗状况,《魏书·序纪》载云:

> 昔黄帝有子二十五人,或内列诸华,或外分荒服,昌意少子,
> 受封北土,国有大鲜卑山,因以为号。其后,世为君长,统幽都之
> 北,广漠之野,畜牧迁徙,射猎为业,淳朴为俗,简易为化,不为文
> 字,刻木纪契而已,世事远近,人相传授,如史官之纪录焉。①

将自己族群的始祖归为黄帝之子,显然是北魏史官杜撰出来的无从查考的附会之说,为非华夏族政权回溯历史的习惯做法。把自己的族系归为黄帝的后裔,自然与华夏(汉)族人士殊途同源,找到了血缘与文化求同的"根脉"。至于其原始发祥地,《魏书·序纪》称其"国中有大鲜卑山,因以为号"。与其他种类的鲜卑人传说如出一辙,而"大鲜卑山"的准确方位却难以确定,通常以大兴安岭北段当之。

拓跋鲜卑的迁徙历程充满了传奇色彩。经过研究者的多年探索,拓跋鲜卑的早期发源地被确定在遥远的大兴安岭北部的"嘎仙洞"。而这一发祥地便是古代文献中的所谓"鲜卑石室"。《魏书·乌洛侯国传》有"鲜卑石室"来历较详细的记载:

> 世祖真君四年(乌洛侯国使者)来朝,称其国西北有国家先
> 帝旧墟,石室南北九十步,东西四十步,高七十尺,室有神灵,民
> 多祈请。世祖遣中书侍郎李敞告祭焉,刊祝文于室之壁而还。②

---

① 《魏书》卷一《序纪》,第1页。
② 《魏书》卷一百《乌洛侯》,第2224页。

　　这应该是北魏时期很有影响的一次访祖祭祖事件。《魏书·礼志》不仅记载了这一事件,还全文收录了刊文内容,证明当时的北魏统治阶层已认可了这一遗址的可信性与重要价值。非常幸运的是,在当代中国考古工作者们的辛勤努力下,1980 年,"鲜卑石室"——嘎仙洞——被意外发现,它深藏在内蒙古呼伦贝尔盟境内大兴安岭东侧靠近顶巅的丛山密林之中,这一发现引起了学术界的强烈关注。据所发现的洞内题壁文字的内容,与《魏书·礼志》所记完全相符,充分证实了《魏书·乌洛侯传》所载太平真君四年(公元 443 年)北魏大臣李敞前往石室致祭记载的可信性,同时证明嘎仙洞的所在方位与拓跋鲜卑口耳相传的大鲜卑山的方位大体相符。① 因此,将这一带作为拓跋鲜卑发源地以及早期南迁的出发地,应该是没有太大问题的。

　　据《魏书·序纪》记载,拓跋族先世部落至毛为酋长时开始崛起。"远近所推,统国三十六,大姓九十九,威振北方,莫不率服。"因为拓跋鲜卑人的祖先"不交南夏",我们无法在汉文史籍中找到其先祖的踪迹,对于这些所谓"功绩"也无从查考。

　　拓跋鲜卑第一次南迁,发生在拓跋推寅(宣帝)任首领时期,其部落从"大鲜卑山"(即大兴安岭北段)进入"大泽"地区。"南迁大泽,方千余里,厥土昏冥沮洳。"显然,这里的"大泽"应为面积广大的"水草交厝"的沼泽地带。在今天的松花江及嫩江流域依然存在大面积沼泽地带,在时间较早的古代,这些地区的沼泽地面积应更广阔一些。嘎仙洞在今大兴安岭北段东麓,拓跋氏先民从这一带直接走下山,沿难水(即今嫩江)的支干流而南下至沼泽地区。②

　　"大泽"的自然环境显然是不利于拓跋部落的发展的,于是,在拓跋诘汾为部落首领时,进行了第二次大规模的迁移。

　　　　献帝(诘汾父)命南移,山谷高深,九难八阻,于是欲止。有神兽,其形似马,其声类牛,先行导引,历年乃出。始居匈奴之故地。其迁徙策略,多出宣、献二帝,故人并号曰"推寅",盖俗云

----

① 关于嘎仙洞的发现情况,可参见米文平:《鲜卑石室寻访记》,山东画报出版社 1997 年版。
② 安介生:《试论拓跋鲜卑的早期迁徙问题》,《原学》第 2 辑,中国广播电视出版社 1995 年版。

"钻研"之义。①

很显然，这场迁徙运动是极为艰辛的，"山谷高深，九难八阻"，在生产力极为原始的时代，迁徙之路风险极大，困难重重。从"推寅（钻研）"之名号来看，拓跋鲜卑的首领们的确是在迁徙问题上有过相当深刻的思索与艰难的抉择。

早期大迁徙的目的地是"匈奴之故地"。"匈奴之故地"是指匈奴强盛时统辖的地盘，也就是"大漠南北"，即今天以蒙古高原为中心的广袤地域。

在南北匈奴分裂以及北匈奴单于遁逃之后，大批匈奴部众进入了鲜卑族控制地区，成为鲜卑族大联盟的一部分。而拓跋鲜卑可谓与匈奴族关系最为密切的一支鲜卑族群。关于"拓跋"（托跋）之名的来历，古史中有不同的说法。《魏书·序纪》云："黄帝以土德王，北俗谓土为托，谓后为跋，故以为氏。""秃发"是"拓跋"二字的同名异译。《晋书·秃发乌孤载记》称："初，（秃发）寿阗之在孕，母胡掖氏因寝而产于被中，鲜卑谓被为'秃发'，因而氏焉。""拓跋"二字的另一个异译是"铁弗"。《魏书·铁弗刘虎传》称："北人谓胡父鲜卑母为'铁弗'，因以为号。"比较而言，还是《魏书》的诠释最具说服力。因此，著名学者马长寿先生总结道："它（指拓跋鲜卑）的原始分布地在黑龙江上游的额尔古纳河流域。当匈奴西迁以后，他们向草原的中部、西部、南部迁徙，在各地不断与匈奴残余部众融合，于是始有'拓跋'之名。"②

古代鲜卑族的杰出领袖檀石槐在位期间，是鲜卑族发展史上的一段极为辉煌的时期。他对鲜卑部落大联盟实行分部而治，这种分部制度明确地记载于汉文书籍中，可见其影响相当深远，在以后相当长的时间里，这划分应相对稳定。"自檀石槐死后，诸大人遂世相袭也。"③世袭的部落大人统辖的地盘也大致会相对固定地传承。那么，拓跋鲜卑当时所在方位又是哪里呢？拓跋力微为诘汾之子，被推为"始祖"，可见其对该族发

---

① 《魏书》卷一《序纪》，第 2 页。
② 马长寿：《乌桓与鲜卑》，长江出版传媒崇文书局 2022 年版，第 171 页。
③ 《三国志》卷三十裴注，第 838 页。

展影响之巨大。《魏书·序纪》载云：

> 先是，西部内侵，国民离散，依于没鹿回部大人窦宾……后
> 与宾攻西部，军败……始祖（指力微）请率所部北居长川，宾乃敬
> 从。积十数岁，德化大洽，诸旧部民，咸来归附。①

作为地域概念，鲜卑大联盟的"东部"与"西部"不会随意变更。这段
文献中重复出现的"西部"，应为檀石槐联盟中"西部"的继续。力微既然
与"西部"作战，那么，拓跋鲜卑部落当时必处于中部或东部，当然更有可
能位于东部，因为在檀石槐死后，中部已为东西部交争之地。进入"匈奴
故地"后，拓跋鲜卑部落最早明确的居留地为"长川"。按胡三省注："长川
在御夷镇西北，大漠之东垂也。"②御夷镇城在今河北省赤城县北，长川当
在蒙古大草原的东部边缘。"长川"的方位进一步证实了拓跋鲜卑当时处
于蒙古高原之东部边缘地带。力微"北居长川"，证明拓跋鲜卑在两次大
迁徙之后，仍在移动。

力微死后，拓跋鲜卑部落陷于混乱纷争之中，至禄官即位后，"分国为
三部：帝（即禄官）自以一部居东，在上谷（今河北怀来县东南）北，濡源之
西，东接宇文部；以文帝之长子桓皇帝讳猗（㐌）统一部，居代郡之参合陂
（今内蒙古凉城县东北岱海）北；以桓帝之弟穆皇帝讳猗卢统一部，居定襄
之盛乐故城（今内蒙古和林格尔县西北）"。而此时，拓跋鲜卑族人口数量
也有了较大幅度的增长。"自始祖以来，与晋和好，百姓乂安，财畜富实，
控弦骑士四十余万。"③

至猗卢在位时，拓跋鲜卑重新统一起来，其控制区也进一步向南扩
展。刘琨为答谢拓跋猗卢的援助，表请晋怀帝封猗卢为"代公"。而猗卢
以封邑遥远为由，强行进入雁北地区。由此，拓跋鲜卑居留地整体从塞外
向南移入塞内雁北地区。这是在拓跋族发展史上影响深远的迁徙运动。

> 帝以封邑去国悬远，民不相接，乃从（刘）琨求句注、陉北之
> 地。琨自以托附，闻之大喜，乃徙马邑、阴馆、楼烦、繁畤、崞五县

---

① 《魏书》卷一《序纪》，第 3 页。
② 《资治通鉴》卷一一一《晋纪三十三》胡三省注文，第 3486 页。
③ 《魏书》卷一《序纪》，第 5—6 页。

之民于陉南，更立城邑，尽献其地，东接代郡，西连西河、朔方，方数百里。帝乃徙十万家以充之。①

自此，拓跋鲜卑开始分为南、北两部。"（猗卢）六年（公元 317 年），城盛乐以为北都，修故平城（今山西大同市东北）以为南都。帝登平城西山，观望地势，乃更南百里，于灅水之阳黄瓜堆筑新平城，晋人谓之小平城，使长子六修镇之，统领南部。"②可以看出，当时拓跋鲜卑南、北两部正是以长城一线为分界线的。

北魏王朝的前身是拓跋鲜卑所创立的代国。拓跋什翼犍是代国的缔造者，他于公元 318 年即位于繁畤（今山西浑源县西南）之北，自立为代王。关于拓跋氏代国的疆域，文献记载相当模糊，如《魏书·序纪》云："东自濊貊，西及破洛那，莫不款附。"

代国的建立，对于拓跋鲜卑的发展具有非常重要的作用，也是拓跋鲜卑南迁及汉化过程的一个重要转折点。从此，在古文献中，所有拓跋鲜卑人被改称为"代人"。此外，代国内部民族构成已变得相当复杂，如有不少晋人也变成"代人"。在拓跋鲜卑早期南向开拓中，有不少汉族士人进入了其部落，凭藉文化教育上的优势，他们在拓跋鲜卑的发展史上发挥了重要作用。这些人的示范作用会吸引更多的汉民进入部落，"晋人附者稍众"。③ 除汉族外，代国境内还有不少其他部族人士。如《魏书·官氏志》载云："其诸方杂人来附者，总谓之'乌丸'，各以多少称酋、庶长，分为南、北部，复置二部大人统摄之。时帝（拓跋什翼犍）弟孤监北部，子寔君监南部，分民而治，若古之二伯焉。"④拓跋代国最终为前秦所灭。

道武帝拓跋珪是拓跋鲜卑的一代杰出领导者。他于公元 386 年在各部落大人的拥戴下，即代王位。这并不仅仅是拓跋鲜卑代国的复兴，而是北魏王朝的开始。对代都平城（在今山西大同市）的建设，是拓跋珪时代政治建设的标志性成果之一。对代都的建设是从天兴元年（公元 398 年）七月开始。"秋七月，迁都平城，始营宫室，建宗庙，立社稷"，"八月，诏有

---

① 《魏书》卷一《序纪》，第 7 页。
② 《魏书》卷一《序纪》，第 8 页。
③ 《魏书》卷二三《卫操传》，第 899 页。
④ 《魏书》卷一一五《官氏志》，第 2971 页。

司正封畿，制郊甸，端径术，标道里，平五权，较五量，定五度。"①从此，"代都"平城成为中国古都史上的一个名都，北魏定都平城的时期甚至被学者们称为"平城时代"②。

第二节　北魏后期的迁都与文化建设

> 朕以恒代无漕运之路，故京邑民贫。
> 今移都伊洛（即洛阳），欲通运四方……
> ——［北魏］孝文帝元宏之语

迁都洛阳，是北魏政治发展史上的一起重大事件，也引发了一场北魏历史上规模最宏大、影响最深远的迁徙运动。关于这场迁徙运动与北魏国运兴衰之间的关系，可谓千秋功罪，众说纷纭。如果细细梳理与研读北魏前期的发展历程，则不难看出，北魏有关迁都的讨论与行动其实很早就开始了。

根据各种史料分析，自建都伊始，以道武帝拓跋珪为首的北魏统治者**对代都平**城并不十分满意：一则平城久为汉人抛荒之域，早期的鲜卑人又不擅长城市建设，要使其成为初具规模的都城，需要付出相当艰苦的努力；二则与河北平原上的数朝古都——邺城（今河北临漳县西南）相比，平城的劣势则更为突出。邺城是拓跋鲜卑较早攻占的中原都会，拓跋珪曾有意在此建都。"帝至邺，巡登台榭，遍览宫城，将有定都之意。"③虽然经过深思熟虑，拓跋珪改变了主意，定都平城，但北魏君臣并未完全放弃建都于邺的愿望。

明元帝拓跋嗣神瑞二年（公元415年），代都京畿地区大旱，秋收无几，太史令王亮、苏坦与华阴公主等据谶书所言，劝明元帝迁都于邺，以解决平城地区百姓饥旱问题。这一建议遭到大臣崔浩、周澹二人的强烈反对。他们共同提出几条反驳意见：拓跋鲜卑所控制的"国家"之民与"东州

---

① 《魏书》卷二《太祖纪》，第33页。
② 参见李凭：《北魏平城时代》，社会科学文献出版社2000年版。
③ 《魏书》卷二《太祖纪》，第31页。

之人"（即太行山以东地区）相比，在数量上有较大的差距。如果分散进入
"东州之地"，既不足以形成强有力的威慑力量，还打破了"东州之民"对拓
跋鲜卑的恐惧心理。这对维护统治极为不利，此其一。拓跋鲜卑部众原
来习惯于游牧狩猎，长期生活在塞上草原，进入河北地区后难免水土不
服，导致疾疫流行。这必然削弱北魏政权的基础，此其二。迁都于邺，必
将造成一段时间的混乱以及平城塞上的空虚，北方的柔然与西面的赫连
勃勃等就会趁火打劫，邺与平城之间有恒代天险阻隔，难以及时救援，自
然会给北魏造成重大损失，此其三。①

　　崔浩等人的上奏精辟地道出了北魏当时不能迁都于邺城的关键理
由，同时也道出了拓跋鲜卑定都于平城，更多的是出于政治、军事战略方
面的考虑，而不是经济、文化发展方面的原因。但这也暴露出定都平城的
先天不足，即京畿地区的自然环境不利于农业生产，百姓粮食素无储备，
再加上与南部农业发达地区交通不畅，输入粮食相当困难，从而造成这一
地区对人口的供养能力相当脆弱。一旦京畿地区遭遇较严重的自然灾
害，百姓饥馑问题就无法解决。因此，明元帝虽然打消了迁邺的念头，却
感到对付不了持续的饥荒，于是分遣代都平民前往山东三州（指太行山以
东）就食。这三州就食地点分别为冀州（治信都县，即今河北冀县）、定州
（治卢奴县，即今河北定县）、相州（治邺县，即今河北临漳县西南）。如果
官府日后不强迫这些平民返回平城，那么，这也就构成了一次事实上的代
都人口外迁。

　　孝文帝拓跋宏即位后，代都及周边地区水旱灾害与百姓流徙的情况
更加严重。如果说短时间的灾荒还可以勉强应付的话，那么长时间、大面
积的饥馑就会迫使统治者作出较大的更张。如孝文帝明确指出："今代在
恒山之北，为九州之外，以是之故，迁于中原。"②他还语重心长地向大臣
许诺："朕以恒代无运漕之路，故京邑民贫。今移都伊洛（即洛阳），欲通运
四方……"③在当时的生产力水平下，代都平城地区客观自然条件是难以

---

① 参见《魏书》卷三五《崔浩传》，第 807—828 页。
② 《魏书》卷一四《东阳王丕传》，第 359 页。
③ 《魏书》卷七九《成淹传》，第 1754 页。

改变的,其所造成的交通困难也是很难克服的。因此,摆脱这些困难,迁都是唯一的明智选择。

当然,一些研究者着重将迁都洛阳与汉化联系起来,甚至视为促使迁都的最重要原因。理应强调,北魏孝文帝具有极高的汉文化修养,是拓跋鲜卑上百年积极学习汉族文化的杰出代表。他倾心于汉化,雄才大略,有意一统天下,因此,他对代都平城(今山西大同)的地理位置深感不满。他曾对任城王拓跋澄剖露心机说:"国家(即北魏)兴自北土,徙居平城,虽富有四海,文轨未一,此间用武之地,非可文治,移风易俗,信为甚难。"①此外,他还着重强调平城偏僻的地理位置对拓跋鲜卑文化发展的负面影响。

> 北人每言北人何用知书,朕闻此,深用怃然。今知书者甚众,岂皆圣人?……朕为天子,何假中原,欲令卿等子孙,博见多知。若永居恒北,值不好文主,卿等子孙,不免面墙也。②

太和十一年(公元 487 年),以代都为中心的大片地区发生了前所未有的大旱,造成当地无法缓解的粮食短缺。作为重要的应急措施,一次大规模的、官府允准的代都人口的迁出发生了。

> (太和)十一年,大旱,京都民饥,加以牛疫,公私阙乏,时有以马驴及橐驼供驾挽耕载。诏听民就丰。行者十五六,道路给粮廪,至所在,三长赡养之。遣使者时省察焉。留业者,皆令主司审核,开仓赈贷。其有特不自存者,悉检集,为粥于术衢,以救其困。然主者不明牧察,郊甸间甚多馁死者。③

据《魏书·食货志》记载,太和十一年,代都出外就食的人口达到总人口的"十之五六"。与神瑞年间较为单纯的出外就食不同,这次代都人口迁出带有明确的移民性质。我们可以想象,在代都人口大半外迁后的景象。太和十一年之后,平城地区饥旱频繁发生的状况并没有根本性的改观。雄心勃勃的孝文帝当然不会让这种尴尬的状况永久持续下去。这场代都人口的外迁,应该视为迁都洛阳的前奏曲或关键契机。

---

① 《魏书》卷十九中《任城王拓跋澄传》,第 464 页。
② 《魏书》卷二一《广陵王羽传》,第 550 页。
③ 《魏书》卷一一〇《食货志》,第 2856 页。

　　孝文帝决心南迁，但他也预料到可能遇到的阻力。大批生活在平城的拓跋鲜卑王公大臣家业庞大，子孙蕃息，早已适应了塞北的生活环境，而南迁就意味着放弃这一切，到新都城重新开始。这谈何容易！安土重迁的乡土心态以及倾家荡产的现实困难，都会促使他们起来反对迁都。为此，孝文帝必须采取非常策略，来完成迁都大业。

　　太和十七年（公元 493 年）六月，在"经营宇宙，一同区域"的旗号下，孝文帝决心大举南伐。八月，从代都起程，御驾亲征，阵容十分庞大，"步骑百余万"。九月，北魏大军抵达名都洛阳。这次南征事出突然，无故兴师动众，当朝文武大臣都深感不解，而孝文帝却没有丝毫犹豫。当孝文帝从洛阳扬鞭策马，准备继续南下时，群臣再也忍耐不住了，一起围在孝文帝马前，稽颡哀求，请停南伐。名臣李冲甚至当面指出："今日之举，天下所不愿，唯陛下欲之！"孝文帝勃然大怒，斥责儒生误事，执意南征。其他王公大臣纷纷进谏，涕泪交横。这时，孝文帝才和盘托出妥协方案："今者兴动不小，动而无成，何以示后？""若不南銮，即当移都于此，光宅中土，机亦时矣，王公等以为何如？"众大臣万万没有想到孝文帝提出如此苛刻的折中方案，不禁惊呆了，以致出现了十分尴尬的僵持局面。刚被削去爵位的前南安王拓跋桢灵机一动，感到这是一个讨好皇上的良机，当即倡言道："行至德者不议于俗，成大功者不谋于众，非常之人乃能建非常之事……请上安圣躬，下慰民望，光宅中原，辍彼南伐。"与一场必然失败的征战与牺牲相比，迁都洛阳毕竟没有身家性命之忧。两害相权取其轻，再三权衡之余，群臣被迫同意迁都之计。[①] 太和十九年七月，孝文帝下诏："迁洛之民，死葬河南，不得北还。于是代人南迁者，悉为河南洛阳人。"至九月，"六宫及文武尽迁洛阳"。[②]

　　南迁洛阳对于代都居民而言，确实是一次非常艰难的考验。也许孝文帝一统天下的愿望过于强烈了，太和十八年（公元 494 年），就在迁都洛阳后不久，南齐政权宗室内讧，边将投降北魏，孝文帝又想乘机率师南征。拓跋澄等人曾上言表示反对，其中就提到代迁之众的艰辛。

---

① 《魏书》卷五三《李冲传》，第 1183 页。
② 《魏书》卷七下《高祖纪下》，第 178 页。

今代迁之众，人怀恋本，细累相携，始就洛邑，居无一椽之室，家阙儋石之粮，而使怨苦即戎，泣当白刃，恐非歌舞之师也……①

无论如何，迁都洛阳之举还是较顺利地进行了。迁都前，洛阳屡经战乱，残毁不堪。从太和十七年（公元 493 年）十月开始，李冲、董爵等人奉命重新营建洛阳。到太和十九年（公元 495 年）九月，"六宫及文武尽迁洛阳"。迁都洛阳的工作基本完成。

关于这次迁都洛阳的规模，史料中并没有明确的记载。我们只有根据相关数字进行大致估算。如天平元年（公元 534 年）迁都邺城时，洛阳号称有"四十万户"。而这一数字出现在尔朱氏家族制造的大动荡之后，总口数应在 150 万左右。除却按 7‰ 计算的人口自然增长，那么在太和二十年左右，洛阳所有人口应超过一百万。如果再除去迁都前洛阳的少数人口，南迁人口规模应有近百万之多。

孝文帝为迁都洛阳付出了相当辛酸的代价。当时，反对迁都的权贵不在少数，而反对最强劲的代表人物竟是太子拓跋恂。拓跋恂虽为孝文帝的长子，但并不喜欢读书，再加上体貌肥大，非常讨厌洛阳夏天闷热的天气，对北方生活有特殊的怀恋之情，自然对迁都抱着相当消极的态度。有一次，他竟然与左右侍卫密谋，想擅自逃回塞外。孝文帝震怒，重杖之后，废为庶人，后被赐死。太子之死，可谓孝文帝迁都改制所酿成的最大悲剧。

然而，北魏迁都洛阳，为这一古都的发展带来了新的契机。迁都之前，洛阳地处南北割据政权的边境地区，久罹战乱，破败不堪。大批南迁人口使这一荒废已久的故都重新焕发出夺目的光彩。不仅如此，迁都改制，正值北魏发展史上的巅峰时期，国力鼎盛，来自雁北的王公贵族、官僚大臣在洛阳新居的规划上穷其精巧，斥资无数，富丽堂皇的各种建设使洛阳平添了一道侈丽的风景线。《洛阳伽蓝记》卷四"城西"记载如下：

当时四海晏清，八荒率职，缥囊纪庆，玉烛调辰，百姓殷阜，

---

① 《魏书》卷一九中《任城王拓跋澄传》，第 466 页。

年登俗乐。鳏寡不闻犬豕之食,茕独不见牛马之衣。于是帝族
王侯、外戚公主,擅山海之富,居川林之饶,争修园宅,互相夸竞。
崇门丰室,洞户连房,飞馆生风,重楼起雾,高台芳榭,家家而筑,
花林曲池,园园而有,莫不桃李夏绿,竹柏冬青。①

北魏国力的强大,洛阳都市的繁盛,吸引着大批周边民族人民向洛阳涌来,洛阳由此成为当时具有国际性的大都会、一座名副其实的移民城市。名著《洛阳伽蓝记》用生花之笔为我们出神入化地描绘出了当时的盛况。

自葱岭已西,至于大秦,百国千城,莫不欢附,商胡贩客,日
奔塞下,所谓尽天地之区已。乐中国土风,因而宅者,不可胜数。
是以附化之民,万有余家。门巷修整,阊阖填列,青槐荫陌,绿树
垂庭,天下难得之货,咸悉在焉。②

北魏洛阳建设的辉煌成就,也深深震撼了当时北上的南方汉族人士。曾经到过洛阳的南朝人陈庆之就对洛阳极为赞赏:"自晋、宋以来,号洛阳为荒土,此中谓长江以北,尽是夷狄。昨至洛阳,始知衣冠士族,并在中原,礼仪富盛,人物殷阜,目所不识,口不能传。所谓帝京翼翼,四方之则,如登泰山者卑培塿,涉江海者小湘、沅。北人安可不重?"③自"永嘉南渡"之后,南迁的汉族人士将北部中国斥为蛮夷不毛之地,极尽贬损辱骂之能事,受其影响,大部分南方汉人均把北方视为愚蛮落后的代名词。而"事实胜于雄辩",经过多年的辛勤努力,大批北方移民的到来并没有让洛阳这一华夏古都"明珠投暗",北魏洛阳城市的鼎盛局面使其成为四方人士仰慕的国际性大都会。

---

① [北魏]杨衒之著,范祥雍校注:《洛阳伽蓝记校注》卷四《城西》,上海古籍出版社 2018 年版,第 221 页。
② 《洛阳伽蓝记校注》卷三《城南》,第 173 页。
③ 《洛阳伽蓝记校注》卷二《城东》,第 128 页。

第七章

❖◆❖

唐代民族迁徙与政治变迁

隋唐时代是中国大一统王朝再造及巩固的时代，

特别是唐朝政治建设与民族发展的伟大成就，

为中外古今的人们所称美，成为东亚历史上不可多见的"盛世"佳话，

对历史时期中国民族发展与文化进步产生了不可磨灭的深远影响。

——作者题记

政治与民族分布格局的变迁，总是以民族迁徙运动为内在依托的。没有民族迁徙运动的实现，也就不可能有民族分布及政治格局的变迁。然而，中华民族走向大融合与大统一的道路是异常艰辛的。这在隋唐五代的历史变迁中已得到了充分的证明。隋唐时代的政治及民族分布格局前后发生了显著的变化，从早期的"南北对峙"（即长城以北的突厥与中原政权）状况，演变为天下一统的盛唐局面，再到唐代后期中国境内的事实上的"藩镇"割据的局面。

内迁是唐代前期民族发展的大趋势，突厥的归附，使原有的"南北对峙"格局化为旧时记忆。边塞民族的内迁，使北部中国的民族构成不可避免地发生了剧变，"安史之乱"在一定程度上与周边民族的内迁存在着密切的关联。而"安史之乱"后的汉民南迁浪潮，进一步促进了北部中国"胡化"的趋势，从而造就了"河北藩镇"保持割据局面上百年的"温床"。

第一节　唐代前期民族内迁与民族构成

自古皆贵中华,贱夷狄,

　朕独爱之如一。故其种落皆依朕如父母。

——[唐]太宗李世民之语

从南北朝后期开始,有一个强大的北方游牧民族横空出世,横行驰骋在大漠南北。这个强大民族就是突厥。突厥部落原本臣附于柔然,因善于制造金属产品而被蔑称为"锻奴"。突厥部落强大后,向柔然人发起猛攻,并将其赶出漠南草原。突厥部落联盟的强盛,超过了以往任何一个北方民族。如《周书·异域·突厥传》载云:"其地东自辽海以西,西至西海万里,南自沙漠以北,北至北海五六千里,皆属焉。"

北朝后期,突厥部落联盟以阿尔泰山为界分为东、西两个部分。东突厥又常被称为"北突厥"。隋末唐初之际,北突厥又迎来一个发展的黄金时期。中原政权的崩溃瓦解,使得大量逃亡的汉族百姓也进入了长城以北地区,在很短的时间里,突厥的势力异常膨胀。可以说,无论从疆域的广大,还是从人口的众多,当时的突厥联盟都达到了一个空前的纪录。

值天下大乱,中国人奔之者众。其族强盛,东自契丹、室韦,

　西尽吐谷浑、高昌诸国,皆臣属焉,控弦百余万,北狄之盛,未之

　有也,高视阴山,有轻中夏之志。①

关于其人口规模,如以"控弦百余万"计算,即属下的精壮武士就超过了100多万的话,那么,整个突厥部落联盟的人口规模应有数百万之多。这在以往塞外民族人口发展的历史记载中也是极为罕见的。

塞外突厥人的空前强大,绝对不是中原政权的福音。当时各路豪强虽划地自立,各建名号,但慑于突厥人的武力,相率臣附于北突厥可汗,北突厥可汗俨然成为"华夏九州"的最高统治者。唐代史学家李延寿对当时的情形记忆非常深刻:

---

① 《旧唐书》卷一九四上《突厥列传》,第 5153 页。

于是分置官司，总统中国，子女玉帛，相继于道，使者之车，

往来结辙。自古蕃夷骄僭，未有若斯之甚也。[1]

但是，时至唐太宗贞观年间，长城内外形势发生了根本性的逆转。原来臣属于北突厥、分布于阴山以北的薛延陀、回纥等部落蜂起反叛。同时，北突厥国内频繁出现严重的自然灾害，国力大为削弱，内讧加剧，分崩离析。唐朝军队乘机大举北伐，至贞观四年（公元630年），生擒颉利可汗，北突厥国灭亡。对于中原王朝的最大外在威胁至此得到了根本性的解除。

北突厥（即东突厥）亡国后，大量突厥部众内迁塞内，如何安置突厥降众，成为唐朝君臣面临的一大难题。"颉利之亡，其下或走薛延陀，或入西域，而来降者尚十余万。"[2]可见，东突厥败亡后，其部众大致分为三个方向迁移：一是迁往漠北的薛延陀部；二是迁往西域诸国；三是迁入唐朝塞内，其中归附唐朝边塞的部众就达10余万。为此，唐朝君臣曾在朝堂之上展开激烈辩论，唐太宗最后采纳温彦博的意见，采取沿边设置羁縻府州的形式来安置："于朔方之地，自幽州至灵州（治今宁夏灵武县西南）置顺、祐、化、长四州都督府，又分颉利之地六州，左置定襄都督府，右置云中都督府，以统其部众。"[3]

与此同时，突厥首领及其眷属大批徙入长安一带。"其酋首至者皆拜为将军、中郎将等官，布列朝廷，五品以上百余人，因而入居长安者数千家。"[4]《贞观政要》卷九也载云："（太宗）卒用（温）彦博策，自幽州至灵州，置顺、祐、化、长四州都督府以处之，其人居长安者近且万家。"[5]可见，突厥南下入居汉地的数量相当可观，仅长安一地就将近1万户。

突厥人降附唐朝后，受到格外优遇，甚至形成了"突厥名王满朝堂"的局面。《贞观政要》卷九载：唐朝官府"每见一人初降，赐物五匹，袍一领"。部落首领更是待遇优厚，都被授予高官，或拜将军，或任中郎将，一时间布

---

① 《北史》卷九九《突厥传》后史臣论，中华书局1974年版，第3305页。

② 《新唐书》卷二一五上《突厥传上》，第6037页。

③ 据现代研究者考订，这里的"幽州"应为"豳州"（后改为邠州，治今陕西彬县）之讹。然而，这一考证与《新唐书·地理志》所记顺州方位不符。参见吴玉贵：《突厥汗国与隋唐关系史研究》，中国社会科学出版社1998年版，第245—246页。

④ 《旧唐书》卷一九四上《突厥列传》，第5162—5163页。

⑤ ［唐］吴兢编著：《贞观政要》卷九《安边第三十六》，上海古籍出版社1978年版，第275页。

满朝殿,仅五品以上官就达百余人,几乎占同级官员的一半,大唐王朝简直快成为突厥人的王朝了。

还须补充说明的是,隋唐以前的魏晋南北朝时期原本就是各民族大融合的杂居时代,异族间通婚的现象十分普遍。长期居留于北部中国的地位显赫的汉人家族,一般均难以保持纯正的本族血统。开创隋、唐两大王朝的杨氏与李氏家族也不例外,李渊的皇后窦氏为鲜卑人,李世民的皇后长孙氏为拓跋鲜卑人。这样客观的背景,使杨氏与李氏这两个皇室家族对北方民族缺少偏见,容易接受与欣赏各民族的风俗文化。这也是造成"唐人大有胡气"的客观社会背景的主要因素。

异常强大的北突厥的归降,对于唐朝边疆建设及民族发展而言意义重大,其事实上拉开了唐朝前期周边民族内迁及内附运动的序幕。在唐朝强大国力与民族政策的吸引和感召下,大批周边民族归服唐朝。唐太宗被各族首领尊为"天可汗",前往长安觐见的各族酋长、使节络绎不绝。为了安置这些周边民族,唐朝在边疆地区特设了大批羁縻府州。《新唐书·地理志》"羁縻州"一节开篇云:

> 唐兴,初未暇于四夷。自太宗平突厥,西北诸蕃及蛮夷稍稍内属,即其部落列置州县。其大者为都督府,以其首领为都督、刺史,皆得世袭。虽贡赋版籍,多不上户部,然声教所暨,皆边州都督、都护所领,著于令式……大凡府州八百五十六,号为"羁縻"云。[①]

所谓"羁縻府州"是相对于"正州"而言,在名义上归附中央朝廷,担任长官的酋长由朝廷认可,但中央朝廷并不对其派遣官史、征收赋税。唐朝时期羁縻州概况参见表7—1。但是,这种羁縻府州与中央朝廷的关系是相当复杂的,其关系也不是一成不变的。一些遥远的羁縻府州纯属不同国家之间"朝贡"关系,但也有不少边疆地区的正州是由"羁縻州"转化而来(见表7—1)。当时降附唐朝的非华夏族有突厥、回纥、党项、吐谷浑、奚族、契丹、靺鞨、羌族、蛮族等,广泛地分布于唐代的关内、河北、陇右、剑

---

① 《新唐书》卷四三下《地理志七下》,第1119页。

南等各道之内。

表 7—1 唐朝羁縻州简表

所属道名称	羁縻府州数量	所属民族名称
关内道	5府,19州	突厥
	9府,18州	回纥
	15府,51州	党项
	2州	吐谷浑
河北道	2州	突厥
	1府,9州	奚族
	1府,17州	契丹
	3府,3州	靺鞨
	1州	降胡
	9府,14州	高丽降户
陇右道	27府,3州	突厥
	1府,3州	回纥
	1府,73州,1县	党项
	1州	吐谷浑
	四镇都督府,43州	西域(今新疆地区)
	2府,12州	河西内属诸胡
	16府,72州	西域(今中亚及西亚地区)
剑南道	168州	羌族
	92州	蛮族
江南道	51州	蛮族
岭南道	92州	蛮族
	18州	蜀爨蛮族

资料来源:《新唐书》卷四三下《地理志七下》。

唐朝羁縻府州的大量设置,并不意味着这些地区完全归入大唐帝国的版图之内,但是,这种四海朝贺"天可汗"的和睦状况,大大有利于各族人民的迁徙往来与文化交融，数量惊人的异族人士正是在此时进入中原境内，成为大唐帝国名副其实的"臣民"。

唐朝军队中"蕃将"之众多，与周边民族内迁的趋势密不可分，非常典型地代表了有唐一代民族迁徙与民族构成的特征。故《新唐书》特列《诸夷蕃将传》，集中介绍异族出身的著名将领，而像高仙芝、哥舒翰、安禄山等最为驰名的"蕃将"都是单独列传的（见表7—2）。

表7—2   唐朝蕃将简表

蕃将姓名	蕃将族源	蕃将简历
史大奈	西突厥族	本西突厥特勒，与处罗可汗入隋，为金紫光禄大夫，后跟从唐高祖在太原起事，封窦国公
冯盎	南越族	高州总管、越国公
阿史那社尔	西突厥族	突厥处罗可汗之次子，入唐，授左骑卫大将军，处其部于灵州，诏尚衡阳长公主，为驸马都尉，典卫屯兵，封毕国公
阿史那忠	西突厥族	为屯卫将军，尚宗室女定襄县主，封薛国公
执失思力	东突厥族	为左领军将军，尚九江公主，封安国公
契苾何力	铁勒族	为左领军将军，尚临洮县主，封郕国公
黑齿常之	百济人	为洋州刺史，封燕国公
李谨行	靺鞨族	为燕州总管，封耆国公
泉男生	高丽人	为辽东大都督，封卞国公
李多祚	靺鞨族	为鹰扬大将军，封辽阳郡王
论弓仁	吐蕃族	为左骁卫大将军，封酒泉郡公
论惟贞	吐蕃族	论弓仁之子，为左武卫将军，封萧国公
尉迟胜	于阗国人	为右威卫将军，尚宗室女，封武都郡王
尚可孤	鲜卑族	为神策大将，封冯翊郡王
裴玢	疏勒国人	本为疏勒国王，为鹰扬大将军，封忠义郡王

资料来源：《新唐书》卷——〇《诸夷蕃将列传》。

　　著名将领高仙芝是高丽人。唐朝前期,唐朝军队与位于今天中国东北边界及朝鲜半岛的高丽、百济、新罗等国家进行了长期战争,最终高丽失败,唐朝在其境内设置羁縻府州,大批高丽人内迁北部中国。高仙芝的父亲曾为安西都护府属下的将领,仙芝自幼随父生活于河西地区,因才能出众而晋升为安西镇的最高军事指挥官,为维护西域地区的安定局面做出了重要贡献。

　　另外一位著名将领哥舒翰的家族出自突厥族的哥舒部落,因以为姓氏。其父哥舒道元曾任安西都护府副都护,其母为西域于阗国人。哥舒家世声名显赫。父死之后,哥舒翰也慨然从军,因累立战功而得到重用,后又在抗击吐蕃入侵的战争中战功卓绝而扬名天下。

　　简而言之,就族源而言,唐代"蕃将"大致可分为三大类:一是来源于降附的北方的突厥族与回纥族(即回鹘);二是来源于归附的东北民族,如契丹、奚人以及朝鲜境内的高丽人;三是来源于内迁的西域民族以及中亚各国人(当时称为"胡")。

　　《新唐书·北狄列传》后史臣赞语云:"唐之德大矣! 际天所覆,悉臣而属之,薄海内外,无不州县,遂尊天子曰'天可汗'。三王(即上古天皇、地皇、人皇)以来,未有以过之。"[1]这些赞语虽然有所夸大,但也无疑是唐朝政治建设与民族发展辉煌成就的写照。又据《旧唐书·高祖本纪》记载:唐高祖李渊曾身历隋末战乱及突厥横暴的时代,对于民族冲突及其带来的巨大灾难有着深切的感触。因此,他对于唐太宗时期民族和解、天下归心的状况深感惊诧。贞观八年(公元634年)三月甲戌,高祖在两仪殿设宴款待西突厥使者,就对大臣长孙无忌感叹道:"当今蛮夷率服,古未尝有!"这一年,唐朝军队在长安城西面举行盛大的阅兵仪式。仪式完毕后,高祖亲自在未央宫大摆酒宴,犒劳三军将士与朝中三品以上的高官。酒席宴前,兴致极高的高祖还特命归降的突厥可汗颉利起舞助兴,南越酋长冯智戴吟咏诗句。君臣欢聚一堂的盛况,不禁又让李渊感慨万千:"胡、越一家,自古未之有也。"

---

①　《新唐书》卷二一九《北狄》,第6183页。

塞北的突厥可汗，与岭南的越人首领，能够同室歌舞，共同举觞欢庆，正是盛唐时代民族融合、国势鼎盛状况最精到的表达。

第二节　"安史之乱"后的民族迁徙

> 寂寞天宝后，园庐但蒿藜。
> 我里百余家，世乱各东西。
> 存者无消息，死者委尘泥……
>
> ——［唐］杜甫《无家别》

唐明皇（玄宗）李隆基在位的开元年间，是李唐王朝发展的鼎盛时期，"诗圣"杜甫曾作《忆昔》诗回忆当时的盛况。这些描述也成为后世人心目中的"盛唐景象"：

> 忆昔开元全盛日，小邑犹藏万家室。
> 稻米流脂粟米白，公私仓廪俱丰实。
> 九州道路无豺虎，远行不劳吉日出……

但是，无论如何，维系一个幅员辽阔、民族构成复杂的宏大帝国，始终潜伏着巨大的风险。开元之后的天宝末年，唐明皇宠信的蕃将安禄山与史思明突然发动叛乱，史称"安史之乱"。"安史之乱"是唐王朝由盛而衰的转折点，也是千千万万无辜平民的又一场大劫难。与"安史之乱"前的盛况相比，"安史之乱"后的唐朝国内可谓支离破碎，风光不再。然而，想要了解"安史之乱"的起因，离开民族大迁徙的社会历史背景就变得难以理解了。

唐朝初年置营州都护府在柳城（今辽宁朝阳市），主要功能就是为了控制与震慑东北缘边地区的契丹与奚两族（时称"两蕃"）。武则天在位时，"两蕃"反抗唐朝统治，迫使营州内迁到幽州渔阳（今北京市）。唐玄宗时，契丹与奚族归降，营州又迁回柳城。安禄山与史思明，这两大叛军主帅，无疑是唐朝最臭名昭著的蕃将了，具有极其相近的民族文化背景与生活阅历。作为内迁民族的后裔，他们通晓多种民族语言，熟悉各边疆民族的风俗习惯。在蓄谋叛乱之时,安禄山身兼范阳、平卢、河东三道节度使,并有意识地利用自己在这方面的优势。为了增加军事实力,安禄山特别注重收揽各族将士,大大增强了军队的战斗力。他还豢养各族壮士 8 000人为其义子,恩威并施,手下精兵,天下无敌。

> 禄山谋逆十余年,凡降蕃夷皆接以恩,有不服者,假兵胁制之。所得士,释缚给汤沐、衣服,或重译以达,故蕃夷情伪悉得之。禄山通夷语,躬自尉(同慰)抚,皆释俘囚为战士,故其下乐输死,所战无前。[1]

安禄山于天宝十四载(公元 755 年)于范阳(今北京市)发动叛乱,挥师南下,因叛军中精兵强将均来自少数民族,当时的人们习惯称叛军为"逆胡""羯胡"或"胡贼"。叛乱初发之时,生长于升平盛世,亿万百姓不识干戈,各地驻防将领与士卒不习战备,叛军势如破竹,长驱南下。在攻取东都洛阳之后,矛头直指唐王朝的心脏——西京长安。曾经英武睿智的唐玄宗匆匆奔往四川避难。叛军最终攻陷了长安。这场突如其来的动乱引起了北部中国的剧烈动荡。

叛军所过之处,烧杀抢掠,无恶不作,种种暴行骇人听闻。刀矢相加,尸横遍野。唐朝军队屡遭败绩,助长了叛军的嚣张气焰,各地士民失魂落魄,仓皇外奔。

> 属逆胡(即安史叛军)搆乱,凶虐滔天……贼时窃据洛阳,控引幽朔,驱其猛锐,吞噬河南……两宫出居,万国波荡,贼遂僭盗神器,鸱峙两京,南临汉、江,西逼岐、雍。群师迁延而不进,列郡望风而出奔。[2]

面对屠掠的威胁,大多数士民慌不择路,逃难的方向并不一致。如于邵《河南于氏家谱后序》云:"洎天宝末,幽寇叛乱,今三十七年。顷属中原失守,族类逃难,不南驰吴越,则北走沙朔,或转死沟壑,其谁与知;或因兵祸纵横,吊魂无所;或道路阻塞,不由我归;或田园淹没,无可回顾。"[3]有

---

① 《新唐书》卷二二五上《逆臣·安禄山传》,第 6417 页。
② 李翰:《进张巡中丞传表》,见《全唐文》卷四三〇,中华书局 1983 年版,第 4376—4377 页。
③ 《全唐文》卷四二八,第 1933 页。

幸逃生的人们向淮河以南地区迁移者最多。《旧唐书·地理志》载："自至德后,中原多故,襄邓百姓,两京衣冠,尽投江、湘,故荆南井邑,十倍其初。"相比之下,江浙一带接收北方移民最多。"天下衣冠士庶,避地东吴,永嘉南迁,未盛于此。"①大诗人李白在《永王东巡歌》中吟道:

> 三川北虏乱如麻,
>
> 四海南奔似永嘉。
>
> 但用东山谢安石,
>
> 为君谈笑静胡沙。

时人顾况指出:"天宝末,安禄山反,天子去蜀,多士奔吴为人海。"②《旧唐书·权德舆传》也称:"两京蹂于胡骑,士君子多以家渡江东。"正鉴于此,"安史之乱"后的汉民大迁徙,被现代学者称为可与西晋末年的"永嘉南渡"、北宋末年的"靖康南渡"并列,也是一次规模巨大的汉民南迁运动。③

唐朝是诗歌极盛的时代,一些身历丧乱的诗人用泣血的诗句描绘了目睹的惨况,用诗句为我们展示了当时逃徙士民的辛酸处境。如杜甫《哀江头》诗云:

> 明眸皓齿今何在? 血污游魂归不得。
>
> 清渭东流剑阁深,去住彼此无消息。
>
> 人生有情泪沾臆,江水江花岂有极?
>
> 黄昏胡骑尘满城,欲往城南望城北。

在这场灾难中,受创最深的地区首推河北、河南及关中。例如,洛阳一带为唐军与叛军争夺最剧烈的区域之一,百姓生命财产的损失也最为惨重。名将郭子仪曾指出:"夫以东周(即洛阳)之地,久陷贼中,宫室焚烧,十不存一。百曹荒废,曾无尺椽,中间畿内,不满千户。井邑榛棘,豺狼所嗥,既乏军储,又鲜人力。东至郑、汴,达于徐方,北自覃怀,经于相

---

①　《全唐文》卷三四八《为宋中丞请都金陵表》,第 1561 页。

②　《全唐文》卷五二九《送宣歙李衙推八郎使东都序》,第 2378 页。

③　参见周振鹤:《唐代安史之乱和北方人民的南迁》,《中华文史论丛》1987 年 2、3 期合刊。

土,人烟断绝,千里萧条。"①然而,我们也看到,残酷的"安史之乱"并没有彻底摧毁大唐王朝,在另外一些忠实于唐朝的"蕃兵蕃将"以及回纥人的帮助下,唐朝军队最终收复了首都长安,平定了叛乱。

"安史之乱"后的大迁徙,与"永嘉南渡"及"靖康南渡"的一个最大的差异,便是这场大迁徙没有导致中原王朝政治中心的大转移,长安城依然是唐朝国都。但是,这种光复成功不可能让远徙的人们全部返回残破的故里,正所谓"乱定几人归本土?"连唐肃宗在诏书中都承认:

> 又缘顷经逆乱,中夏不宁,士子之流,多投江外,或扶老携幼,久寓他乡,或失职无储,难归京邑,眷言悯念,实恻予怀……②

连荣利所系之京师尚且难以归返,其他地方便可想而知了。再加之"安史之乱"后,河北藩镇飞扬跋扈,与中央政权分庭抗礼,双方之间战事不绝,广大移民自然不愿涉足于是非之地,而甘心定居在流寓之所。

大批北方汉民的南迁,对于北部中国民族构成与民族文化的发展产生了较大的影响。因为与大批汉人仓皇南奔的状况密切相关,唐朝中期以后河北藩镇的"胡化"趋势同样十分明显,很早便引起了众多研究者的关注。在"安史之乱"后,河北地区宛若一个"独立国",完全不受唐朝中央政府的辖制。《新唐书·藩镇列传序》评云:

> 安(禄山)、史(思明)乱天下,至肃宗大难略平,君臣皆幸安,故瓜分河北地,付授叛将,护养孽萌,以成祸根。乱人乘之,遂擅署吏,以赋税自私,不朝献于廷。效战国,肱髀相依,以土地传于子孙,胁百姓,加锯其颈,利怵逆汙,遂使其人自视由羌狄然。一寇死,一贼生,讫唐亡百余年,卒不为王土。③

河北地区的藩镇拥有十分独立的军政与民政大权,飞场跋扈,主帅去世后,或子孙世袭,或由其副帅继承及将士推举,境内州县官吏自署,赋税

---

①　《旧唐书》卷一二〇《郭子仪传》,第 3457 页。

②　[宋]宋敏求编:《唐大诏令集》卷一二一《受贼伪官令均平改拟诏》,学林出版社 1992 年版,第 594 页。

③　《新唐书》卷二一〇《藩镇魏博》,第 8921 页。

不上缴,如同脱离"王土"(即唐朝疆界)一般。唐朝官府往往束手无策,听之任之。现代著名史学大师陈寅恪先生在名著《唐代政治史述论稿》中曾对唐代河北藩镇的"胡化"问题进行了十分深入的研究。他精辟地指出:

> 唐代中国疆土之内,自安史之乱后,除拥护李氏皇室之区域,即以东南财富及汉化文化维持长安为中心之集团外,尚别有一河北藩镇独立之集团,其政治、军事、财政等与长安中央政府实际上固无隶属之关系,其民间社会亦未深受汉族文化之影响,即不以长安、洛阳之周孔名教及科举仕进为安身立命之归宿。故论唐代河北藩镇问题,必于民族及文化二端注意,方能得其真相所在也。[①]

根据陈先生的考定,河北藩镇地区的"胡化"倾向,直接来源于前期周边民族的内迁。而我们更清楚地看到,在原有内迁的"蕃兵蕃将"的基础上,"安史之乱"造成的北方大批汉民的南迁,无疑为唐朝后期河北藩镇"胡化"问题起到了十分重要的推波助澜的作用。

在"安史之乱"被平定之后,唐朝政府为了安抚归降的叛将,以高官厚禄加以封赏,让其继续握有重权,镇守河北诸地,也就成为日后河北藩镇的主帅。这些藩镇的主帅及其后继者的文化背景,往往与安禄山、史思明二位极为相似,或有异族血统,或长期生活于蕃族聚居地区,在异族文化环境熏染下成长起来。

魏博藩镇(治今河北大名)的第一任节度使田承嗣为平州卢龙(治今北京市)人。开元年间即隶属于安禄山麾下,直接参与了叛乱,并充当前锋大将。安禄山死后,田承嗣又投奔于史思明,继续为其效力。唐代宗为分化叛军,高官厚禄招诱叛将,田承嗣因之被任命为魏博节度使。长庆年间的魏博节度使史宪诚为内徙的奚人后裔。

卢龙(即幽州,治今北京)藩镇的首任节度使李怀仙为柳城胡人,与安禄山同乡同种,原臣属于契丹,归降唐朝后,曾直接参与"安史之乱",为乱军骁将。后归降唐朝,官拜幽州卢龙等军节度使,成为一方霸主。后任节

---

① 陈寅恪:《陈寅恪史学论文选集》,上海古籍出版社 1992 年版,第 575—576 页。

度使李茂勋为回鹘酋长阿布思的后裔,在张仲武任节度使时,随部投降卢龙镇,因善于骑射而得到重用,后被部下推为卢龙节度使。

镇冀(又名成德,治今河北正定)藩镇的首任节度使李宝臣、其子李惟岳为内徙范阳的奚族人后裔,后投奔安禄山,为其得力干将,直接参与了叛乱,后投降唐朝,官拜恒赵节度使。后任节度使王武俊原为契丹怒皆部人,开元年间,其父率部内迁,居留于蓟城(今北京市)。后任节度使王廷凑原为回鹘阿布思族人,世代隶属于安东都护府。其曾祖始内迁河北,臣事于李宝臣父子。

淄青藩镇的首任节度使李正己与著名将领高仙芝的民族背景极为相似,同为内迁的高丽人。他曾任营州副将,后跟随唐朝大将侯希逸驻守青州,因骁勇服众,取代侯希逸,被推举为节度使。后其子李纳一度公然与唐朝中央官府对抗,自封为齐王。

综上观之,可以说,唐朝后期的河北藩镇地区完全接受了唐朝前期北方民族内迁的成果,在大批汉民南迁的历史大背景下,河北地区的民族构成中"非华夏化"的趋势得到了非常有效地加强或促进。当然,河北"藩镇"问题并非完全由民族构成与民族文化问题所致,但民族迁徙所带来的深刻影响是绝对无法忽视的。历史时期民族迁徙之大势,在很大程度上决定了中国政治发展的未来走向。我们在唐朝的历史变迁中又得到了一个非常典型的例子。

第八章

靖康南渡：北方汉族的南迁与江南地区开发

> 在西方，地理大发现激发了欧洲的扩张，
>
> 世界历史进程正在发生转向；
>
> 而中国人却继续以其独特的方式延伸着其独有的文化。
>
> ——［美］刘子健《中国转向内在：两宋之际的文化转向》

继五代十国大分裂与大纷争之后，北宋王朝的政治建设成就是不容低估的，不仅通过"杯酒释兵权"等政治措施彻底结束了唐朝中后期开始的藩镇割据局面，而且大力提倡"文治"。其"文治"绩效使得秦汉以来华夏（汉族）所分布的区域得到了前所未有的整合与发展。

北宋末年，由北方女真人南下进攻所造成的"靖康之乱"，不但颠覆了北宋王朝，而且引发了中国历史上又一次声势浩大的汉民南迁运动，南宋王朝正是诞生在这场大规模南迁之中。这场灾难以及随之而来的南迁运动，对于中国历史发展的影响是极其深远的。

这场民族大迁徙对于长江以南地区的经济发展却起到了最为直接的推动作用。宋朝迁都杭州之后，江南地区不仅成为政治中心，更成为经济富庶的经济发展中心。"苏湖熟，天下足"显然是那个时代发展的真实写照①。当然，这种巨大发展与改变，离不了广大北来移民的贡献。还需要指出的是，这里的"天下"应该就是以杭州为中心的江南地区。

---

① ［宋］范成大撰：《吴郡志》卷五十《杂志》，《景印文渊阁四库全书》。

第一节 "靖康南渡"与北方汉人的南迁浪潮

> 忆昔靖康乱,谋国何草草?
>
> 堂堂宋诸良,唯唯遵和好。
>
> 甘心拜犬羊,所以至绝岛……
>
> ——[明]郑善夫《故太傅于公谦》诗

古今研究者都喜欢将西晋末年的"永嘉丧乱"与北宋末年的"靖康之乱"相比较。细心的研究者发现,两者之间有很大的不同。因为在"靖康之乱"之前,北宋王朝并没出现像晋惠帝那样愚弱无力的皇帝,没有陷入像"八王之乱"无法收拾的混乱局面,更没有全国陷入百年难遇的灾荒困境。

但是,"永嘉丧乱"与"靖康之乱"在诸多方面还是有着明显的相似之处。首先,这两次罕见的大动乱,都分别将一个汉族王朝腰斩为两截:前者终结了西晋王朝的历史,后者则宣告了北宋王朝的覆灭。其次,两次大动乱都引发了所谓"南渡",即王朝皇室与国都的南迁:前者促成了东晋王朝在金陵的建立,后者造就了南宋王朝在杭州的诞生。再次,古代的学者通常将"靖康之乱"的根源归咎于北宋末代皇帝徽宗赵佶(音吉)的骄奢淫逸、昏庸无道与大批奸臣当道误国。当时,北宋朝廷的混乱局面与西晋末年颇有几分相似之处。如当时朝臣抨击权宦蔡京等人误国的罪行时指出:

> (蔡京、童贯等人)倡导边隙,挑发兵端,连起大狱,报复睚眦,怨气充塞,上干阴阳。水旱连年,赤地千里,盗贼满野,白骨如山,人心携离,上下解体。于是敌人乘间,鼓行而南,如入无人之境矣。①

北宋末年的情况也印证了这样的道理:"堡垒的瓦解往往先是从内部开始的。"现代研究者则更多地考虑到北宋军政体制失当所造成的"积贫积弱"的局面。也许,逐步走向衰亡,是历代封建王朝无法逃避的宿命。崇尚"文治"易导致积贫积弱,而崇尚武力则易出现轻视民命的暴政。

---

① 《靖康要录》卷三,《景印文渊阁四库全书》。

"靖康之乱"的直接原因是女真人的武装入侵。对于女真人的迅速崛起,汉族人士表现出极大的惊恐:

> 自古戎狄之兴,未有若女真如此之速,辽东、辽西已为奄有,
> 前年(公元1120年)取上京,今年(公元1122年)取中京,遂破云
> 中,如摧枯拉朽。所在肝脑涂地,腥闻于天![1]

北宋徽宗宣和七年(公元1125年),女真大军在攻灭辽国后,很快向北宋重镇太原、燕山等地发起进攻。宋朝君臣长期沉湎于歌舞升平之中,军队毫无斗志,临阵辄溃不成军,众多城池接连失陷。以山西为例,宋朝军队在晋中一带惨败后,当地士民大为恐慌。"于是汾州、威胜、隆德、晋、绛、泽州民扶携老幼,渡河南奔者钜万计,诸州井邑皆空。"[2]当年十一月,当金朝进攻泽、潞地区(今晋东南)时,官吏首先弃城逃窜,"于是士庶携老提幼,适汝、颖、襄、邓逃避者莫知其数"。[3] 山西籍僧人宗印曾撰诗描述当时大逃难的情形,其中有诗云:

> 七十老僧西复东,乡关在望念飘蓬。
>
> 大辽半岁九分尽,全晋一年千里空。[4]

靖康元年(公元1126年)八月,金朝军队再次兵分东、西两路大举南侵。宋朝各地守军闻风丧胆,纷纷弃城南逃。当时拥有重兵驻守黎阳的最高军事指挥官是宦官梁方平,与驻守滑州的宋将何灌相继弃城而逃,从而拉开了靖康大溃败的序幕。宋人陈均所著《九朝编年备要》卷三十较为细致地描述了当时宋军崩溃的情形:

> 内侍梁方平领兵在河北岸,敌骑奄至,仓卒奔溃。时南面守
> 桥者望见金人旗帜,烧断桥缆,陷没凡数千人,金因不得济,方平
> 既溃,何瓘(灌)军亦望风奔散,我师在河南者无一人……

梁方平、何灌二人的畏敌崩溃,受到了宋朝不少朝臣的强烈谴责:"金人入犯,长驱而南,有大河之险,以为守御,梁方平、何灌各将兵数万,不为

---

① 见赵良嗣与李处温书,《三朝北盟会编》卷八《政宣上帙八》,上海古籍出版社1987年版,第57页。

② 《三朝北盟会编》卷五一《靖康中帙三十六》,第387页。

③ 《三朝北盟会编》卷六四《靖康中帙三九》,第482页。

④ 《三朝北盟会编》卷七七《靖康中帙五十二》,第580页。

夹河固守之计，无故退师，使敌驰骑，直抵城阙。"①宋朝军队的一溃千里，甚至遭到了金朝军士们的嘲笑：

> （梁）方平帅禁旅屯于黎阳河北岸，金将迪古补奄至，河南守桥者望见金兵旗帜，烧断桥缆，金兵未得济。既而方平师溃，奔还河北，河东路制置副使何灌帅兵二万退保滑州，闻方平溃，亦弃师归。宋师在河南者无一人敢拒。己巳，金人遂取小舟以济，凡五日，骑兵方绝，步兵犹未渡也。旋渡旋行，无复队伍。金人笑曰："南朝可谓无人，若以一二千人守河，我岂得渡哉！"庚午，金师取滑州。②

显然，金朝军队是在无人防守的状况下，轻松地渡过了黄河，并顺利地进围京都汴梁（今河南开封市）。"养兵千日"的结果是换来如此的将领、如此的兵士，大宋王朝必定是在劫难逃。时至靖康元年闰十一月二十六日，宋朝历史上最耻辱的一幕发生了，金军攻陷首都开封，徽、钦二帝被俘。据《靖康遗史》记载，金朝将领大摆宴席，欢庆胜利，开封城内的倡优们在弹唱词中也表达了对宋朝军队畏敌溃逃行径的齿冷：

> 七将渡河，溃百万之禁旅；
>
> 八人登垒，摧千仞之坚城。

将士如此，朝臣也是一样。"靖康之乱"后的南迁运动，首先是以大批官员的逃亡为前奏，这也是"靖康南渡"的一个非常典型的特征。后据当时朝臣检举，大臣蔡京、蔡攸、何㮚等人很早就将家眷偷运出京，做好了向东南地区逃避的准备，未战先逃，这种恶劣行径的影响应该说是相当恶劣的：

> 窃见往者，初报金人入境，（何）㮚首除发运使，其实护送蔡京、蔡攸家属尽往东南，故京、攸一门与㮚之家，中外千余人，无一在京师者。至于京、攸门下之士弃官而逃者甚众，其后，公卿士夫各遣家出京城，十室九空，实自㮚首为此计，以误之也。迹其罪状，诚不可贷。③

---

① 《靖康要录》卷一，《景印文渊阁四库全书》。
② ［元］陈桱著：《通鉴续编》卷一三，《景印文渊阁四库全书》。
③ 《靖康要录》卷三，《景印文渊阁四库全书》。

　　在官僚家族"十室九空"的状况下，拱卫京都便成了昏庸的赵氏皇族们一厢情愿的想法。靖康二年五月，宋高宗赵构在南京（今河南商丘南）即位，并有意重整旗鼓，但大多数宋朝官员已被女真人凶狠的屠戮吓破了胆，人心涣散，不顾朝廷大计与百姓安危，争先恐后地举家南迁，显示出可鄙又可怜的嘴脸。

　　　　（值此危难之秋）士大夫奉公者少，营私者多；徇国者希，谋
　　身者众。乞去，则必以东南为请；召用，则必以疾病为辞；沿流以
　　自便者，相望于道途；避寇而去官者，日形于奏牍；甚者至假托亲
　　疾，不候告下，挈家而远遁。①

　　宋朝史著《中兴大事记》的作者也对北宋朝臣或不战而降，或临阵脱逃的卑劣行径进行了无情的抨击：

　　　　祖宗百年礼义廉耻之化，其所以涵养士大夫者，至深远矣！
　　然以熙宁以来，群小相师，灭理穷欲，六十年，士大夫沉酣之余，心
　　志溃烂，不可收拾，宜其祸变危迫，而皆不知以为忧；败衄迎降，而
　　皆不知以为耻；弃君叛父，奉敌称臣，而皆不知以为辱也。②

　　在这种情况下，高宗也丧失了固守中州的信心，先迁往扬州，在金朝军队南下的威胁下，也一路奔逃，先渡过长江，又渡过钱塘江，直到遁至海上。金朝军队乘胜追击，战火燃遍大江两岸，在建康（今南京市）、平江（今苏州市）等地上演屠城惨剧，最后甚至烧毁杭州城。由此，宋朝的大半壁江山惨遭涂炭。北方百姓惨遭屠戮，人心惊骇。"靖康之乱"犹如平地卷起的狂飙，无情地将北部中国毫无准备的汉族士民卷入南逃的大潮。

　　　　贼（指女真军队）之来，虽有少钞掠，而不杀害人民。比去，
　　所过皆残破。其所得汉人并削发，使控马荷担，得妇女好者掠
　　去，老丑者杀之。自京师至黄河数百里间，井里萧然，无复烟爨，
　　尸骸之属，不可胜数。③

　　高宗赵构曾在《罪己诏》中沉痛地描述了当时的情况："敌师深入，直

---

　　① 《三朝北盟会编》卷一一二《炎兴下帙一二》，第817页。
　　② 《续宋编年资治通鉴》卷一，《景印文渊阁四库全书》。
　　③ 《三朝北盟会编》卷三六《靖康中帙十一》，第271页。

抵淮甸，仓卒之间，匹马南渡，至使衣冠陷没，井邑邱墟，老稚啼号，遗骸枕藉……"①经过反复斟酌，赵构等人最终将行在所（即临时首都）定于临安（今杭州市），很快这一地区成为移民辐凑之地。以江浙为中心的东南地区是南宋初年接纳北方移民最多的迁入地。"是时，西北衣冠与百姓奔赴东南者，络绎道路。"②民众南迁浪潮可谓一浪高过一浪。《宋史·食货志》载："高宗南渡，民之从者如归市。"

我们不难发现，就迁入地域而言，与以往大迁徙相比，"靖康南渡"时期移民的迁入地有了较大幅度的扩展，南宋人庄绰所著《鸡肋编》也记云："建炎之后，江、浙、湖、湘、闽、广（等地），西北流寓之人遍满。"也就是说，在当时，今天的江苏、浙江、湖北、湖南、福建、广东等地区都有大批来自北方的移民入居。

据研究者分析，经过大规模南迁之后，北方地区的户口数量大为减少，前后对比，估计减少了 300 万户，按每户 5 口计算，则北方地区减少了至少 1 500 万人，即使计其半数作为南迁移民的话，在"靖康之乱"后的迁徙运动中，应有七八百万人进入了南方各地。就迁徙路线而言，"靖康之乱"后汉民南迁主要分为东线、中线、西线三条主要路线。东线主要是指连接黄河、淮河、长江、钱塘江的大运河。在北宋时期，这条大运河已是首都开封地区与东南地区之间的主要交通路线。"靖康之乱"爆发后，大运河一线竟成为南渡最重要的走廊地带，包括北宋皇室及大批朝臣在内的移民均沿大运河一线南迁。北方移民进入今天的湖北及湖南地区，则主要选择中线。而移民避难进入西南地区，由往往要翻越秦岭，进入四川地区，这也就是西线。③

令人不胜感慨的是，除东南沿海地区外，素以瘴湿著称的岭南地区在"靖康南渡"中也成为士大夫趋之若鹜的重要避难地。《建炎以来系年要录》载云："时中原士大夫避难者，多在岭南。"岭南长期以来为"百越"民族所据，以盛行瘴疠及遍布毒草而被中原人视为畏途。而为了躲避战乱与

---

①　《三朝北盟会编》卷一三〇《炎兴下帙》，第 942 页。
②　《三朝北盟会编》卷一三四《炎兴下帙三四》，第 977 页。
③　参见葛剑雄主编，吴松弟著：《中国移民史》第四卷，福建人民出版社 1997 年版，第 415－422 页。

屠戮,魂飞魄散的中原士大夫不假思索地闯入了南方的瘴疠之地。故时至明代,广东人发现当地遗存不少宋朝人的坟墓,而找不到唐朝人的坟墓,这正是南宋大量北方移民入居岭南地区而产生的结果。①

第二节　移民与南宋时期江南地区的发展

> 听彻哀吟独倚楼,
>
> 碧天无际思悠悠。
>
> 谁知尽是中原恨,
>
> 吹到东南第一州。
>
> ——[宋]梁栋《登镇海楼闻角声赋》

北宋才子柳永有一首《望海潮》词,历来被誉为刻画钱塘(今杭州市)风景的上佳之作。该词的首句便是:"东南形胜,三吴都会,钱塘自古繁华。"如果稍许了解一下江南发展史,便可明白柳永在这首词中犯了一个常识性的错误,因为说"钱塘自古繁华",实在是言过其实。且不说先秦时期江浙一带为"断发文身"的荆蛮之民所占,就是至六朝时期,钱塘还远不能与建邺、江陵等南方著名都城相媲美。

钱塘城市驰名海内在很大程度上要归功于五代十国时期钱镠等人的苦心经营。在唐末五代的激烈动荡之后,金陵(今南京)等江南大都会遭严重破坏后,平稳发展的杭州遂成为"东南第一州"。北宋著名文学家欧阳修对这一变化进行了较全面的说明:"若乃四方之所聚,百货之所交,物盛人众,为一都会,而又能兼有山水之美,以资富贵之娱者,惟金陵、钱塘。然二邦皆僭窃于乱世,及圣宋受命,海内为一,金陵以后服见诛,今其江山虽在,而颓垣废址,荒烟野草,过而览者,莫不为之踌躇而凄怆。独钱塘自五代时,知尊中国,效臣顺,及其亡也,顿首请命,不烦干戈,今其民幸富完安乐。又其习俗工巧,邑屋华丽,盖十余万家,环以湖山,左右映带,而闽商海贾,风帆浪泊出入于江涛

---

① 张家驹:《两宋经济重心的南移》,湖北人民出版社 1957 年版;吴松弟:《北方移民与南宋社会》,台湾文津出版社 1993 年版。

浩渺、烟云杳霭之间，可谓盛矣。"①宋仁宗就有这样的诗句：

地有湖山美，东南第一州。

剖符宣政化，持橐辍才流。

暂出论思列，遥分旰昃忧。

循良勤抚俗，来暮听欢讴。

"靖康南渡"后，以杭州为中心的江南地区文化发展迎来了一个前所未有的高潮。南宋大理学家朱熹指出："靖康之乱，中原涂炭，衣冠人物，萃于东南。"②作为行在所（临时首都）的临安更是人才济济之区，"中朝人物悉会于行在"。③ 除衣冠人物而外，大批北方普通士民又避难入居杭州。南宋朝廷为安置这些中下层士民，特地在江河码头等交通要地设立接待处，当时临安城内外这类接待处多达二十余个。又因为接待处多设于佛寺之中，当时因此称为接待寺。临安最大的接待寺是今湖墅夹城巷附近的妙行寺。该寺地处运河码头，外来士民投奔者最多。④ 南宋人吴自牧在《梦粱录》卷一三指出：

……盖因南渡以来，杭为行都，二百余年，户口蕃盛，商贾买

卖者十倍于昔，往来辐辏，非他郡比也。

南宋大诗人陆游在《老学庵笔记》中称："大驾初跸临安，故都及四方士民商贾辐辏。"这句话准确地道出了南渡初期杭州城内移民构成的特征。就迁入杭州的外来移民而言，人数最多又最引人注目的自然是来自故都（即汴梁，今河南开封市）的人。高宗南逃之初，杭州城屡遭破坏，人口凋零，十存二三。可以说，南宋杭州城是在外来移民的推动下复兴的，而大批汴梁移民的到来，在很大程度上决定了杭州城城市文化风貌的特征。

汴梁城市生活的糜烂奢华，是相当出名的。对此，宋室皇家的奢侈行为难辞其咎。宋徽宗时期的"花石纲"行动最为臭名昭著，害得无数平民倾家荡产，天下怨声载道。在皇族成员的引导下，贵族官僚骄奢淫逸，挥

---

① 《欧阳修全集·居士集》卷四十《有美堂记》，中国书店 1991 年版，第 280 页。
② 《晦庵集》卷八三《跋吕仁甫诸公帖》，《景印文渊阁四库全书》。
③ 《陆放翁全集·渭南文集》卷一五《傅给事外制集序》，中国书店 1986 年版，第 86 页。
④ 林正秋：《南宋都城临安》第六章，西泠印社出版社 1986 年版，第 175—177 页。

霍成风。北宋大史学家司马光曾在《论财利疏》中对此提出强烈批评："宗戚贵臣之家，第宅园囿，服食器用，穷天下之珍怪，极一时之鲜明，惟意所欲，无复分限，以豪华相尚，以俭朴相訾，恶常而好新，月异而岁殊。"①

定都临安后，以赵构、秦桧为首的南宋君臣无复北还之思，醉心于西湖畔迷人的山水之中，大肆修建宫室、园林、豪宅，豪华奢侈程度比之汴梁，有过之而无不及。现代学者通过细致考察后指出："西湖绿水黛水之间，'一色楼台三十里'，御园、王府，大小园囿不知其数；城内南北十余里，贵宅、宦居、幽园、雅舍亦不下百余处。南宋临安园林，数量之多甲于天下，而奢侈之风，亦不亚于汴京。"②据《梦粱录》《都城纪胜》诸书的记载，南宋杭州城中数饮食业与娱乐业中"汴梁遗风"最为显著。《都城纪胜》称："都城食店，多是旧京师人开张，如羊饭店兼卖酒"，"南食店谓之南食，川饭分茶。盖因京师开此店，以备南人不服北食者，今既在南，则其名误矣。"仔细琢磨，杭州城内"南食店"的出现，也不完全是"照搬照抄"导致的错误。如果杭州城内遍布汴梁人开设的北方风味的饭馆，自然有必要标明专供南方口味食物的"南食店"。《梦粱录》也云："杭城食店，多是效学京师人，开张亦效御厨体式，贵官家品件。""汴京熟食店，张挂名画，所以勾引观者，留连食客。今杭城茶肆亦如此，插四时花，挂名人画，装点店面。"

杭州城内的"汴梁遗风"的炽烈，不仅在于大批汴梁移民的到来，还在于人们的刻意营造。不仅饭馆如此，当时杭州城内各式商店都竭力"效学汴京气象"（即模仿汴梁城的特色）。其实理由很简单，当时杭州城内皇亲国戚、达官贵人大都来自汴梁，饭馆的汴梁风貌使这些移民有"宾至如归"的亲切感，自然会频繁光顾，生意红火。再加上高宗赵构及后宫人员经常传唤街上货贩，所有商家不敢苟且行事，而特别讲究商品质量。否则，生意成败事小，冲犯"天颜"就会大祸临头。《鸡肋编》卷中还提到：为了让皇室舒适地度过南方炎热的夏天，杭州城内特地引进北方窖藏技术，以提供消暑的冰块，"皆如京师（即汴梁）法"。

---

① 《续资治通鉴长编》卷一九六，中华书局 2004 年版，第 4757 页。
② 姚毓璆、郑祺生：《南宋临安园林》，见政协杭州市委员会办公室编：《南宋京城杭州》，1985 年，第 229 页。

杭州城中最抢眼喧闹的娱乐场所是"瓦舍",同样是北方移民从汴梁城移入的。"瓦舍"起源于何时,已无法考定,但在汴梁城中非常盛行,灯红酒绿,妓女成群,既是文人墨客放浪形骸之处,也是富家子弟流连忘返的好地方。南渡之初,杭州城驻守大批北方籍军士,思乡情切,又百无聊赖。为避免这些军士无事生非,扰乱社会治安,在一些将领的主持下,杭州城内外创立多处瓦舍,招集妓乐,成为军卒们闲暇娱乐的场所。后来,瓦舍生意红火,数量急剧增加,富家子弟成为频繁光顾的主客,挥金似土,逸乐无度。《梦粱录》卷一九《瓦舍》称:"今贵家子弟郎君,因此荡游,破坏尤甚于汴都也。"

其实,当时杭州城内,荡游挥霍的远不止于"贵家子弟郎君"。古语云:"心安即为家。"在上层统治者苟且偷安、屈辱求和的思想引导下,除少数稍有良知的人士外,大多数王公贵族、达官显宦早已不再有"收复神州"的念头,更把被掳北迁的徽、钦二帝抛在了脑后,抱定"今朝有酒今朝醉"的信条,在醉生梦死中消磨光阴。南宋词人文及翁曾无奈而辛酸地吟道:"一勺西湖水,渡江来,百年歌舞,百年酣醉……"南宋学者周密也在《武林旧事·西湖游幸》中讲到:当时杭州城内"贵珰要地,大贾豪民,买笑千金,呼卢百万。以至痴儿騃子,密约幽期,无不在焉。日糜金钱,靡有纪极。故杭谚有'销金锅儿'之号,此语不为过也。"因此,杭州城内就出现了这样耳熟能详的讽刺诗:

山外青山楼外楼,西湖歌舞几时休?
暖风薰得游人醉,直把杭州作汴州。

与那些醉心于江南美景和声色享受的权贵们有霄壤之别,一批有良知、重感情的文人士大夫却为思乡之苦所煎熬。他们把最深切的感情都倾注到了诗词创作之中,从而将这一体裁的艺术成就推向前所未有的高峰。唐诗、宋词是中国文学发展史上两座登峰造极的伟大丰碑。就宋词而言,南宋在词创作上的整体成就,要超过北宋。现代学者胡云翼先生指出:

词至南宋发展到了高峰。向来人们都认为宋朝是词的辉煌灿烂的黄金时代,如果把这话说确切一点,这光荣称号应归于南宋前期。这时期爱国主义词作突出地反映了时代的主要矛盾——复杂的民族矛盾，放射出无限的光芒。清初朱彝尊在《词综·发凡》里曾经把南宋词提得很高，他说："世人言词，必称北宋，然词至南宋始极其工，至宋季始极其变。"①

"靖康南渡"是北宋与南宋的分界点。这场大规模南迁运动，也是一场震撼力巨大的社会剧变。它影响到当时的绝大部分汉族人士，包括大批才华横溢的文人墨客。南渡是他们生命历程中的刻骨铭心的经历，完全改变了他们的生活之路。南渡之后，以赵构、秦桧为首的南宋执政者被女真人的攻势吓破了胆，完全不理被掳的徽、钦二帝，满足于东南一隅的偏安。面对被女真人侵夺的故国河山，无数富有爱国热情的人士满腔悲愤，扼腕叹息，用诗词来宣泄积郁心中的亡国之痛、思乡之情。"靖康南渡"对宋词创作的影响是十分深刻的。就外在表现而言，主要体现于两个方面：一是许多知名词人改变了自己以往的创作风格，创作了一批直接反映家国之痛的佳作；二是一些词人抱着昂扬的爱国热忱，主张收复失地，指斥苟且偷安，形成了直面现实的豪放派词人群体。

李清照正是体现前一种影响的著名词人。李清照，号易安居士，原本出生于一个生活优裕的官僚家庭。后嫁与著名学者赵明诚，夫妻二人相敬如宾，在披览文卷、品尝香茶、赋诗填词的雅趣中消磨时光。然而，"靖康丧乱"犹如平地升起的狂飙，将词人抛入匆匆南奔的人流，彻底改变了原来的生活轨迹。痛失家园的屈辱与无奈，让这位才女写下了如此沉雄无比的诗篇："生当作人杰，死亦为鬼雄。至今思项羽，不肯过江东。"后来丈夫赵明诚也不幸因病去世，孤苦伶仃的女词人在无尽的苦痛中受尽了煎熬，无尽的心酸化为催人泪下的词章。《声声慢·寻寻觅觅》：

　　寻寻觅觅，冷冷清清，凄凄惨惨戚戚。乍暖还寒时候，最难将息。三杯两盏淡酒，怎敌他晚来风急！雁过也，正伤心，却是旧时相识。

　　满地黄花堆积，憔悴损，如今有谁堪摘？守着窗儿，独自怎生得黑，梧桐更兼细雨，到黄昏、点点滴滴。这次第，怎一个愁字

① 胡云翼选注：《宋词选》，上海古籍出版社1997年版，第11—12页。

了得！

朱敦儒在词坛地位虽不及李清照，却在描述亡国之痛的创作中独树一帜，留下了不少精彩的好作品。据载，朱敦儒是河南洛阳人，崇尚遁世离俗的神仙生活，词风一贯洒脱飘逸。但在"靖康南渡"后，他流落南方各地，对远离故国的痛楚感触很深，他在词作中表达出满怀悲愤与哀伤。《采桑子·彭浪矶》云：

> 扁舟去作江南客，旅雁孤云，万里烟尘，回首中原泪满巾。
>
> 碧山相映汀洲冷，枫叶芦根，日落波平，愁损辞乡去国人。

又《临江仙》云：

> 直自凤凰城①破后，擘钗破镜分飞。天涯海角信音稀。梦回辽海北，魂断玉关西。
>
> 月解重圆星解聚，如何不见人归？今春还听杜鹃啼。年年看塞雁，一十四番回。

《沙塞子》也云：

> 万里飘零南越，山引泪，酒添愁。不见凤楼龙阙，又惊秋。
>
> 九日江亭闲望，蛮树远，瘴烟浮。肠断红蕉花晚、水西流。②

当然，在婉约派词人极力宣泄家国之痛的同时，更有一些豪放之士积极主张恢复中原，他们用手中的笔抒发出激昂的斗志与热情，从而大大扩展了词曲艺术的表现手法与内容，其中代表人物就是南宋词坛豪放派领袖辛弃疾、张孝祥、陈亮等人。在这些作家的作品中，我们几乎看不到多少离愁别恨，字里行间只有对收复故国的炽热渴望、对投降思想的无情抨击以及对生不逢时的强烈愤慨。如一代词曲巨匠辛弃疾为山东济南人，曾参加抗金义军，失败后南下。他文学造诣极深，词风凝重苍凉，大气磅礴。很多作品脍炙人口，涉及内容十分广泛，既有对山河破碎的感慨，又有收复故国的雄心，更有壮志难酬的悲怆。《菩萨蛮·书江西造口壁》云："郁孤台下清江水，中间多少行人泪！西北望长安，可怜无数山。"又如《贺新郎》云："我最怜君中宵舞，道男儿到死心如铁。看试手，补天裂！"《破阵

---

① 指朱敦儒的故乡北宋西京洛阳。
② 朱敦儒著，邓子勉校注：《樵歌》，上海古籍出版社1998年版。

子》云："了却君王天下事,赢得生前身后名,可怜白发生!"辛弃疾的好友陈亮虽为浙江人,但思想认识及词风与辛弃疾极为相似。他的一首《水调歌头》堪称是豪放派词人的思想宣言：

> 不见南师久,漫说北群空。当场只手,毕竟还我万夫雄。自笑堂堂汉使,得似洋洋河水,依旧只流东。且复穹庐拜,会向藁街逢。

> 尧之都,舜之壤,禹之封,于中应有,一个半个耻臣戎。万里腥膻如许,千古英灵安在,磅礴几时通? 胡运何须问,赫日自当中。

除了南宋时代主战派的激烈陈请与抗争外,历来有不少研究者与评论家对于南宋王朝屈辱偏安的情状也颇有微词。然而,苟且偷安也好,保存实力也罢,南宋时期,江南地区(狭义的"江南"主要指今天江苏南部及浙江北部地区)的经济与文化的飞速发展,则是无可争辩的事实。《梦粱录》卷一八又载云：

> 杭城富室多是外郡寄寓人居,盖此郡凤凰山谓之客山,其山高木秀,皆荫及寄寓者。其寄寓人多为江商海贾,穹桅巨舶,安行于烟涛渺莽之中,四方百货不趾而集,自此成家立业者众矣……

正是在这种飞速发展的状况下,南宋时期开始流行这样的谚语："天上天堂,地上苏杭。"也就是说,地处江南的苏州、杭州两地,已成为当时人们最为向往的富庶繁盛的都会。江南一带也当之无愧地成为华夏九州之内经济最为发达、文化最为先进的区域。又有研究者特别指出："中国八百年来的文化模式,是以南宋为领导的模式,以江、浙一带为重心。全国政治、经济、文化重心皆聚在一起,这是史所难见的。"①这种论断虽不免有所偏颇,但是,南宋时期经济与文化的发展,以及在中国历史上的重要贡献,则是无法否认的。而我们更应该清楚地认识到,这种社会经济飞速的进步与发展,与广大北方移民的参与及贡献是分不开的。

---

① 参见[美]刘子健:《略论南宋的重要性》,载于《大陆杂志》71卷2期(1985年),转引自吴松弟:《中国移民史》第四卷,复旦大学出版社2022年版,第525—526页。

第九章

❖

辽、夏、金朝的民族迁移与发展

很难同意将辽、宋、夏、金时期简单归结于分裂时代。

民族的发展，不仅仅在于其内迁及接受华夏农耕文化。

创建民族政权，同样是民族发展的重要表征之一。

——作者题记

盛唐五代过后，中央王朝一统天下的状况被暂时打破，中国境内重新出现了多个民族政权并存的局面，如在北部出现了几个由内迁的边疆民族建立的重要政权，即契丹人创建的辽朝、党项人创建的西夏以及女真人创建的金朝。历史上，在中国广袤的地域内，几大民族政权的争锋抗立，不能简单视为历史的倒退。他们与以汉族为核心的北宋、南宋两朝共同谱写了中国历史上一段不平凡的篇章。

对于契丹、党项、女真等这些边疆民族而言，政权构建的过程，就是内向迁徙的过程。因此，他们所建立的政权（王朝）就不再是边疆政权了，应该视为中国民族与政治发展的核心内容。探析这些重要民族政权的发展史与迁徙史，契丹人如此，党项人如此，女真人也是如此。

第一节　契丹人的迁移与辽朝的建国历史

> (辽朝)东自海,西至于流沙,
>
> 北绝大漠,信咸万里,
>
> 历年二百,岂一日之故哉!
>
> ——《辽史·太祖本纪》赞语

契丹族是源自中国东北地区的一支十分古老的民族,很早便出现于中国古籍之中,民族发展史曲折而漫长。关于上古契丹先民的生存环境与生活状况,《辽史·营卫志》曾进行了简要的回顾:"并(州)、营(州)以北,劲风多寒,随阳迁徙,岁无宁居,旷土万里……有事则以攻战为务,闲暇则以畋渔为生……"①可见,契丹民族原本是一个生活在长城之外的十分典型的游牧民族。

在漫长的历史演变中,契丹本民族的发展与分布地都发生了复杂的演化。《辽史·地理志》对此有简略的回顾,虽有一定的夸饰成分,但还是在很大程度上反映了真实状况。

> 当元魏(即拓跋氏后魏)时,有地数百里。至唐,大贺氏蚕食扶余、室韦、奚、靺鞨之区,地方二千余里……迨于五代,辟地东西三千里……(至辽朝全盛时)东至于海,西至金山,暨于流沙,北至胪朐河,南至白沟,幅员万里。②

可以说,契丹族的迁徙与发展史,就是一部政权建设史与疆域扩张史。契丹人迁徙的脚步与疆域扩展历程如影随形,亦步亦趋。关于契丹族族源与形成过程,历来有多种不同的意见。宋人叶隆礼所撰《契丹国志》卷首称:

> 契丹,本炎帝之后,先世保鲜卑山以居。号鲜卑氏,为慕容燕所破,析其部曰宇文;曰库莫奚;曰契丹。契丹之名昉见于此。③

---

① 《辽史》卷三一《营卫志上》,中华书局 2016 年版,第 409—410 页。
② 《辽史》卷三七《地理志一》,第 496 页。
③ [宋]叶隆礼:《钦定重订契丹国志》卷首,《景印文渊阁四库全书》。

　　根据古文献与现代学者的研究,均确认契丹与库莫奚、宇文鲜卑都源于"东胡—鲜卑"族系。现代学者张正明先生明确指出:"契丹源出鲜卑,是鲜卑宇文别部的一支。"①然而,作为一个历史悠久的民族,契丹族本身经历了复杂的演变过程,其中不乏与其他民族种类的杂居交融。笔者以著名学者陈述先生的分析相当贴切而精辟,他指出:"鲜卑宇文属下并有契丹之族,佚、悉、乞得,或为契丹别译。契丹之族也是东北群狄的合体,而非一系繁衍,而其附近之族,特别是语言相同相近和经济生活联系密切的,在历史过程中,日趋接近、结合,自当如细流汇于大江,形成一族。民族并非血统集团,其他系属不同的小部,由于长期接触融合,他们自然也就成了契丹人。"②也就是说,对于一个历史悠久的古老民族而言,不同民族间的交融在不间断地进行,维持所谓的种族血缘的单一性与纯粹性不仅不可能,也没有任何意义。

　　契丹族先民至北魏时期始自号"契丹",最早为契丹族作传的正史是魏收所撰《魏书》。《魏书·契丹国传》称:"契丹国,在库莫奚东,异种同类,俱窜于松漠之间……稍滋蔓,有部落,于和龙(今辽宁省朝阳市)之北数百里。"③据此可证,当时契丹族的人口数量已具相当规模,成为在东北地区颇有影响的族群。据文献记载,契丹民族的始祖为奇首可汗,而契丹最早的居留地位于和龙以北的"松漠"之地。如《辽史·营卫志》载其部族时称:

　　　　契丹之先,曰奇首可汗,生八子。其后族属渐盛,分为八部。居松漠之间。今永州木叶山(今内蒙古西拉木伦河与老哈河合流处)有契丹始祖庙,奇首可汗、可敦并八子像在焉。潢河(今内蒙古西拉木伦河)之西,土河(西拉木伦河支流老哈河)之北,奇首可汗故壤也。④

　　"松漠之间"应该是相当模糊的地域概念。杜佑《通典》注曰:"(松漠)其地在今柳城郡(治今辽宁朝阳)之北。"元代学者胡三省进一步释云:"契

---

① 张正明:《契丹史略》,中华书局 1979 年版,第 1 页。
② 陈述:《契丹政治史稿》,人民出版社 1986 年版,第 35—36 页。
③ 《魏书》卷一百《契丹》,第 2223 页。
④ 《辽史》卷三二《营卫志中》,第 428 页。

丹国自西楼东去四十里,至真珠寨,又东行,地势渐高,西望松林鬵然,数十里,遂入平川。"①显然,这里的"松漠"不过是一种契丹居留地最具代表性的景观,而不是一个精确的地点或地名。

对于契丹部的早期居住地,《旧五代史·契丹国传》曾载云:"契丹者,古匈奴之种也,代居辽泽之中,潢水南岸,南距榆关一千一百里,榆关南距幽州七百里,本鲜卑之旧地也。"②《辽史·地理志》有着更为细致的描述：

> 辽国其先曰契丹,本鲜卑之地,居辽泽中;去榆关一千一百三十里,去幽州又七百一十四里。南控黄龙(府,治今吉林农安县),北带潢水(今内蒙古西拉木伦河),冷陉(山,今内蒙古扎鲁特旗南的奎屯山)屏右,辽河堑左。高原多榆柳,下隰饶蒲苇。当元魏时,有地数百里。③

早在北魏太和年间,契丹人已经开始了向中原地区的内徙。"其莫弗贺勿于率其部落车三千乘、众万余口,驱徙杂畜,求入内附,止于白狼水(今辽宁境内大凌河)东。"④时至北齐时期,发生了一件在契丹发展历史上的重大事件,天保四年(公元553年),北齐皇帝高洋曾统率大军北征契丹,俘获大量契丹人口,而这些人口均被安置在汉族地区,这在事实上也构成了契丹人的强制内迁。

> (天保四年十月)甲辰,帝(即高洋)亲踰山岭,为士卒先,指麾奋击,大破之,虏获十万余口,杂畜数十万头。(大将潘相)乐又于青山大破契丹别部。所虏生口皆分置诸州。⑤

隋唐时期,契丹族实力更为壮大,成为东北地区最具代表性的边疆民族之一。如唐代学者杜佑《通典·北狄契丹传》载云:"部落渐众,遂北逐水草,当辽西正北二百里,依托纥臣水而居,东西亘五百里,南北三百里,亦鲜卑故地。分为十部,多者三千,少者千余,随水草畜牧。"⑥又如《旧唐书·契丹传》载云：

① 《资治通鉴》卷一〇七《晋纪二十九》胡注,第3384页。
② 《旧五代史》卷一三七《契丹》,第2129页。
③ 《辽史》卷三七《地理志一》,第495—496页。
④ 《魏书》卷一〇〇《契丹国传》,第2223页。
⑤ 《北齐书》卷四《文宣帝纪》,第57页。
⑥ 《通典》卷二百《北狄》,第5465页。

契丹，居潢水之南，黄龙之北，鲜卑之故地，在京城（即长安城）东北五千三百里。东与高丽邻，西与奚国接，南至营州，北至室韦。冷陉山在其国南，与奚西山相崎，地方二千里。逐猎往来，居无常处。其君长姓大贺氏，胜兵四万三千人，分为八部……①

唐朝贞观年间，契丹首领窟哥等率部内附，唐朝为此建置羁縻府州——松漠都督府。如《旧唐书·太宗纪》载云：贞观二十二年（公元648年）十一月，"庚子，契丹帅窟哥、奚帅可度者并率其部内属。以契丹部为松漠都督，以奚部置饶乐都督"。② 松漠都督府（治今内蒙古巴林右旗南）及所辖各州便成为内属契丹族人集中安置地。时至唐朝中后期，契丹实力的壮大，严重威胁了唐朝东北边境地区的安全，契丹与奚族甚至被称为"两蕃"，是唐朝北边方镇防御的主要对象。

唐末五代时期，是契丹民族非常重要的发展阶段。《新五代史·四夷附录》称："隋唐之间，突厥为大。其后有吐蕃、回鹘之强。五代之际，以名见中国者十七八，而契丹最盛。"③契丹族的杰出首领耶律阿保机（被尊为辽太祖）的出现，更是契丹族真正走向强盛的标志。《辽史·地理志》对此进行高度赞赏：

太祖以迭剌部之众代遥辇氏，起临潢，建皇都；东并渤海，得城邑之居百有三。太宗立晋，有幽、涿、檀、蓟、顺、营、平、蔚、朔、云、应、新、妫、儒、武、寰十六州，于是割古幽、并、营之境而跨有之。东朝高丽，西臣夏国，南子石晋，而兄弟赵宋，吴越、南唐航海输贡。嘻，其盛矣！④

在契丹初起之时，大量南方汉民的加入，对于其发展与势力强大，起到了关键性的支持作用：

后唐，耶律阿保机者，契丹别部尊长也。先是契丹王钦德政衰，阿保机最推雄劲，族帐渐盛，代钦德为主。先是契丹之先大

---

① 《旧唐书》卷一九九下《北狄》，第5349页。
② 《旧唐书》卷三《太宗纪下》，第61页。
③ 《新五代史》卷七二《四夷附录第一》，中华书局2016年版，第1001页。
④ 《辽史》卷三七《地理志一》，第495页。

贺氏有胜兵四万，分为八部，每部皆号大人，内推一人为主，建旗鼓以尊之。每二年第其名以代之。及保机为主，乃恃强恃勇，不受诸侯之代，遂自称国王。及幽州刘守光末年苛惨，军士亡叛，皆入契丹。洎周德威攻围幽州，燕之军民多为其寇所掠既尽，得燕中人士教之文法，繇是渐盛。与太祖会盟于云州，结为兄弟。其后，阿保机僭称帝号，以妻述律氏为皇后，用燕人韩延徽为宰相，法令严明，诸侯畏服，与太祖抗衡，通朝贡于梁祖。①

契丹辽国最成功的疆域拓展，就是会同元年（公元 938 年）占领石晋的燕云十六州。当时坐镇晋阳（今山西太原市）的后唐大将石敬瑭受到后唐李氏皇族及内臣的猜忌。为自固图存，更为谋夺李家皇权，石敬瑭主动投靠契丹，请求援军，代价便是割地称臣。天显十一年（公元 936 年），石敬瑭“令（掌书记）桑维翰草表称臣于契丹主，且请以父礼事之（指辽帝），约事捷之日，割卢龙一道及雁门关以北诸州与之”。② 这样，契丹人理直气壮地开进了这些边区，如天显十二年（公元 937 年），契丹主耶律德光亲征大同军城，占据云州。后来石敬瑭虽生悔意，为时已晚。辽会同元年（公元 938 年），石敬瑭遣使“以幽、蓟、瀛、莫、涿、檀、顺、妫、儒、新、武、云、应、朔、寰、蔚十六州并图籍来献”。③ “燕云十六州”正式划归了契丹国，其中包括今天山西雁北地区与河北北部地区。北宋建立后，辽、宋双方以今天的河北白沟河为界，燕云十六州依然归入辽国的版图。

辽朝政区建置中最有特点的部分便是“五京”之设，其疆域又以五京为核心，划分为五个区域，即五道。这“五京”及“五道”分别是：一为上京道，治于临潢府（在内蒙古巴林左旗东南波罗城）；二为东京道，治于辽阳府（今辽宁辽阳市）；三为中京道，治于大定府（在今内蒙古宁城县西南大明城）；四为南京道，治于析津府（在今北京市西南）；五为西京道，治于大同府（在今山西大同市）。

关于辽朝的行政制度的特征，《辽史·营卫志》载云：“有辽始大，设制

---

① ［宋］王钦若等编纂，周勋初等校订：《册府元龟》卷一千《外臣部·强盛》下，凤凰出版社 2006 年版，第 11570 页。

② 《资治通鉴》卷二八〇《后晋纪一》高祖天福元年，第 9146 页。

③ 《辽史》卷四《太宗纪下》，第 49 页。

尤密。居有宫卫,谓之斡鲁朵(契丹语宫的意思);出有行营,谓之捺钵;分镇边圉,谓之部族。有事则以攻战为务,闲暇则以畋渔为生。无日不营,无在不卫。立国规模,莫重于此。"可以说,辽朝政治制度是一套带有浓厚游牧民族习俗遗留的、具有强烈军事化色彩的管理体系。又有研究者指出:"游牧的契丹民族建立的是一个'行国'。这个国家的皇帝终年'随阳迁徙',居住在'行宫',跟随着皇帝'岁无宁居'的,是一个游动的中央政府——'行朝';行朝中的'行殿'则是皇亲国戚、高官显宦们的政治大舞台;而扈从着皇帝的中央官署、臣僚也都在'行帐'之中。总之,一个'行'字,道出了契丹这个民族政权突出的特色。"①

辽朝末年,一部分契丹人西迁,在西域地区建立了另外一个重要民族政权——西辽。西辽是由西迁的契丹人建立起来的,又被称为黑契丹、哈剌契丹、合剌乞答等,它的创始人为辽朝皇族耶律大石。《辽史·天祚皇帝纪》载云:"耶律大石者,世号为西辽。大石字重德,太祖(即耶律阿保机)八代孙也。"保大二年(公元 1122 年),辽朝统治已成土崩之势,耶律大石与天祚皇帝耶律延禧不睦,被迫西遁。公元 1124 年,耶律大石于起儿漫(在今新疆额敏县东南额敏河南岸)即皇帝位,改元延庆。延庆三年(公元 1126 年),耶律大石正式修建都城,定名为虎思斡耳朵(在今吉尔吉斯共和国托克马克以东楚河南岸)。西辽国建国后,大力开疆拓土,建立起了疆域辽阔的国度,在中亚历史上占有重要的地位。

与其他入主中原的北方民族相比较,契丹族的迁徙过程似乎是迟缓而徘徊的。就其疆域而言,始终跨居长城南北,其民族也始终保持着强烈的游牧民族的特征。然而,自公元 907 年耶律阿保机创立政权始,到 1125 年,天祚帝最终亡国,契丹民族维持了超过二百多年的政权历史。这在北方民族的政权建设史上是不多见的。《辽史·兵卫志》的作者曾总结道:"二帐、十二宫一府、五京,有兵一百六十四万二千八百。宫丁、大首领、诸部族,中京、头下等州,属国之众,皆不与焉。不轻用之,所以长世。"以武立国的辽朝拥有强大的武装力量,但并不是一味地耀武扬威、好战斗狠,与南宋、西夏

---

① 杨若薇:《契丹王朝政治军事制度研究》,中国社会科学出版社 1991 年版,第 127 页。

维持了较长时期和平状态,大概是其国祚久长的重要缘由。

第二节　西夏党项人的迁徙与建国历史

> 西夏人骁勇,契丹人迟缓,
>
> 西藏人信佛,汉族人崇儒,
>
> 回鹘人饮酸乳,山狄人食荞饼。
>
> ——西夏文《新集金粹掌直文》

就族源而言,建立西夏国的党项族主体为古代羌族后裔,对于这一点学术界并没有异议①。党项羌人最早的故乡是在广阔的西部羌族区。党项羌人的崛起及为中原政权所知晓,是在南北朝后期。正史之中,最早为党项人立传的是《隋书》。《隋书·西域传》载称:

> 党项羌者,三苗之后也。其种有宕昌、白狼,皆自称猕猴种。
>
> 东接临洮(今甘肃岷县)、西平(今青海西宁市),西拒叶护,南北
>
> 数千里,处山谷间。②

宕昌羌人在古代文献上出现的时间比党项更早,如《魏书·宕昌传》载:"其地自仇池以西,东西千里,席水(在今甘肃天水市境内)以南,南北八百里,地多山阜,人二万余落。"③《隋书·西域传》将其列为党项羌人的一种,这可以说是当时羌族区发展的一个重要趋势,在北朝后期及隋唐前期,党项羌人已取代宕昌羌人,成为西部羌族区新的代表性的族群。就分布地域而言,党项部所处地域,也覆盖了原来宕昌羌等多种部族集团的聚集地,从而成为后来居上的一支羌族集团。《旧唐书·西戎·党项羌传》的记述也证明了这一点:

> 党项羌,在古析支之地,汉西羌之别种也。魏、晋之后,西羌
>
> 微弱,或臣中国,或窜山野。自周氏灭宕昌、邓至之后,党项始
>
> 强。其界东至松州(治今四川松潘县),西接叶护(即西部突厥),

---

① 李范文:《试论西夏党项族的来源与变迁》,引自白滨编:《西夏史论文集》,宁夏人民出版社1984年版。

② 《隋书》卷八三《西域传》,第1845页。

③ 《魏书》卷一〇一《宕昌传》,第2242页。

南杂春桑、迷桑等羌,北连吐谷浑,处山谷间,亘三千里。①

然而,党项羌人崛起之际,其分布地的南北分别出现了两个强大的民族政权,北部是吐谷浑,南部便是吐蕃。从唐朝初年开始,在唐朝的感召以及吐蕃族势力的压迫下,出现了党项族大规模内徙的浪潮。西夏国的先民们正是在这种移民潮中逐步进入河陇地区的。

党项人归附集中于贞观年间,著名首领拓跋赤辞率领党项部众的归附,为唐朝西部疆域的开拓与维护做出了重大贡献。《新唐书·党项传》载:"以其地为懿、嵯、麟、可三十二州,以松州为都督府,擢赤辞西戎州都督,赐氏李,贡职遂不绝。于是自河首积石山而东,皆为中国地。"②当时,归附唐朝边境地区的党项族人数量十分可观。如宋人王溥所辑《唐会要》卷九八记云:"(贞观)五年,诏遣使开其河曲地,为六十州,内附者三十四万口。"

后来,受吐蕃的压迫,拓跋党项部先后进行了两次大规模内徙:第一次是从松州内迁到庆州(治今甘肃庆阳县)境内;第二次是从庆州境内迁到银州以北、夏州(治今陕西靖边县北)以东地区,故又被称为"平夏部"③。

唐朝末年,天下大乱,拓跋思恭以夏州为中心,又统辖银、夏、绥、宥、静五州,形成一支颇具实力的地方割据势力。《新唐书·党项传》载:"始,天宝末,平夏部有战功,擢容州刺史、天柱军使。其裔孙拓跋思恭,咸通末窃据宥州(治今内蒙古鄂托克旗东南),称刺史。"④此即为平夏部割据自立的开始。关于唐朝后期夏州一带党项人的生活状况,唐人沈亚之在《夏平》一文中进行了细致的描述:

> 夏之属土,广长几千里,皆流沙,属民皆"杂虏"。"虏"之多曰党项,相聚为落,于野曰部落。其所业无农桑。事畜马、牛、羊、橐驼……⑤

① 《旧唐书》卷一九八《西戎·党项羌》,第5290页。
② 《新唐书》卷二二一《西域上·党项》,第6215页。
③ 参见史卫民:《党项拓跋部的迁移及其与唐、五代诸王朝的关系》,《内蒙古大学学报》历史学专集1981年增刊。
④ 《新唐书》卷二二一《西域上·党项》,第6218页。
⑤ 《全唐文》卷七三七,第7613页。

西夏王族的世系可以上溯到拓跋赤辞一代。对于西夏国家建设的发展历史与成就，《金史·西夏国传》赞语明白扼要地评述了夏国的建国史："托跋思恭以破黄巢功赐姓李氏，兄弟相继为节度使，居夏州，在河南。继迁再立国，元昊始大，乃北渡河，城兴州（治今宁夏银川市）而都之。其地初有夏、绥、银、宥、灵、盐等州，其后遂取武威、张掖、酒泉、敦煌郡地，南界横山（在今陕西横山县东南横山），东距西河。"①

西夏国的疆域至李元昊在位时达到了极盛。北宋宝元元年（公元1038年），李元昊于兴州（治今宁夏银川市）即皇帝位，国号大夏，标志着夏国的正式建立。夏国疆域相当广袤。"元昊既悉有夏、银、绥、宥、静、灵、盐、会、胜、甘、凉、瓜、沙、肃，而洪、定、威、龙皆即堡镇号州，仍居兴州，阻河依贺兰山为固。"②清代学者吴广成《西夏书事》也称之云：夏国的疆域"东尽黄河，西界玉门，南接萧关（在今宁夏同心县南），北控大漠，地方万余里"。③

西夏军政制度的最突出特征，便是"兵民合一"，即所有青壮年均计为兵士，因此，现代研究者通常以军士数量来估算夏国的人口。《宋史·夏国传》载称："诸军兵总计五十余万。别有擒生十万。兴、灵之兵，精练者又二万五千。别副以兵七万为资赡，号御围内六班，分三番以宿卫。"但是，根据夏国兵制，西夏军队中一个正军配有两个抄兵（即所谓"负赡"），故而"三人共一幕"。如果正军有 50 万人，那么，军、抄合计就应有150 万～160 万人之多。但恐怕没有绝对合乎比例的配置，保守估计西夏国内的壮丁（即 15 岁以上的男子）数量在 100 万人左右，应占其男性人口的绝大部分。如果再加上老小数量，则西夏国男性人口数量至多在 150万人左右。如以男女比例 1∶1 计算，那么，西夏国的党项族人口至多在300 万人左右。

西夏国内的民族构成并不简单，其主体是以党项人为核心的古代羌族后裔，此外还有汉人、吐蕃人、回鹘人等。西夏文《新集金粹掌直文》记

①　《金史》卷一三四《西夏》，中华书局 1975 年版，第 2876－2877 页。
②　《宋史》卷四八五《夏国上》，第 13994 页。
③　［清］吴广成：《西夏书事》卷一二，《景印文渊阁四库全书》。

述西夏国内各族民族风俗时指出："西夏人骁勇，契丹人迟缓，西藏人信佛，汉族人崇儒，回鹘人饮酸乳，山狄食荞饼。"这种描述十分简洁生动地反映了西夏国内及周边地区主要民族种类典型的风俗特征。[①]

从遥远的青藏高原东部边缘地带，一步一步地转移到河套地区建国，党项民族的发展史就是一部声势浩大的迁徙史。作为中国历史上从西部东迁的羌族族群的代表，党项族的迁徙与政治发展史具有十分重要的研究价值。

第三节　金朝女真族的迁移与王朝历史

> 江左休夸病邯中，
>
> 撑霆裂月许谁同？
>
> 金源、南宋分疆后，
>
> 天放奇葩角两雄。
>
> ——［清］翁方纲《书遗山诗后》

建立金朝的女真族，源自于古代的靺鞨族。靺鞨族，原名为"勿吉"，南北朝时居住于上古肃慎国之故地。时至唐朝，靺鞨族人才逐渐为中原政权所知晓。宋人宇文懋昭在《金国初兴本末》中曾回顾了女真族的早期发展历史："唐贞观中，靺鞨来中国，始闻女真之名，世居混同江之东长白山下。其山乃鸭绿水源。南邻高丽，北接室韦，西界渤海、铁离，东濒海，《三国志》所谓挹娄，元魏所谓勿吉，唐所谓黑水靺鞨者，今其地也。"[②]据此可知，长白山麓与鸭绿江发源地一带，是古代靺鞨人的早期发祥地。混同江，即指今天松花江及黑龙江下游；黑水，即今天黑龙江的古称。

关于唐代靺鞨族的分布地域，《旧唐书·靺鞨传》载云："靺鞨，盖肃慎之地，后魏谓之勿吉，在京师东北六千余里。东至于海，西接突厥，南界高丽，北邻室韦。"靺鞨族内部分部而治，其中以黑水靺鞨一支势力最为强盛，成为靺鞨族的代表。

---

① 白滨：《从西夏文字典〈文海〉看西夏社会》，《西夏史论文集》，第 180 页。

② ［宋］宇文懋昭撰，崔文印校证：《大金国志校证》一，中华书局 1986 年版，第 2 页。

关于靺鞨族在唐朝后期的变迁趋势，《新唐书·黑水靺鞨传》的结语可谓一语中的：“后渤海盛，靺鞨皆役属之，不复与王会矣。”在渤海国崛起后，东北地区的靺鞨族及所居地区基本上划归于渤海国疆域，渤海国正是一个以靺鞨族人为核心民族的民族政权，首都在今天的吉林省敦化县敖东城。辽天显元年（或称天赞六年，公元 927 年），渤海国为契丹人所攻灭，大批渤海国遗民又归属辽、金等王朝统治之下。《金史·高丽传》对渤海国的历史进行了十分扼要的总结：“唐初，靺鞨有粟末、黑水两部，皆臣属于高丽。唐灭高丽，粟末保东牟山渐强大，号渤海，姓大氏，有文物礼乐。至唐末稍衰，自后不复有闻。金伐辽，渤海来归，盖其遗裔也。”[①]可以说，靺鞨族的人口迁移贯穿了渤海国的兴衰史。

金朝的创立者为完颜阿骨打，金朝的创建史与完颜家族史有密切的联系。记载中金朝的始祖名叫函普，从高丽入主完颜部。完颜部为黑水靺鞨之后裔，在辽朝属于“生女真”部落。《契丹国志》卷九载称，“女真之种，有生、熟之分，居混同江之南者，谓之熟女真。阿骨打所居乃江之北，谓之生女真，亦臣服于辽”，又生女真“僻处契丹东北隅，臣属一百余年，世袭节度使，兄弟相传，周而复始”。[②] 至绥可为酋长时，完颜部完成了由游牧向定居生活的重要转变。《金史·世纪》载云：

> 黑水旧俗无室庐，负山水坎地，梁木其上，覆以土，夏则出随
> 水草以居，冬则入处其中，迁徙不常。献祖（即绥可）乃徙居海古
> 水（今黑龙江省阿城县东北之海沟河），耕垦树艺，始筑室，有栋
> 宇之制，人呼其地为纳葛里。‘纳葛里’者，汉语居室也。自此遂
> 定居于安出虎水之侧矣。[③]

海古水与安出虎水地域毗连。安出虎水又称为按出虎水，即松花江南岸支流阿什河，此地成为完颜部发源地的标志。在女真人语言中，“按出虎”之义为“金”，金朝之得名也来源于此。女真人最早的都城上京（会宁府）就建立在按出虎水之畔，在今天黑龙江阿城县白城。

① 《金史》卷一三五《高丽》，第 2881 页。
② ［宋］宇文懋昭撰，崔文印校证：《大金国志校证》，第 3、106 页。
③ 《金史》卷一《世纪》，第 3 页。

女真人开拓疆土的历史是非常辉煌的。在相当短的时间里,女真人从荒僻的草地部落出发,横扫大江以北。关于女真民族的迁徙与政治建设历程,《大金国志》曾进行了简要的回顾:

> 国初之时,族帐散居山谷,地仅千余里。自后并辽,得大辽全盛之地。其后深入中原,举大江以北皆有之,疆宇始广矣。其初居草地,名会宁号上京,僻在一隅,(完颜)亮始徙燕,遂以渤海辽阳府为东京、山西大同府为西京、中京大定府为北京、东京开封府为南京、燕山为中都,号大兴府,即古幽州也,其地名曰永安。金国之盛极于此矣。[①]

与其他北方民族极为相似,女真人完全凭借武力创立金朝,同样以武立国,"以兵得国",女真人最根本的社会与军事制度就是所谓"猛安谋克"。《金史·兵志》载云:"金之初年,诸部之民无它徭役,壮者为兵,平居则听以佃渔射猎习为劳事,有警则下令部内,及遣使诣诸孛堇征兵,凡步骑之仗粮皆取备焉。其部长曰孛堇,行兵则称猛安、谋克,从其多寡以为号,猛安者千夫长也,谋克者百夫长也……"[②]金代的猛安谋克的实质就是以女真人为核心的社会组织与部族集团,同时我们也可以推断出猛安谋克的分布、迁徙与女真族人的分布相一致的结论。

女真人在各地的分布是不均衡的。从唐末五代开始,女真部族就长期居住在东北边远地区,因此,上京路一带是女真人的根据地,也是猛安谋克最集中的区域。随着攻灭辽国与北宋,为了控制大片国土,女真人的南迁就是大势所趋,而猛安谋克的迁徙实际上成为女真族迁徙的外在表现形式。金朝猛安谋克的分布格局最终是由迁徙形成的。

根据现代学者张博泉等人的研究,金朝早期猛安谋克的南迁与发展大致可分为四个时期[③]:

第一个时期是阿骨打在位期间,猛安谋克从原始居留地向宁江州、黄龙府和泰州等地迁徙。这是女真人聚居地的初步拓展,但仍然局限于东

北地区。

第二个时期是在攻灭北宋、占领黄河以北大部分地区之后，女真人开始大批进入关内地区。《大金国志》卷八载：天会十一年（公元1133年），"秋，起女真国土人散居汉地。女真，一部族耳。后既广汉地，恐人见其虚实，遂尽起本国之土人棋布星列，散居四方。令下之日，比屋连村，屯结而起"。① 显然，这是一次规模空前的民族大迁徙，对于女真族的发展有着极为重要的影响。由此，女真族人的主体离开了原来以上京路按出虎水流域为核心的原始聚居地，开始向北部中原地区渗透、扩散。

第三个时期是废去刘豫伪齐政权后，金朝全面推行屯田军制度。《大金国志》将屯田军的创设时间记在皇统五年（公元1145年）。"创屯田军，凡女真、契丹之人皆自本部徙居中州，与百姓杂处，计其户口授以官田，使其播种，春秋量给衣马。若遇出军，始给其钱米。凡屯田之所，自燕山之南，淮、陇之北，皆有之，多至六万人，皆筑垒于村落间。"② 女真屯田军的建立，标志着女真人向华北地区大规模的迁移已经基本完成，其分布地覆盖了淮河以北的大部分地区，与金朝的疆域建设保持一致。

第四个时期金海陵王完颜亮迁都燕京以后。贞元元年（公元1153年）（《大金国志》记为天德四年，公元1152年），金朝迁都燕京（即今北京市），这自然引起东北地区猛安谋克的进一步内迁。

但是，占领北部中国后，金朝在全国范围内实施了并不高明的民族政策，正如金代著名学者刘祁等人所指出的那样："其分别蕃汉人，且不变家政，不得士大夫心，此所以不能长久。"③ 如金朝建立了严格的户籍登记制度，其中对猛安谋克人户单独登记，并规定："凡汉人、渤海人不得充猛安谋克户。"因此，猛安谋克户数就成为女真人户数的同义词。

有金一代，由迁都引发的移民大潮主要有两次：一是海陵王完颜亮贞元年间从上京会宁府迁都到燕都；二是金宣宗时期的"贞祐南渡"，从燕都迁徙至汴梁。比较而言，贞元迁都是女真人进占北部中国的必然选择，猛

---

① 《大金国志校证》卷八《太宗纪年六》，第126页。
② 《大金国志校证》卷一二《熙宗纪年四》，第173页。
③ ［金］刘祁撰，崔文印点校：《归潜志》卷十二，中华书局1983年版，第137页。

安谋克人开始全面入居中国北方各地；而"贞祐南渡"则是中国北方各地百姓（主要是女真人）向黄河以南的河南及陕西地区迁移。两次大移民，都是金朝历史的重要组成部分，对金朝的发展所产生的影响是极其巨大的。

金朝后期，漠北蒙古族人崛起，蒙古骑兵的频繁南侵对金朝边境地区构成了重大威胁。金宣宗即位后，华北形势更加危急。金宣宗一方面与蒙古人进行和谈，另一方面即着手南迁。至贞祐二年（公元 1214 年）七月，金宣宗率领百官迁居汴京（今河南开封市），至十二月，"丁未，以和议既定，听民南渡"，由此拉开了"贞祐南渡"的移民大潮。[①]

在"贞祐南渡"中，移民主要发自黄河以北山西、山东、河北以及东北地区。同时，我们可以清楚地发现，在金朝当局允准及监护南迁的人口中，"军户"占据了最主要的比例。这也成为"贞祐南渡"中移民成分中最显著的特征。所谓"军户"，就是以猛安谋克人为主体的女真人及其他部族的人口。很显然，金朝官府所组织的南迁，事实上成为女真人及其他少数部族为主的南迁。大敌当前，这种明显带有保存民族实力的迁徙行动遭到了不少金朝大臣的强烈抨击。如贞祐三年（公元1215 年）五月，金朝君臣决意迁徙河北军户家属于河南，高汝砺曾上书表示反对：

> 此事果行，但便于豪强家耳，贫户岂能徙？且安土重迁，人之情也。今使尽赴河南，彼一旦去其田园，扶携老幼，驱驰道路，流离失所，岂不可怜！且所过百姓见军户尽迁，必将惊疑，谓国家分别彼此，其心安得不摇。况军人已去其家，而令护卫他人，以情度之，其不肯尽心必矣。民至愚而神者也，虽告以卫护之意，亦将不信，徒令交乱，俱不得安，此其利害所系至重。乞先令诸道元帅府、宣抚司、总管府熟论可否，如无可疑，然后施行。[②]

高汝砺所见极是，在蒙古军队频繁南侵之时，金廷尽迁军户的失策是多方面的。首先，对于大批女真军户而言，弃家南迁、流离失所自然是十分无奈痛苦之事，而从实际可能性出发，也只有家产颇丰的豪强才有能力完成南迁河南之举。贫困军户的南迁是难以想象的。其次，军户南迁，其

---

① 《金史》卷一四《宣宗本纪上》，第 306 页。
② 《金史》卷一〇七《高汝砺传》，第 2354 页。

影响是非常严重的，周围汉族百姓自然会得出这样的结论：金朝准备全面放弃黄河以北地区，并实行民族歧视，将女真人全部南迁，据河自保，将汉族百姓置于水火之地。何况留守的军士因自己家眷已经南迁，根本无心守卫城池，就是金朝地方官也以为大势已去，仓皇南奔。金朝"贞祐南渡"后尽迁军户的政策在实际中就是对黄河以北地区的放弃。

大批军户南迁后聚集于河南等地，金朝朝廷所面临的安置问题是非常棘手的。《金史·陈规传》载：贞祐四年(公元 1216 年)，陈规在上言中讲道："比者徙河北军户百万余口于河南，虽革去冗滥而所存犹四十二万有奇。"① 又《金史·冯璧传》记载称："时山东、河朔军六十余万口，仰给县官，率不逞辈窜名其间。诏(冯)璧摄监察御史，汰逐之。"② 如果说，金朝北方南迁将士有六十余万人，那么，加上随迁的眷属，总数肯定达到 100 万人以上。

这上百万军户人口全由官府来供养，无疑是无法承担的巨大负担。众所周知，封建官府的最大经济来源无非是百姓的赋税，而当时金朝疆域已缩小到今天黄河以南的河南及陕西部分地区，所辖民户数量已非常有限，所缴赋税的数量肯定无法满足其需要。《金史·食货志》记载："及卫绍王之时，军旅不息，宣宗立而南迁，死徙之余，所在为虚矣。户口日耗，军费日急，赋敛繁重，皆仰给于河南，民不堪命，率弃庐田，相继亡去。"③ 可见，由河南民户来供养大批南迁女真军户的措施遭到广大百姓的强烈抵触，大批农户的逃亡，对于金朝统治带来的影响是致命的。

从遥远的松花江畔，走到广阔的幽冀之野，再到繁盛的中州故都，金朝女真人南迁的脚步是坚定而迅捷的。然而，也许是过于急促了，金朝统治者对于在北部中国建立稳定统治的思想准备严重不足，在处理民族关系与移民安置上带有明显的简单粗暴的色彩，这对于金朝的统治影响是不可忽视的。事实证明，金朝在"贞祐南渡"后期的移民政策及安置措施上更犯下了诸多方面的严重失误，民族关系与移民政策方面的失策，直接影响到其王朝的兴衰与存亡。

① 《金史》卷一○九《陈规传》，第 2406 页。
② 《金史》卷一一○《冯璧传》，第 2431 页。
③ 《金史》卷四六《食货一》，第 1036 页。

第十章

❖❖❖

蒙古民族的迁徙与发展

> 蒙古民族迁移的历史,
>
> 是一个伟大民族逐渐成长的历史;
>
> 蒙古民族迁移的历史,
>
> 是一部民族日渐融合壮大的历史。
>
> ——作者题记

纵观中国民族发展历史,匈奴与蒙古族可谓两个影响巨大且具有强大生命力的伟大民族。与匈奴史学相类似,蒙元史学也是世界性的显学之一,长期以来引起众多中外学者的强烈关注。古代波斯(伊朗)著名的历史学家志费尼所著《世界征服者史》一书,就是最早赞颂成吉思汗及其所缔造的蒙古帝国功业的历史名著之一,从那时起,以成吉思汗为首的蒙古族人就被冠以"世界征服者"的威名。而正是由于这个具有世界性影响力的民族的存在,中国历史与世界历史也发生了密切的交集与互动。

"征服"的历史往往又是迁徙的历史、发展的历史,因为没有人口的迁徙与留居,征战的成果也就无法稳定与巩固,拓展的疆域也会随时消失。因此,蒙古民族在军事征服的同时,也走上了漫漫的迁徙之途。

第一节　蒙古民族发祥地的地理环境与早期迁移

"蒙古"一词,原为"蒙兀",蒙古族之族源极为复杂,学术界在相当长的时间里众说纷纭,莫衷一是。其具有代表性的意见有:(1)东胡说或室韦说;(2)鞑靼说;(3)突厥说;(4)室韦鞑靼混种说;(5)西藏说;(6)匈奴说;(7)蒙古本支说等。其中,明辨"蒙兀本部"与"其他诸部"两者之间的区别,正是探讨蒙古族源问题的关键所在。就蒙古族的发展而言,各个时期蒙古族的构成有很大的不同,特别是在征服与吸纳大批周边部族之后。在民族成分复杂化之后,寻求纯粹而线性的族源不免缺乏可行性与合理性。蒙古族源问题不能完全归结为成吉思汗所在蒙古部落的血缘系统。因此,理清蒙古族的发展脉络的主要线索,就是辨明各个时期蒙古族构成的特征。

古代传说讲述了山地部落时代蒙古部落的早期发展历程。备受蒙古史学界推崇的《元朝秘史》是这样祖述蒙古人的起源故事的:

当初元朝的人祖,是天生一个苍色的狼,与一个惨白色的鹿相配了。同渡过腾吉思名字的水,来到于斡难名字的河源头不儿罕名字的山前住着,产了一个人,名字唤作巴塔赤罕。

《蒙古秘史》是由明代白话所译,与今天的白话文尚有不少差别。巴塔赤罕是成吉思汗家族第一代祖先。不少北方古代民族崇奉苍狼图腾,这在传说中尤为常见,蒙古民族的传说也是如此。斡难河,又称为鄂嫩河、敖嫩河。《蒙古秘史》的这段传说将"斡难河"作为蒙古民族的发祥之地,并不非常妥当。因为,实际上蒙兀本部是在 10 世纪之后才聚居于斡难河畔的。蒙古族源问题的核心,是成吉思汗家族(即"黄金家族")所在的"蒙兀本部"的演变历程。在目前学术界中,"东胡说"开始为越来越多的研究者所接受。这一说法可以从民族地理学的角度得到相当充分的论证基础。法国学者勒内·格鲁塞对此解释道:

真正的蒙古人,从狭义上讲,该词的历史含义是指成吉思汗是其中一员的蒙古人,他们在今外蒙古东北,在鄂嫩河(斡难河)和克鲁伦(怯绿连)之间作季节性的迁徙。正如我们已经看到的那样,在随着成吉思汗的出现而将"蒙古"这一名称给予了整个种族的这些部落出现之前,历史上早就记载了那些几乎肯定是说蒙古语的各民族的存在,正像突厥人崛起之前,我们就发现了说突厥语的各民族一样……尽管在这些前蒙古民族中有许多民族建立起广泛的统治，但是，没有一支取得像真正的蒙古人（或者说成吉思汗的后裔）那样的世界性的名声。[①]

其实，作为早期"东胡"民族集团的一支，蒙兀本部最早的故乡是在中国东北呼伦湖一带。"蒙兀"本部最早见于汉文史籍，是两《唐书》所载的"蒙兀室韦"。室韦作为"东胡"民族的一支，很早就居住于我国东北地区。根据两《唐书》的记载分析，当时室韦各部落的居住区集中于俱轮泊（今呼伦湖）以东地区。"室韦乌素固等部落及西室韦居住在呼伦湖周围和额尔古纳河上游一带，大室韦部居住在额尔古纳河中下游地区，而蒙兀室韦的居地则应在额尔古纳下游之东、大兴安岭北端。"[②]而根据拉施特《史集》记载的传说，蒙古部族的直系祖先正是在逃避至额尔古纳河畔的山地后开始代代繁衍下来，可以说蒙古族的祖先最早是从山地部落发展起来。两相比照，充分证明了额尔古纳河东畔及大兴安岭北端一带才是蒙兀本部的发源地。

又据传说称，大约两千年前，蒙古部落的祖先们在部落战争中遭受重创，结果只剩下两男两女逃入人迹罕至的山中避难：

那里四周唯有群山和森林，除了通过一条羊肠小道，历尽艰难险阻可达其间外，任何一面别无途径。在这些山中间，有丰盛的草和气候良好的草原。这个地方名叫额尔古涅-昆。"昆"字意为"山坡"，而"额尔古涅"意为"险峻"；这个地方意即为"峻岭"，这两个人的名字为：捏古思和乞颜。他们和他们的后裔长时期居留在这个地方生息繁衍。[③]

对比中国的古文献记载，当时的蒙古部族作为"室韦"的一支，其风俗习惯与大兴安岭地区的其他少数民族大同小异，尚不具备明显的游牧民族特征。《隋书·北狄传》载云："室韦，契丹之类也。其南者为契丹，在北者号室韦……气候多寒，田收甚薄。无羊，少马，多猪牛。造酒食啖，与靺

---

① ［法］勒内·格鲁塞：《草原帝国》，商务印书馆 2002 年版，第 247—248 页。
② 韩儒林主编：《元朝史》，上册，人民出版社 1984 年版，第 5 页。
③ 拉施特：《史集》第一卷第一分册，商务印书馆 1983 年版，余大均、周建奇译，第 251 页。

鞣同俗。"崇山峻岭环抱着的山地，是逃避部族间残酷争斗的好地方，但生存的空间显得相对狭隘，这对于一个日渐壮大的部族而言，更是如此。因此，"从那个山隘里走到原野上"，正是蒙古族发展的必然趋势。

有唐一代，是蒙古部落从大兴安岭地区迁移到蒙古高原的关键时期。其历史背景便是公元 8—10 世纪室韦-达怛人大规模西迁运动①。到 10 世纪初期契丹辽国兴起之时，蒙古高原已成为室韦-达怛人的世界了。鞑靼与室韦名异实同，记载中的达怛人是蒙古部落兴起之前蒙古高原盛极一时的部族。因此，在蒙古统一漠北草原之前，"鞑靼"一名成为草原民族的代称。拉施特《史集》称之为"塔塔尔部落"，并强调：

> 尽管种种敌对和纷争盛行于他们中间，但他们在远古的大部分时间内，就已经是大部分蒙古部落和地区的征服者和统治者，以其伟大、强盛和充分受尊敬而出类拔萃。由于他们极其伟大和受尊敬的地位，其他突厥部落，尽管种类和名称各不相同，也逐渐以他们的名字著称，全都被称为塔塔尔（鞑靼）。这些不同的部落，都认为自己的伟大和尊贵，就在于跻身于他们之列，以他们的名字闻名。②

拉施特所云，其实触及了历史时期民族构成的基本要素之一，即民族心理认同。在蒙古部落兴起后，"蒙古"取代"鞑靼"成为蒙古高原新的主宰及民族凝聚核心。拉施特在《史集》中也十分明确地揭示出这一点。他指出：

> 正如现今，由于成吉思汗及其宗族的兴隆，由于他们是蒙古人，于是各有某种名字和专称的（各种）突厥部落，如札剌亦儿、塔塔儿、斡亦剌惕、汪古惕、客列亦惕、乃蛮、唐兀惕等，为了自我吹嘘起见，都自称为蒙古人，尽管在古代他们并不承认这个名字。这样一来，他们现今的后裔以为，他们自古以来就同蒙古的名字有关系并被称为（蒙古），其实并非如此，因为在古代，蒙古人（不过）是全体突厥草原部落中的一个部落……因为他们的外

---

① 关于这场迁移运动，详见《元朝史》第一章中"室韦-达怛各部的西迁及其分布"一节的内容。
② 《史集》第一卷第一分册，第 166 页。

貌、形状、称号、语言、风俗习惯和举止彼此相近(尽管在古代,他们的语言与风俗习惯略有差别),现在,甚至连乞台、女真、南家思、畏兀儿,钦察、突厥蛮、哈剌鲁、哈剌赤等民族,一切被俘的民族,以及在蒙古人中间长大的大食族,都被称为蒙古人。所有这些民族,都认为自称蒙古人,对于自己的伟大和体面是有利的。[①]

心理认同是民族共同体形成的一个极为重要的标志。各种草原部族都认同于"蒙古人",也就是新的大蒙古族形成的主要标志。1206 年,蒙古部首领铁木真在斡难河源召开大会,即大汗之位,他就是蒙古帝国的缔造者成吉思汗。大蒙古国与大蒙古汗的建立,标志着一个统一的蒙古民族共同体基本形成,这已成为当代蒙元史学界的共识。

志费尼在所著《世界征服者史》中曾大致描绘出蒙古部族起源地的空间范围:

　　鞑靼人的家乡,他们的起源和发祥地,是一个广大的盆地,其疆域在广袤方面要走七八个月的路程。东与契丹地接壤,西与畏吾儿国相连,北与吉利吉思和薛灵哥河分界,南与唐兀和土番为首邻。[②]

这个疆域范围几乎包括了统一之前的蒙古草原地区。当代著名蒙元史学家韩儒林先生依据地理方位将统一之前的蒙古草原各部落归为几大集团,对于我们了解当时的民族分布颇有提纲挈领之助益:

　　(1)以成吉思汗为首,以克鲁伦河、鄂嫩、土拉三河发源处为根据地的蒙古部落集团;

　　(2)呼伦、贝尔两湖及额尔古纳河一带的塔塔儿部落集团;

　　(3)土拉河流域的克烈集团;

　　(4)色楞格河下游的篾儿乞集团;

　　(5)阿尔泰山地区的乃蛮国。[③]

---

① 《史集》第一卷第一分册,第 166－167 页。

② 志费尼:《世界征服者史》(上册),内蒙古人民出版社 1980 年版,何高济译,翁独健校,第 23 页。

③ 韩儒林:《论成吉思汗》,《元史论集》,人民出版社 1984 年版,第 2 页。

　　蒙古高原部落集团的形成，与自然地理环境存在着极为密切的依赖关系，这种自然地理环境也就是决定蒙古草原部落分布特征的地理基础。在辽阔广袤的蒙古高原上，内部自然地貌并不是整齐划一的，而是多种多样的，如山地、草原、原始森林等。根据所处自然环境形态的差异，草原上的蒙古部落又可分为以下几大类：

　　一是山地部落。根据《史集》的记载："他们的营地在畏兀儿斯坦的险峻的山岭中。他们既非蒙古人，又不是畏兀儿人。因为他们生活在山岭特别多的地区，所以他们习惯走山路。他们全部擅长攀登崖壁。"[1]

　　二是游牧部落。地势平坦的草原是蒙古高原最典型的地貌形式。因此，与以往所有草原上的游牧民族一样，离开大兴安岭崇山峻岭的蒙古部族，其生活方式也逐渐与其他草原部落混同，过起了"以黑车白帐为家"的游牧生活。

　　三是森林部落。蒙古高原上分布着大片原始森林，生活在森林中的部落被称为"森林部落"，其生活方式和风尚与一般游牧民族存在着明显的差异。森林部落与非森林部落之间的差别，不在于血统与族类之区分，而完全源自自然生活环境的不同。

　　实际上，山地、平原、森林等自然地貌往往交错在一起，难以截然分开。对于蒙古各部族而言，决定他们生存空间的第一需要，不外乎食物与水源，而尤以后者的影响最明显。水是地球上一切生命之源，对于牧业民族来讲也是如此。每一个部落及其牲畜都离不开充足的水源。是否具有充足的水源，无疑是选择其居留区的首要条件。原始游牧民族缺乏人工凿井的技术，于是天然地表水汇集之处——如河流湖泊的附近——便成为部落禹儿惕最集中的地区。很多部落居留在河流沿岸。从某种程度上可以说，蒙古高原上地表水源的分布格局，与草原部落集团的分布格局是基本一致的。

　　以鞑靼部落集团为例，鞑靼部的根本禹儿惕便在贝加尔湖附近。另据《史集》记载："据说，塔塔儿、朵儿边、撒勒只温和合塔斤诸部联合在一

────────────

　　[1] 《史集》第一卷第一分册，第245页。

起时,他们全都住在几条河的下游。这些河汇流成昂可剌-沐涟河,这条河非常大;河上住着被称为兀速秃-忙浑的蒙古部落。……该河邻近一座名为康合思的城,并在那里与谦河(叶尼塞河)汇流。"①斡亦剌惕部落也是如此。"这些斡亦剌惕部落的禹儿惕和驻地为八河地区。在古代,秃马惕部住在这些河流沿岸。诸河从这个地区流出,(然后)汇成一条名叫谦河的河,谦河又流入昂可剌-沐涟河。这些河流的名称为:阔阔-沐涟、温-沐涟、合剌-兀孙、散必-敦、兀黑里-沐涟、阿合儿-沐涟、主儿扯-沐涟和察罕-沐涟。"②

我们从上述记载中可以清楚地看到以水系为核心形成的几个自然小区。如叶尼塞河流域居住着乞儿吉思部落。"乞儿吉思和谦谦州为相邻的两个地区;这两个地区构成一个地域。谦谦州是一条大河,这个地区一方面与蒙古斯坦相接,它的一条边界与泰亦赤兀惕诸部所在的薛灵哥河流域相接;另一方面与一条称为昂可剌-沐涟的大河流域相接,直抵亦必儿-失必儿地区边境。谦谦州的又一方面与乃蛮诸部所在的地区和群山相接。"③色楞格河流域又是草原部落十分重要的聚居地。"蒙语薛凉格一沐涟,由发源于蒙古地区杭爱岭东北麓的其洛图和额德尔两河汇流而成。它流经外贝加尔地区的最富饶的地区,因此两岸聚集了当地最稠密的人口。"④

闻名世界的历史巨著《马可波罗行纪》曾细致地描述当时蒙古族人的生活状况:

> 鞑靼冬居平原,气候温和而水草丰肥足以畜牧之地。夏居冷地,地在山中或山谷之内,有水林牧场之处。其房屋用竿结成,上覆以绳,其形圆,行时携带与俱,交结其竿,使其房屋轻便,易于携带。每次编结其屋之时,门皆向南。彼等有车,上覆黑毡,甚密,雨水不透。驾以牛驼,载妻儿于其中。妇女为其夫做一切应做之事,如买卖及家务之事皆属之。盖男子仅为打猎、练

---

① 《史集》第一卷第一分册,第165页。
② 《史集》第一卷第一分册,第192—193页。
③ 《史集》第一卷第一分册,第245页。
④ 《史集》第一卷第一分册,第287页,译者注。

鹰,作适于贵人之一切武事也。彼等以肉、乳、猎物为食,凡肉皆食,马、犬、鼠、田鼠之肉,皆所不弃,盖其平原窟中有鼠甚众也。①

研究者认为,生活在草原上的蒙古民族以不断迁徙为生活之常态。如格鲁塞认为:"从蒙古人的生活方式上看,在 12 世纪末期,他们从理论上可能已经区分为草原畜牧部落和森林渔猎部落。从蒙古－西伯利亚的边境上,蒙古人的家确实是在南部的草原地带(不远处是沙漠)和北部的森林地带之间的马背上……草原部落,特别是游牧的部落,为追逐草场而作定期迁徙,在停留之地支起法国人(不正确地)称为'禹儿惕'的毡制帐蓬。"②但是,随着蒙古民族的统一与力量壮大,他们的足迹再也不会局限于蒙古草原之内了。追随着蒙古骑兵的兵锋所向,蒙古民族也离开了大漠南北,奔向更为广阔无垠的欧亚大陆。这才算得上是真正具有世界影响力的民族大迁徙。

第二节　蒙古族的经济形态、南迁与分布状况

成吉思汗是蒙古民族光辉历史的开创者,他率领的蒙古骑兵创造了世界军事史的奇迹。他的军事才能享有极为崇高的声誉。如志费尼就称赞说:"说实话,倘若那善于运筹帷幄、料敌如神的亚历山大活在成吉思汗时代,他会在使用计策方面当成吉思汗的学生,而且,在攻城略地的种种妙策中,他会发现,最好莫如盲目地跟成吉思汗走。"③公元 1206 年,蒙古汗国完成内部统一之后,很快便开始四处大举攻伐,在将近半个世纪的时间里,建立起疆域辽阔的蒙古大帝国。公元 1227 年,在成吉思汗病死后不久,西夏国灭亡。公元 1234 年,在蒙古与宋朝军队的夹击下,金哀宗自杀,金朝灭亡。公元 1253－1254 年,蒙古军队攻陷大理等段氏政权中心城市,段氏大理国被征服。公元 1276 年,宋廷残部在走投无路的情况下,

---

① 马可·波罗:《马可波罗行纪》,上海古籍出版社 2014 年版,冯承钧译,第 721 页。
② ［法］勒内·格鲁塞:《草原帝国》,第 249－250 页。
③ 《世界征服者史》上册,第 27 页。

向蒙古军队交递了降表,南宋国亡。至此,蒙元王朝的疆域拓展取得了全面的胜利。

疆域拓展的过程,必然伴随着各民族人民较大规模的迁移运动。同时,蒙古族作为统治民族,为控制幅员辽阔的疆域,必须分布于各地,因此,当时迁徙运动的主导部分就是蒙古人的内迁运动。根据学者们的研究结论,元代蒙古人南迁的形式主要有如下几种类型:

第一,征战戍守。这是蒙古族人南迁的主要原因。蒙古族社会组织的重要特征便是兵民合一,"全民皆兵",所有成年男子都有义务从军出征,而且出征之时,所有家眷均随军转迁,"以营为家",家眷老小组成的后勤保障集团特设"奥鲁"(蒙古语"老小营"之音译)统管。也就是说,蒙古军队征战到哪里,其家眷也就跟随到哪里,军队驻守之地也就成为蒙古军人家庭的迁居之地。蒙古军队长期戍守之地,也就成为蒙古部族新的迁入地。随着蒙古军队的节节胜利,蒙古部族也遍布长城内外、大江南北。

第二,分封藩镇。从大蒙古汗国创建伊始,成吉思汗便将大片领地分封给亲族与功臣。蒙古亲王与贵族大都领有大批蒙古牧民,分封之时,必然引起规模不小的人口迁移。元朝建立后,忽必烈及后继的皇帝都分封自己的皇子为王,分镇一方,诸王的部属必然随之转迁四方。牙忽都,为拖雷之子,"岁丁巳(公元1317年),分土诸侯王,赐蠡州三千三百四十七户,为其食邑"。① 脱欢,为忽必烈之子,被封为镇南王,出镇扬州。后脱欢之子帖木儿不花袭封为镇南王。至天历二年,帖木儿不花让与其弟孛罗不花,自己又改封为宣让王,移镇于庐州。② 宽彻普化,也为镇南王脱欢之子,泰定三年,被封为威顺王,镇守于武昌。③

第三,为官出仕。为维护本民族的统治地位,元朝官府特别规定,各地最高行政长官——达鲁花赤均由蒙古人担任,大批蒙古官员及其家属在长期仕宦生涯后,往往会选择某一地定居下来,从而转为移民。这类事例不胜枚举。

---

① 《元史》卷一一七《牙忽都传》,第2908页。
② 《元史》卷一一七《帖木儿不花传》,第2912页。
③ 《元史》卷一一七《宽彻普化传》,第2910页。

　　第四，遇难流离。在天灾人祸的逼迫下，蒙古草原的牧民被迫南迁避难，每次大灾过后，南迁的蒙古灾民的数量常达数万甚至数十万之多。南迁之后，许多牧民在汉地留居下来，有些甚至充当奴隶，他们也构成了一类特殊的移民。

　　第五，获罪流徙。根据元朝法律，包括蒙古人在内的"北人"犯罪后，往往被流放到南方边远之地。如元朝官府将许多曾参与叛乱的蒙古族将领与士兵迁到江南地区，并集中于一地管理。这些蒙古族将士及家眷往往在当地定居下来，形成了特殊的移民。[①]

　　笔者以为，正如研究者已指出的那样，在上述几类迁移类型中，影响最大、最具研究价值的还是第一种方式，即征战戍守，也就是我们探讨的主要内容。与大多数游牧部族相仿，蒙古部族在社会组织上的一个突出特征，便是兵即是民，民即是兵，兵民合一。据《元史·兵志》所载："若夫军士，则初有蒙古军、探马赤军。蒙古军皆国人，探马赤军则诸部族也。其法，家有男子，十五以上、七十以下，无众寡尽签为兵。十人为一牌，设牌头，上马则备战斗，下马则屯聚牧养。"[②]元朝军队的民族成分十分复杂，依其民族大致分为蒙古军、探马赤军、汉军、新附军等几类。探马赤军即是漠南蒙古五部族众所组成的军队。[③]

　　诸军之中，以蒙古军在镇戍制度中最为稳定，"以营为家"。这些蒙古军士在征战过程中均携带家眷同行，"尽室而行"。与蒙古军制相对应，蒙古部落中很早建立了"奥鲁"制度，其职责在于补充蒙古军队的兵员损失与物资消耗。[④] 与蒙古骑兵相伴而行，是由老幼妇女们所组成的"营盘"，或称为"老小营"，由此，蒙古军队的征战历程，也就可视为蒙古部落的迁移运动。同时，蒙军迁入中原各地后，"驻戍之兵，皆错居民间"，很自然地成为当地居民的组成部分。[⑤] 因此，蒙古军队的部署与其民族人口分布

---

　　① 罗贤佑：《元代蒙古族人南迁活动述略》，《民族研究》1989 年第 4 期，第 78－85 页；吴松弟：《中国移民史》第四卷第十五章第一节《蒙古人的迁移》，福建人民出版社 1997 年版。

　　② 《元史》卷九八《兵志一》，第 2508 页。

　　③ 陈高华：《论元代的军户》，《元史论丛》第一辑。

　　④ 钮希强：《蒙元时期奥鲁制度的发展与演变》，《内蒙古农业大学学报》（社会科学版）2009 年第 4 期。

　　⑤ 姚燧：《千户所厅壁记》，《牧庵集》卷六，《景印文渊阁四库全书》。

有着直接而紧密的关系。通过理清其军队部署情况，我们就可以从一个侧面了解当时蒙古民族的分布状况。

究其大端而言，元朝蒙古族兵士可分为两大类：一为宿卫京师与皇帝行宫的禁军，一为分布于全国各重镇的戍兵。《元史·兵志》又称："宿卫者，天子之禁兵也。元制，宿卫诸军在内，而镇戍诸军在外，内外相维，以制轻重之势，亦一代之良法哉！"①关于元代宿卫兵士数量上的变化，该《兵志》又称："若夫宿卫之士，则谓之怯薛歹，亦以三日分番入卫。其初名数甚简，后累增为万四千人……是故一朝有一朝之怯薛，总而计之，其数滋多，每岁所赐钞币，动以亿万计，国家大费每敝于此焉。"②由此可知，元代宿卫军士的数量相当可观，因之聚集于元大都（今北京）及各行宫之地的蒙古军及其家眷的数量也不可低估。

元朝占领中原地区后，最高统治者即在全国范围内实行镇戍制度，派遣蒙古军士分别驻守天下重镇。又据《元史·兵志》所载，关于元初对天下屯戍之地的规划与确定，可以分为两个阶段：

第一阶段是从至元十五年（公元 1278 年）开始。"（至元十五年）十一月，定军民异属之制，及蒙古军屯戍之地（笔者按：这应是元朝镇戍制度形成的标志）。……士卒以万户为率，择可屯之地屯之，诸蒙古军士，散处南北及还各奥鲁者，亦皆收聚。命四万户所领之众屯河北，阿术二万户屯河南。"③

第二阶段是在至元十九年（公元 1282 年）攻克江南地区后。如枢密院大臣曾指出："自至元十九年，世祖命知地理省院官共议，于濒海沿江六十三处安置军马。"④

关于元朝军队屯戍的地理分布特征，《元史·兵志》又载云："世祖之时，海宇混一，然后命宗王将兵镇边徼襟喉之地，而河洛、山东据天下腹心，则以蒙古、探马赤军列大府以屯之。淮、江以南，地尽南海，则名藩列

---

① 《元史》卷九九《兵志二》，第 2523 页。
② 《元史》卷九九《兵志二》，第 2525 页。
③ 《元史》卷九九《兵志二》，第 2540 页。
④ 《元史》卷九九《兵志二》，第 2550 页。

郡,又各以汉军及新附等军成焉。"①推其大意,当时元朝军事力量的分布特征与军队民族成分似乎有很强的对应关系,即蒙古、探马赤军等屯列于河洛、山东等"腹心"地带,而汉军与新附军等则主要分布于江淮以南,直到南海的大片地区。

上述记载应来自《元文类》卷四一所引《屯戍》条:

国初征伐,驻兵不常其地,视山川险易、事机变化而位置之,前却进退无定制。及天下平,命宗王将兵镇边徼襟喉之地(如和林、云南、回回、畏吾儿、河西、辽东、扬州之类——原注),而以蒙古军屯河洛、山东,据天下腹心,汉军、探马赤军戍淮、江之南,以尽南海,而新附军亦间厕焉。蒙古军即营以家,余军岁时践更,皆有成法。独南三行省(应指河南江北行省、江浙行省及湖广行省)不时请移彼置此,枢密院必以为初下南时,世祖命伯颜、阿术、阿塔海、阿里海牙、阿剌罕与月儿鲁孛罗辈所议定六十三处兵也,不可妄动,奏却之。此其概也。②

依据《元史》《元文类》的上述记载,蒙古军士与探马赤军的屯戍地主要集中于河洛与山东之地,而汉军与新附军镇戍南方地区。而与其他史料参证,这种说法显然是不全面的,其实蒙古军士的镇戍之地相当广泛,遍布于全国各地,与探马赤军、汉军等共同形成了几大重要的屯戍区域。现谨将《元史·兵志》所记录的重要屯戍区列出如下:

一是"腹里"及燕京周边地区(即所谓"燕京近地")。元朝中书省管辖山东、山西以及河北之地,号称"腹里",或称"腹心",大都(即今北京市)附近更是咽喉之地,重中之重了。《元史·地理志》称:"中书省,统山东、西、河北之地,谓之'腹里',为路二十九,州八,属府三,属州九十一,属县三百四十六。"③中书省所统之地,即为"腹里",跨山东、山西、河北三省之地,覆盖地域面积相当广大。如中统元年(公元1260年)十一月,命右三部尚书怯烈门、平章政事赵璧领蒙古、汉军,于燕京近地屯驻;平章塔察儿领武

① 《元史》卷九九《兵志二》,第2538页。
② [元]苏天爵编:《元文类》卷四一,江苏书局光绪十五年。
③ 《元史》卷五十八《地理志一·中书省》,第1347页。

卫军一万人,屯驻北山。复命怯烈门为大都督,管领诸军勾当,分达达军为两路,一赴宣德(府,后改为顺兴府,治今河北张家口市宣化区)、德兴(治今河北涿鹿县),一赴兴州(治兴化县,在今河北承德市西南)。后复以兴州达达(同"鞑靼")军合入德兴、宣德。

二是陕西行省。元中统三年(公元1262年),始建陕西四川行省,治于京兆(今陕西西安市)。至元二十三年,四川单独设省。为了加强行省所在地的军事力量,陕西行省官员曾要求将驻扎于凤翔的蒙古军都万户府迁往行省治所。如泰定四年三月,陕西行省尝言:"奉元(今陕西西安市)建立行省、行台,别无军府,唯有蒙古军都万户府,远在凤翔(今陕西凤翔)置司,相离三百五十余里,缓急难用。乞移都万户府于奉元置司,军民两便。"及后陕西都万户府则表示反对:"自大德三年命移司酌中安置,经今三十余年,凤翔离大都、土番、甘肃俱各三千里,地面酌中,不移为便。"枢密院官员赞同后者的意见,理由是:"陕西旧例,未尝提调兵马,况凤翔置司三十余年,不宜移动。"①

三是湖广等处行中书省。至元十一年,蒙古军攻克湖广各州县后,即于鄂州立荆湖等路行中书省,称为"鄂州行省"。至元十四年,又于潭州立行省,将鄂州行省并入潭州行省,称为"潭州行省"。至元十八年,又将潭州行省治所迁往鄂州,而潭州成为湖南道宣慰司治所在地。潭州一带是蒙古统治者控制两湖地区的军事重镇。如至元十七年,复以扬州行省四万户蒙古军,更戍潭州。至元十八年二月,以合必赤军三千戍扬州。至元二十一年四月,诏潭州蒙古人依扬州例,留一千人,余悉放还诸奥鲁。

成宗元贞元年七月,枢密院在上奏中指出了湖广行省兵力重新调整的问题:"刘二拔都儿言,初鄂州省安置军马之时,南面止是潭州等处,后得广西海外四州,八番洞蛮等地,疆界阔远,阙少戍军,复增四万人。今将元属本省四翼万户军分出,军力减少。臣等谓刘二拔都儿之言有理……乞命通军事、知地理之人,同议增减安置,庶后无弊。"②文中所指四万军士应为蒙古军、探马赤军与汉军、新附军等共同组成。

---

① 《元史》卷九九《兵志二·镇戍》,第2549—2550页。
② 《元史》卷九十九《兵志二·镇戍》,第2545页。

四是江淮以及江浙行省区。江淮等处行中书省设置于至元十三年，治于扬州。至元二十一年，江淮行省迁治于杭州，改为江浙行省。江淮地区为元朝军队重点镇遏防御之地，故而这一地区部署的军队数量也最为集中。如至元二十年八月，留蒙古军千人戍扬州，余悉纵还。而原来扬州所有蒙古士卒达九千人。又如《元史·世祖纪》记载，至元二十二年二月，"诏改江淮、江西元师招讨司为上、中、下三万户府，蒙古、汉人、新附诸军，相参作三十七翼。上万户：宿州、蕲县、真定、沂郯、益都、高邮、沿海，七翼；中万户：枣阳、十字路、邳州、杭州、怀州、孟州、真州，八翼。下万户：常州、镇江、颖州、庐州、亳州、安庆、江阴水军、益都新军、湖州、淮安、寿春、扬州、泰州、弩手、保甲、处州、上都新军、黄州、安丰、松江、镇江水军、建康，二十二翼。翼翼设达鲁花赤、万户、副万户各一人，以隶所在行院"。

到至元二十七年十一月，江淮行省官员又上言要求增加当地的军备力量："……今福建盗贼已平，惟浙东一道，地极边恶，贼所巢穴，请复还三万户以镇守之。合刺带一军戍沿海、明、台，亦怯烈一军戍温、处，札忽带一军戍绍兴、婺州……扬州、建康、镇江三城，跨据大江，人民繁会，置七万户府。杭州，行省诸司府军所在，置四万户……"①又据泰定四年十二月枢密院奏言，因系冲要重地，扬州就配置有五翼军马并炮手、弩军。至元末，亲王脱欢太子亲自率军镇遏扬州，提调四省军马，足见扬州军事地位之重要与驻军之多。

五是河南江北等处行中书省。河南地区原属江淮行省区，治于扬州（治今江苏扬州市）。后改为河南江北行省，治于汴梁（即今河南开封市）。扬州之地仍属河南江北行省。据《元史·地理志》记载：至元二十八年，"以濒河而南，大江以北，其地冲要，又新入版图，置省南京（金朝以汴梁府为南京）以控治之"。出于地域广大，治理难度大，河南行省官员多次上书要求增加镇戍兵力。如延祐四年四月，河南行省官员在奏言中讲到："本省地方宽广，关系非轻，所属万户府俱于临江沿淮上下镇守方面，相离省府，近者千里之上，远者二千余里，不测调度，卒难相应。况汴梁系国家腹

———————————
① 《元史》卷九十九《兵志二·镇戍》，第2544页。

心之地,设立行省,别无亲临军马,较之江浙、江西、湖广、陕西、四川等处,俱有随省军马,惟本省未蒙拨付。"①这一请求得到了皇帝的批准,即从山东河北蒙古军、河南淮北蒙古军两都万户府中调拨一千人,作为河南行省的随省军马。时至泰定四年十二月,河南行省官员又上言道:"所辖之地,东连淮、海,南限大江,北抵黄河,西接关陕,洞蛮草贼出没,与民为害。本省军马俱在濒海沿江安置,远者二千,近者一千余里,乞以炮手、弩军两翼,移于汴梁,并各万户府摘军五千名,设万户府随省镇遏。"这次他们的请求遭到了枢密院官员的反对,理由是河南行省周边地区驻有大量军队可供接应:"设若河南省果用军,由不塔剌吉所管四万户蒙古军内,三万户在黄河之南、河南省之西,一万户在河南省之南,脱别台所管五万户蒙古军俱在黄河之北、河南省东北,阿剌铁木儿、安童等两侍卫蒙古军在河南省之北,共十一卫翼蒙古军马,俱在河南省周围屯驻。又本省所辖一十九翼军马,俱在河南省之南,沿江置列。果用兵,即驰奏于诸军马内调发。"②河南行省本省及周边地区合计竟有 30 翼军马,自然没有再继续增兵的必要了。

在刀光剑影、血雨腥风之后,对于蒙古帝国的历史贡献,研究者们给予了客观的评价:"蒙古人几乎把亚洲全部联合起来,开辟了洲际的通路,便利了中国和波斯的接触,以及基督教和远东的接触……从蒙古人的传播文化来说,差不多和罗马人传播文化一样有益。对于世界的贡献,只有好望角的发现和美洲的发现才能够在这一点上与之比拟。这是一个足称为马可·波罗的世纪。"③蒙古骑兵驰骋在欧亚大陆之上,在血雨腥风之后,许许多多的蒙古人也离开了发祥之地,在被征服的地方定居了下来。针对这种状况,法国著名学者格鲁塞曾发出疑问:蒙古人的行动是"迁移还是侵入"呢？这显然触及了有关"迁徙"定义的学术问题。格鲁塞本人对此提出了否定的答案:"因为成吉思汗朝所征服的范围过于广大,不能在人种上发生有持久性的或者至少是看得出来的后果。蒙古各部落,因

---

① 《元史》卷九九《兵志二·镇戍》,第 2549 页。
② 《元史》卷九九《兵志二》,第 2550 页。
③ [法]雷纳·格鲁塞:《蒙古帝国史》,商务印书馆 1989 年版,龚钺译,翁独健校,第 278 页。

为草原荒寒而时常徙移，本来就足够分散的了，忽然忙于补充在中国、波斯、突厥斯坦和突厥罗斯的政治和军事人员，他们在这些地方简直是完全被隐没了。"①显然，格鲁塞以文化影响来衡量迁徙问题与我们对于"迁徙"定义的理解有着一定的差距。对于蒙古本民族而言，为了保持征服之后的成果，他们必须进行迁徙，而正是由于人数与当地土著居民的比例过分悬殊，蒙古人的入居是具有巨大风险的。这也被以后的历史事实所证明。例如，即使是蒙古军队遍布大江南北之后，但时至元朝末年，蒙古统治阶层再也无法控制日益高涨的抵抗浪潮，被迫退回了蒙古草原。然而，没有迁徙，就不可能有蒙古帝国的辉煌历史，也就没有对于世界历史的重要贡献了。

第三节　蒙古屯田移民与经济生活形态转变

在汉文史籍中，我们可以看到相当丰富的蒙古民族的早期史料，这些史料为我们描述了蒙古民族早期的经济形态。如契丹民族的发展早于蒙古民族，而在契丹人眼里，蒙古人当时还是一个非常纯粹的游牧民族，生活方式相当简单与原始。《契丹国志》称："正北至蒙古里国。无君长所管，亦无耕种，以弋猎为业，不常其居，每四季出行，惟逐水草，所食惟肉酪而已。不与契丹争战，惟以牛、羊、驼、马、皮、毳之物与契丹为交易。南至上京四千余里。"②

对于蒙古早期较为原始的历史阶段，《元史·百官志》的作者也坦白地承认称："元太祖起自朔土，统有其众，部落野处，非有城郭之制，国俗淳厚，非有庶事之繁，惟以万户统军旅，以断事官治政刑，任用者不过一二亲贵重臣耳！……其牧民者，则曰路，曰府，曰州，曰县。官有常职，位有常员，其长则蒙古人为之，而汉人、南人贰焉。于是一代之制始备，百年之间，子孙有所凭借矣。"③我们看到，蒙古历史上及元朝各项制度的建立与

---

① 《蒙古帝国史》，第 279 页。
② ［宗］叶隆礼撰：《契丹国志》卷二二《州县载记》，中华书局 2014 年版，贾数颜、林荣生点校，第 238—239 页。
③ 《元史》卷八五《百官志》，第 2119—2120 页。

完善，都有一个客观的、逐渐发展的演变过程。而其早期则是一个军政合一的管理体系。直到进入中原地区之后，则开始接受郡县制度，而在接受郡县制度的同时，也意味着生产生活方式的全面性的改变。

史料记载，在元世祖继位之后，元朝官府提出以"农桑为本"的政策，即大力鼓励发展农业生产。如《元史》卷九三《食货志》称：

> 太祖起朔方，其俗不待蚕而衣，不待耕而食，初无所事焉。世祖即位之初，首诏天下，国以民为本，民以衣食为本，衣食以农桑为本。于是颁《农桑辑要》之书于民，俾民崇本抑末。其睿见英识，与古先帝王无异，岂辽、金所能比哉？[①]

所谓"本"，就是农业，而"末"即为工商业。元朝从世祖忽必烈开始，提倡"国以民为本，民以衣食为本，衣食以农桑为本"，即可谓号召全国百姓向农耕生活方式的全面转变，其重点号召对象当然是进入中原汉地的游牧族群。

在蒙古生产生活方式的转变过程中，"移民屯田"活动发挥了极其重要的作用。许多研究者已关注到这个问题[②]。蒙古军队的构成十分复杂，而在蒙古军队四处征战、开疆拓土的同时，自身粮饷的供给问题变得越来越沉重，因此，在进入中原腹地之后，军队在征战之余的屯田之行动似乎早已开始。

《元史》卷二《太宗纪》记载："癸卯年（1243 年），春正月，张柔分兵屯田于襄城（今河南襄城县）。""秋后，命张柔总兵戍杞（今河南杞县）。"

《元史》卷三《宪宗纪》："三年（1253 年），癸丑春正月，汪田哥修治利州（治今四川广元市），且屯田，蜀人莫敢侵轶。"

根据《元史·世祖纪》记载，正是在元世祖忽必烈的建议之下，元宪宗时期开始着手大规模地开展军事屯田活动，且耕且战。岁壬子（公元1312 年），"立经略司于汴（今河南开封市），以莽格、史天泽、杨惟中、赵璧为使，陈纪、杨果为参议，俾屯田唐、邓等州，授之兵、牛。敌至则御敌，去则耕，仍置屯田万户于邓，完城以备之"。岁癸丑（公元 1313 年），"又奏割

---

①　《元史》卷九三《食货志》，第 2354 页。
②　张金铣：《元代屯田研究述评》，《古今农业》2014 年第 3 期。

河东解州盐池,以供军食,立从宜府于京兆,屯田凤翔,募民受盐入粟,转漕嘉陵"。屯田万户的出现,足以证明蒙古政权当时的屯田活动已经开始向制度化、规模化方向发展。"以河南屯田万户史权为江汉大都督,依旧戍守。"[1]于是,河南、陕西、四川等地具有广袤良田的地方成为蒙古军队开展屯田活动的首选之地。

在元世祖忽必烈继位之后,屯田行动更是在全国范围内展开。《元史》卷一百《兵志·屯田》称:

> 古者,寓兵于农,汉、魏而下,始置屯田,为守边之计。有国者善用其法,则亦养兵息民之要道也。国初,用兵征讨,遇坚城大敌,则必屯田以守之。海内既一,于是内而各卫,外而行省,皆立屯田,以资军饷。或因古之制,或以地之宜,其为虑盖甚详密矣!……由是而天下无不可屯之兵,无不可耕之地矣![2]

根据研究者的研究与统计,元代全国共有屯田军民 220 000 余户(人),屯田 124 800 余顷。其中,军屯占 47%,民屯约占 44%,军民合屯约占 9%[3]。根据《元史·兵志》记载,有元一代,元朝国内屯田区分布情况大致如表 10—1。

表 10—1　　　　　　　　　　　元朝屯田区分布概况

管理机构名称	屯田区(处所)名称	处所数量
枢密院	左卫屯田、右卫屯田、中卫屯田、前卫屯田、后卫屯田、武卫屯田、左(右)翼屯田万户府、右翼屯田万户府、忠翊侍卫屯田、左(右)钦察卫屯田、左卫率府屯田、宗仁卫屯田、宣忠扈卫屯田	13
大司农司	永平屯田总管府、营田提举司、广济署屯田	3
宣徽院	淮东淮西屯田打捕总管府、丰闰署、宝坻屯、尚珍署	4

---

① 《元史》卷四《世祖纪一》,第 75 页。
② 《元史》卷一百《兵志·屯田》,第 2558 页。
③ 梁方仲:《中国历代户口田地田赋统计》之乙表 26《元代屯军屯民人户数及屯田亩数》,中华书局 2008 年版,第 448—458 页;引自赵亚婷:《元代屯田研究》,内蒙古民族大学 2019 年硕士学位论文,第 49—50 页。

管理机构名称	屯田区（处所）名称	处所数量
腹里	大同等处屯储总管府屯田、虎贲亲军都指挥使司屯田	
岭北行省	称海、五条河	2
辽阳等处行中书省	大宁路海阳等处打捕屯田所、浦峪路屯田万户府、金复州万户府屯田、肇州蒙古屯田万户府	4
河南行省	南阳府民屯、洪泽万户府屯田、芍陂屯田万户府户德安等处军民屯田总管府	3
陕西等处行中书省	陕西屯田总管府、陕西等处万户府屯田、贵赤延安总管府屯	3
甘肃等处行中书省	宁夏等处新附军万户府屯田、管军万户府屯田、宁夏营田司屯田、宁夏路放良官屯田、亦集乃屯田	5
江西等处行中书省	赣州路南安寨兵万户府屯田	1
江浙等处行中书省	汀、漳屯田	1
四川行省	广元路民屯、叙州宣抚司民屯、绍庆路民屯、嘉定路民屯、顺庆路民屯、潼川府民屯、夔路总管府民屯、重庆路民屯、成都路民屯、保宁万户府军屯、叙州等处万户府军屯、重庆五路守镇万户府军屯、夔路万户府军屯、成都等处万户府军屯、河东陕西等路万户府军屯、广安等处万户府军屯、保宁万户府军屯、叙州万户府军屯、五路万户府军屯、兴元金州等处万户府军屯、随路八都万户府军屯、旧附等军万户府军屯、炮手万户府军屯、顺庆军屯、平阳军屯、遂宁州军屯、嘉定万户府军屯、顺庆等处万户府军屯、广安等处万户府军屯	29
云南行省	威楚提举司屯田、大理金齿等处宣慰司都元帅府军民屯、鹤庆路军民屯田、武定路总管府军屯、威楚路军民屯田、中庆路军民屯田、曲靖等处宣慰司兼管军万户府军民屯田、乌撒宣慰司军民屯田、临安宣慰司兼管军万户府军民屯田、梁千户翼军屯、罗罗斯宣慰司兼管军万户府军民屯田、乌蒙等处屯田总管府军屯	12
湖广等处行中书省	海北海南道宣慰司都元帅府民屯、广西两江道宣慰司都元帅撞兵屯田、湖南道宣慰司衡州等处屯田	3

　　屯田制度从根本上讲是一种"兵农合一"的制度，历史悠久。然而，这

种制度在元朝时期的普遍出现，从一定程度上可以说，是对蒙古政权的军队面貌及经济生活形态的一种颠覆性的改变。众所周知，蒙古民族最初以兵卫起家，全民皆兵，其经济社会生活的特征与实质仍是早期游牧业。迁入中原地区之后，其原有的游牧业形态必然迎来严峻的挑战，顺势而为，理所当然。屯田制度的实施，不仅是为了解决军粮问题，同时也是对于中原地区农耕业经济的最大的肯定，从而也从根本上完成了草原游牧业向平原农耕业的转变。这无疑是一种巨大的进步。

元代屯田在民族迁徙史上的贡献更是不可磨灭的。如据研究者称，元代屯田"造成各民族更广泛、更密切的接触，最后出现一些民族的融合"。"元代的屯田为民族融合起了调节器的作用。"民族融合是双向的。"汉族与各少数民族之间通过屯田，促进民族交往和融合，形成我中有你、你中有我；彼此之间互相依存、互相渗透；在历史发展中，关系愈来愈密切，形成了难以分割的血肉联系。"①从根本上讲，共同的经济生活是民族形成与发展的基础，民族融合与文化建设必然建立在经济基础之上。农耕业是华夏文明的物质基础。中原以及南方地区的农耕业经过数千年的发展，已成为最适宜与最先进的经济生活形态，进入中原地区的各个民族移民学习与接受农耕业，对于其学习与接受华夏文化是大有裨益的，进而也为民族文化的融合发展创造了良好的条件。

---

① 蔡志纯：《略论元代屯田和民族迁徙》，《民族研究》2002 年第 4 期。

第十一章

❖

满族的迁移历史与经济生活变迁

民族发祥之地，未必是地理及生存条件非常优越的区域。

许多重要的少数民族崛起于东北地区，再内迁至中原地区。

而在传统时代，白山黑水之地的生存条件是相当困苦的。

——作者题记

对中国民族史缺乏了解的人们常常会以为中国的历史主要是华夏（汉）族的历史，这是一种莫大的误解。中国的历史是历史时期中国境内各民族共同创造的历史。数千年来，各民族的先民们在这片土地上共同生活，交汇融合，彼此的历史根本无法分割开来。不少非汉民族创造出不少民族历史发展的奇迹，除蒙古人开创震惊世界的蒙古大帝国之外，由满族开创的最后一个王朝——清朝——在民族发展与疆域建设上也取得了相当辉煌的成就。

从明末清初开始，满族的逐步崛起与日渐发展，与其生产生活方式的变迁同步，也与其较彻底的迁徙活动同步。可以说，这一迁徙活动不仅改变了一个民族的命运与发展轨迹，也改变了中国历史的面貌。

崛起于白山、黑水之畔的女真人，随着武力的强盛与军事上的节节胜利，不仅形成了庞大的新民族共同体——满族，同时，其居住地域也从东北地区逐步向全国范围扩展与延伸。与元朝蒙古族的分布有些相似之处，满族在全国的分布与其军事力量的布防有密切的联系，而且京畿地区依然是满族八旗军士及其家眷最为集中的区域。与此同时，满族人民的生产生活方式也发生了天翻地覆的变化。

第一节　满族早期迁徙与原始经济生活状况

> 长白龙干西南来,灵山启运神堂开。
>
> 源远流长绵奕世,骈蕃禔祉皇图培。
>
> 肇祖衣冠秘陵室,三祖元宫千载谧。
>
> 仇成不共何忍言,七恨兴师此第一。
>
> ——[清]乾隆皇帝《恭瞻启运山作歌》

满族的前身为创立金朝的女真(或称为女直)人的后裔,满族统治阶层也以祖述金朝政绩为荣,山海关外的满族政权长期以"后金"为号。乾隆皇帝亲自指导了《满洲源流考》等满族早期历史著作的编撰。他在谈到祖先历史时,就明确认定:

> 顷阅《金史·世纪》云:金始祖居完颜部,其地有白山、黑水。白山即长白山,黑水即黑龙江,本朝肇兴东土,山川锺毓,与大金正同。①

长白山麓是满族的发祥地,长白山因而也成为满族人民心中的"圣山"。康熙十七年(公元 1678 年),康熙皇帝御封"长白山之神"的名号②。虽然我们不能据此将满族定性为"山地民族",然而长白山在满族历史文化中的影响是崇高无比的。关于长白山一带的自然环境特点,《清太祖实录》载称:

> 先世发祥于长白山。是山高二百余里,绵亘千余里,树峻极之雄观,萃扶舆之灵气。山之上有潭,曰阔门,周八十里,源深流广。鸭绿、混同、爱滹三江之水出焉。鸭绿江自山南西流,入辽东之南海。混同江自山北流入北海,爱滹江东流,入东海……山之东有布库里山,山下有池曰布尔湖里……③

满、汉文对照《满洲源流》一书也指出:"满洲原起于长白山之东北布库哩山下一泊,名布勒瑚里(即今镜泊湖)。"④山水相连,江山如画,发祥

---

① 《钦定满洲源流考》卷首上谕,《景印文渊阁四库全书》。
② 《钦定满洲源流考》卷十四。
③ 《清实录·太祖实录》卷一,中华书局 1986 年版,第 21—22 页。
④ 《满洲实录》,中国台北华文书局股份有限公司 1969 年版,第 2 页。

地域优美的自然环境让满族先民们十分骄傲与自豪。综合多次实地勘察结果,撰著乾隆《大清一统志》等书的清代学者们曾对长白山周边环境进行了全面的描述:

> (长白山)在吉林城东稍南六百里,即果勒敏珊延阿林,横亘千余里,东自宁古塔,西至奉天府诸山,皆发脉于此,山巅有潭,为鸭绿、混同、图们三江之源,古名不咸山,亦名太白山,亦名白山……其巅不生他树,草多白花,南麓蜿蜒磅礴,分为两干,其一西南指者,东界鸭绿江,西界佟家江,麓尽处两江会焉。其一绕山之西而北,亘数百里,以其为众水所分,旧志总谓之分水岭,今则西至兴京边。茂树深林,幕天翳日者,土人呼为纳噜窝集,从此西入兴京门,遂为启运山……其间因地立名,为山为岭者不一,要皆此山之支裔也。山之灵异,自昔称名,而神圣发祥,于此为盛,万禩鸿基,与山无极矣。①

长白山脉是位于今天中朝边界的巨大山系,堪称东北地区的"第一山",支脉众多,覆盖面积广大。按其走向,长白山南麓支脉可分为两系:一是西南方向诸山,止于鸭绿江与佟家江(今浑河)汇合处;二是西北方向诸山,止于兴京地界的开运山。

开运山,又称为"启运山",从长白山巅至启运山一线,正是满族先民后来迁徙的路线。显然,无论满族的皇族大臣们如何歌颂与神祕化长白山,有一个道理是不言自明的:如果满族的先民们没有选择离开长白山,那么,后来所有的伟业恐怕都是一场幻梦而已。正是向外的民族迁徙,才使满族走向了强大与繁盛,因此,更准确地讲,迁徙之路才是满族先民的"启(开)运之路"。大迁移带来了民族大发展的光明前景。名山大川也成为满族先民发祥地自然环境的重要标志。

> 臣等谨案高山肇迹,丰水贻谋。自古王业所兴必有名山大川,扶舆蜿蟺,以翊昌运,而巩丕基。我国家启宇辽东,于山则有长白、医巫闾之神瑞;于水则有混同、鸭绿之灵长。干衍支分,盘

---

① [乾隆]《大清一统志》卷四五,《景印文渊阁四库全书》。

纡回缭，怀柔咸秩，笃祜万年。①

东北地区幅员广大，高山大川之间，物产丰厚。满族先民居于其间，崇尚骑射之外，原始生产生活方式也十分丰富。《御制吉林土风杂咏》十二首《序言》称："吉林在盛京东北，我朝发祥所自，旧俗流传，有先民遗风焉。"②又《御制盛京土风杂咏》十二首《序言》称：

> 我国家发祥之初，居鄂多理城，地近吉林乌拉。数世后，弃而他徙，至肇祖居赫图阿拉爰创始基，越我太祖，膺运造邦，乃讨平图伦，还定乌拉，抚有叶赫诸部，遂迁居兴京，继复克沈阳、辽阳，因建都于沈，即今盛京。故盛京土风与吉林同，譬之成周丰镐，风规无殊沮漆也。③

据此可见，清代的开国史，也就是一部迁移史。清代大臣特别指出，东北地区历史悠久，古代民族繁衍生息，绵绵不绝，先民之风俗大略相同。

> 考之于古，则梭船之制，实即威呼，木马之行，又同法喇。室惟覆桦，行不赍粮，斲木为盆，环屋为炕，俭勤之俗，古犹今也。御制"土产""土风"杂咏，昭德产之精华，绘古风之醇质，较"生民""公刘"诸篇所陈，尤为过之……④

满族最早的都会就是兴京，即赫图阿拉，今辽宁新宾县西老城。据清官方文献（如《清太祖实录》《满洲实录》等）所记传说内容，满洲民族的始祖为爱新觉罗·布库里雍顺。该族的最早聚居地为长白山东麓的俄漠惠之野俄朵里城（或称鳌朵里、鄂多理等）⑤。至其肇祖都督孟特穆时，该族迁居于苏克苏浒河流域虎拦达山下赫图阿拉地区，距原居地俄朵里城有1 500余里。赫图阿拉成为满清皇族真正的发祥地。据清代学者魏源等考定，其地"在苏克素护河、嘉哈河之间，西距盛京二百七十里，东距宁古

---

① 《钦定满洲源流考》卷十四。
② 《钦定满洲源流考》卷二十。
③ 《钦定满洲源流考》卷二十。
④ 《钦定满洲源流考》卷二十。
⑤ 据著名清史专家王钟翰先生的考证，文献中提到的俄漠惠与俄多理城，相当于今天朝鲜国东北咸镜道内的阿木可与斡朵里。见王钟翰：《满族先世的发祥地问题》《王钟翰学术论著自选集》，中央民族大学出版社1999年版。

塔千二百里。我朝未得辽沈以前,四世咸宅于兹,即明代之建州右卫也"。① 天聪八年(公元 1634 年),皇太极尊赫图阿拉为兴京。宣统元年(公元 1909 年),又升为兴京府。

清太祖弩尔哈齐②出生于明嘉靖三十八年(公元 1559 年),他的出现,是满族崛起的一个重要标志。当弩尔哈齐创业初期(明朝万历十一年至十二年间),东北地区的女真族诸部落处于林立割据状态。如据《清太祖实录》载称:

> 时诸国纷乱,满洲国之苏克苏浒河部、浑河部、王甲部、董鄂部、哲陈部;长白山之讷殷部、鸭绿江部;东海之渥集部、瓦尔喀部、库尔喀部;扈伦国之乌喇部、哈达部、叶赫部、辉发部,群雄蜂起,称王号,争为雄长,各主其地,互相攻战,甚者兄弟自残,强凌弱,众暴寡,争夺无已时。上(即清太祖弩尔哈齐)恩威并用,顺者以德服,逆者以兵临,始于一旅之师,渐削平诸部而统一之。③

魏源曾总结了上述诸部的风俗特点及地理分布特征。他指出,这些部落"皆金代部落之遗,城郭土著射猎之国,非蒙古行国比也。各主其方,争相雄长,强凌弱,众暴寡。而扈伦四部最强,在满部之北,皆以所居之河得名。乌拉、辉发二河入松花江,哈达、叶赫二河入辽河。"④其实,不仅是扈伦四部以所居之河得名,其他各部落也大多依河水而居,充分显示了这些部落与自然环境之间的依存关系。

天命元年(公元 1616 年),弩尔哈齐建国号"满洲"。在此之前,该部向外名称有女直、女真、金与后金等。经过多年的艰苦奋战,弩尔哈齐最终削平诸部,为满洲国的建立奠定了客观基础。女真诸部的统一,也为满族最终形成创造了前提条件。《满洲实录》记载:"满洲国自东海边至辽边,北自蒙古嫩江,南至朝鲜鸭绿江,同一音语者俱征服,是年诸部始合为一。"

又据《清太祖实录》卷六载:天命四年(公元 1619 年)攻灭叶赫部(或

---

① [清]魏源:《圣武记》卷一《开国龙兴记一》,中华书局 1984 年版,第 2 页。
② 明人典籍中常作"奴儿哈赤",今从《清太祖实录》及《满洲源流》等清朝官方正式文献的译法。
③ 《清实录》,中华书局 1986 年版,第 25 页。
④ [清]魏源:《圣武记》卷一,第 2—3 页。

称"夜黑部"）后，"上自是开拓疆土，东自海西，西至明辽东界；北自蒙古科尔沁之嫩乌喇江（即嫩江），南暨朝鲜国境，凡语音相同之国，俱征讨、徕服而统一之"。

关于满族的民族识别问题，俄国著名学者史禄国（S. M. Shirokogoroff）曾总结道：

> 满族人确认自己分为下列三种群体：1. 佛满洲——源远流长的老满族人；2. 依彻满洲——后来归附的新满族人；3. 蒙古满洲——原来是蒙古人的满族人。按照满族人的说法，这些分别是在满清帝国创建时期造成的……实际上，大部分佛满洲声称自己的祖先是在吉林省的宁古塔地区土生土长的，只是后来才扩散到四面八方。属于佛满洲的人并不认为依彻满洲是像他们一样纯的满族人。他们说，依彻满洲由满人、汉人和一些当地部落，例如林区的游牧通古斯和达斡尔人等融合而成……换句话说，他们不认为依彻满洲或蒙古满洲是"纯满洲"即满族政权的创立者……因此，"满洲"之名必须被理解为包括不同民族群体的政权的名称，同时，它大致也指这些群体的共同文化，由一个南方通古斯群体奠定并主宰，而这个群体讲通古斯语族南方语支的一种方言，以有文字的满族的语言为标志。[①]

综观满族的早期发展历史，我们不难发现，之所以出现"旧满洲""新满州"以及"蒙古满洲"的差别，其关键就在于八旗制度起到的巨大作用。八旗制度是满清民族发展与军政建设最根本的制度。因此，"旗人"在一定程度上成为满族的代称，完全可以说，不理解"八旗"制度，也就无法理解满族及清朝的历史。

八旗制度的核心是"兵民合一"。这与历史上许多北方民族的社会制度惊人地相似。清朝满族人又称为"旗人"，所有满族人都被编入"八旗"之中，因此，所有的"满族人"也都是八旗兵士。正如《清史稿·兵志》卷首所说的那样："太祖高皇帝崛起江方，初定旗兵制，八旗子弟人尽为兵，不

---

① [俄]史禄国：《满族的社会组织》，商务印书馆 1997 年版，第 18—20 页。

啻举国皆兵焉。"关于入关前八旗兵丁及满旗人口的数量,现代学者李新达认为:"入关前的八旗兵数,也就是应服兵役的旗分佐领的壮丁数的总和。努尔哈赤正式建成八旗时,约有五六万人,努尔哈赤晚年,约有九万人,皇太极晚年,约有十五万人。"[①]其实,壮丁数与民族总人口之间有着相当大的差距。又如莫东寅在《满族史论丛》一文中推测:"我们依例三丁抽一,老幼男女再加一倍的办法来推算,如入关当时,满八旗兵数以十万计,男丁不过三十万,加再老幼男女一倍,全族人口最大限度,不能超过六十万。……至于八旗设立之初,兵数五万左右,则男丁十五万,合男女老幼,也不过三十万。"而管东贵通过较细致的统计之后提出:"入关前满族人口大约有七十五万至八十万之谱。"[②]

山海关位于今天河北秦皇岛市东北,是万里长城东端最重要的关城,是明代北方防御体系的重要组成部分,对于保障首都北京的安全至关重要,故当时有"天下第一关"的美誉。1644 年,李自成率领的大顺起义军在攻破北京城后,与明朝降将吴三桂手下的军队及满洲的八旗援军在山海关下展开了激战。李自成所率义军全线溃败,全国形势急转直下。山海关战役是明清鼎革之际的重大转折点,满洲八旗军队在山海关大胜后,迅速南下,很快进占北京城,并宣告了清朝的诞生。

第二节　入关后满族的分布与经济生活方式

> 江南江北采茶时,
>
> 上品先尝送八旗。
>
> 碾得胡麻酥共滴,
>
> 乳茶骄杀满洲儿。
>
> ——[清]彭孙贻《采茶歌之一》

跨越山海关,进入北京城,满族的发展史掀开了新的篇章。此时的满

---

① 李新达:《入关前的八旗兵数问题》,《清史论丛》第三辑,第 163 页。

② 莫东寅:《入关前满族兵数与人口问题的探讨》,《史语所集刊》第四十一本(1969 年 6 月),又见《清史论丛》第五集,大东图书公司 1978 年版。

族人已不可能全数退回东北老家了，要建立新的王朝，要在广阔的中原大地建立起强有力的政权，必然进行大规模的兵力配置与民族人口调整。

根据清朝军队编制，八旗兵士首先分为禁卫兵与驻防兵两大类。禁卫兵的职责在于守卫京师，故而驻扎于燕京（即北京）。禁卫兵又分为郎卫与兵卫两种类型。郎卫侍从皇帝出行，兵卫守卫紫禁宫阙。如乾隆六年（公元 1741 年）户部侍郎梁诗正在《八旗屯种疏》中指出："查八旗人，除各省驻防与近京五百里听其屯种外，余并随旗居住，群聚京师，以示居重驭轻之势。"①清朝大臣鄂尔泰等所修之《八旗通志》卷二有《八旗方位》篇，但其所指仅限于北京城内的八旗军分布而言："自顺治元年，世祖章皇帝定鼎燕京，分列八旗，拱卫皇居。镶黄居安定门内，正黄居德胜门内，并在北方。正白居东直门内，镶白居朝阳门内，并在东方。正红居西直门内，镶红居阜成门内，并在西方。正蓝居崇文门内，镶蓝居宣武门内，并在南方。盖八旗方位相胜之义，以之行师，则整齐纪律；以之建国，则巩固屏藩。诚振古以来所未有者也。"②禁卫兵的数量相当可观，且有不断增加之势。在兵卫之中，如乾隆中满、汉养育兵就有 20 300 余人。至咸丰三年（公元 1853 年），京师八旗营兵合计有 149 000 余人。《清史稿·兵志》对八旗兵士在全国驻防情况作了简要的说明：

> 八旗驻防之兵，大类有四：曰畿辅驻防兵，其藩部内附之众，
> 及在京内务府、理藩院所辖悉附焉；曰东三省驻防兵；曰各直省
> 驻防兵，新疆驻防兵附焉；曰藩部兵。③

八旗兵士在全中国的分布可分为四大类或四个大的地理区域，但是，其中"藩部"兵士主要是指内外蒙古、青海、西藏等地各个民族编入八旗之兵士，与满族分布关系不大。故下面主要分四个区域介绍当时八旗兵士的驻防情况。

第一，畿辅地区，即主要今天的河北地区。顺治初年主要驻扎于独石口、张家口、山海关、喜峰口、古北口等重要关口，主要兵力来源于察哈尔

---

① ［清］魏源编：《皇朝经世文编》卷三五《户政十八旗生计》，《魏源全集》，岳麓书社 2004 年版，第 62 页。

② ［清］鄂尔泰等修：《八旗通志》，东北师范大学出版社 1985 年版，第 17 页。

③ ［清］鄂尔泰等修：《八旗通志》，中华书局 1977 年版，第 864 页。

八旗等。雍正三年，增设天津水师营，旗兵为 1 600 人、蒙古兵 400 人。乾隆三年又增加热河驻防兵 2 000 人。乾隆四十五年，又增设密云驻防满、蒙兵 2 000 人。另外，热河避暑行宫至乾隆年间驻防兵也增至 800 人。

第二，东三省地区，共有四十四处驻兵之所，兵士总额达 35 300 余人。盛京地区的驻防之地有锦州、凤凰城、宁远城、兴京、辽阳、牛庄、义州、盖州、海州、开原、金州、复州等。吉林地区的驻防之地有吉林、宁古塔、珲春、三姓、双城堡等地。黑龙江驻防之地有齐齐哈尔、瑷珲城、墨尔根、呼伦贝尔、茂兴、呼兰等地。

第三，各直省地区。这一区域涉及非常广，各地驻防创设的记载集中于顺治、康熙、雍正及乾隆四朝。驻防的省份主要有江苏、陕西（包括宁夏）、山西（包括今天内蒙古部分地区）、山东、浙江、福建、广东、甘肃等。

第四，新疆地区也是八旗驻防的重点区域。新疆驻兵也分为北、南二路，如清军在新疆北路驻防始于乾隆二十五年（公元 1760 年）。当时大臣阿桂率领满洲索伦兵 500 人、绿营兵 100 人，回族兵士 200 人驻扎于伊犁。驻伊犁兵额后增加到 2 500 人。其后又增加屯田兵 2 500 人，以 5 年为期进行更换。乾隆二十九年在伊犁河岸建筑惠远城，驻扎各族兵士数量不断增加，至道光十年（公元 1830 年），惠远城满兵已达 4 600 余人。南路驻扎兵主要集中于乌什、阿克苏、赛里木、拜城、叶尔羌、和阗、喀什噶尔、库车、哈喇沙雅尔、辟展等地。到咸丰三年，新疆南北路各族驻兵合计达 40 000 余人，成为全国范围内驻兵最为集中的区域之一。清朝兵力分布参见表 11—1。

表 11—1　　　　　　　　　　　　清朝兵力分布简表

江南江宁	顺治二年	左翼四旗满、蒙兵士 2 000 人
陕西西安	顺治二年	右翼四旗满、蒙兵士 2 000 人，后增至 7 000 余人
山西太原	顺治六年	正蓝、镶蓝二旗满、蒙驻防兵以及游牧察哈尔兵
山东德州	顺治十一年	镶黄、正黄二旗满、蒙驻防兵
浙江杭州	顺治十五年	满、蒙驻防兵 4 000 余人

续表

京口	顺治十六年	各族驻防兵
陕西宁夏	康熙十五年	八旗满、蒙驻防兵
福建福州	康熙十九年	左翼四旗汉、满、蒙驻防兵
广东广州	康熙二十年	镶黄、正黄、正白三旗汉军驻防兵
湖广荆州	康熙二十二年	八旗满、蒙驻防兵，共 2 800 余人，后增至 4 000 人
山西右卫	康熙三十二年	八旗满、蒙驻防兵，共 5 600 余人
河南开封	康熙五十九年	满、蒙驻防兵
山东青州	雍正七年	八旗满、蒙驻防兵 2 000 人
浙江乍浦	雍正七年	水师营
甘肃凉州	雍正十三年	八旗满、蒙、汉兵 2 000 人
甘肃庄浪	雍正十三年	八旗满、蒙、汉兵 1 000 人
内蒙古绥远城	乾隆二年	八旗满、汉、蒙驻防兵 3 900 余人

资料来源：《清史稿》卷一三〇《兵志一》。

为了安置八旗驻防兵士，清朝官府在全国范围内修筑驻防城，或称为"满城"。研究者指出："所谓满城，主要是为了有别于汉城，就其实质内容而言之，则为驻防城，是清代八旗驻防军队所占据的地方。清代八旗驻防的建立健全是一个漫长的过程，自顺治入关，直到乾隆后期，前后约 150年，才基本完成并稳定了八旗驻防体系。"①关于清朝八旗军队在全国各驻防城情况，现已有不少研究著述，根据这些著作的研究成果，我们可以对清朝八旗在全国驻防情况有更为真实的认识与理解（参见表 11-2）。

表 11-2   清代驻防城分布简表

分布区域	驻防城数量	重要驻防城名称
畿辅地区	24	热河、昌平、固安、采育里、喜峰口、独石口、古北口、沧州、保定、顺义、三河、东安、良乡、冷口、罗文峪、霸州、玉田、宝坻、雄县、山海关、永平、千家店、密云等

---

① 潘洪钢：《清代八旗驻防族群的社会变迁》，人民出版社 2018 年版，第 7 页。

分布区域	驻防城数量	重要驻防城名称
直省地区	21	西安、潼关、宁夏、凉州、庄浪、太原、右玉、绥远、归化、开封、青州、德州、荆州、广州、福州、福州水师、江宁、京口、杭州、乍浦、成都
东北地区	盛京24，吉林11，黑龙江9，合计44	兴京、辽阳、开原、宁海（金州）、盖平、广宁、抚顺、铁岭、巨流河、白旗堡、小黑山、闾阳驿、锦州、义州、小凌河、宁远、中前所、中后所、熊岳、岫岩城、复州、牛庄、凤凰城、旅顺、吉林、双城堡、宁古塔、三姓、白都讷、阿勒楚喀、珲春、五常堡、打牲乌拉、富克锦、拉林、齐齐哈尔、墨尔根、黑龙江、旧瑷珲、呼伦贝尔、布特哈、通肯、呼兰、兴安
新疆地区及乌里雅苏台、科布多地区	18	惠远、惠宁、会宁、巩宁、义安、孚远、绥靖城、永宁城、阿克苏城、叶尔羌城、和阗城、喀喇沙尔城、英吉沙尔城、徕宁城、库车城、哈密城、乌里雅苏台城、科布多城

资料来源：朱永杰著《清代驻防城时空结构研究》，人民出版社2010年版，第28—30页。

经过这样大规模的迁徙与安置，留居在山海关外的满族人口数量已大为减少，满族已基本上成为关内民族了。

满族能够创立清朝，实现军事及政治建设的巨大成功，在很大程度上归功于八旗制度与八旗兵丁。因此，清朝入关以后，清朝历代皇帝十分重视八旗制度的巩固与维系，将其视为立国之根本。如康熙九年三月，康熙皇帝就在谕旨中谆谆告诫户部与兵部大臣"爱养"满洲将士：

> 满洲甲兵，系国家根本，虽天下平定，不可不加意爱养。近闻八旗甲兵喂养马匹，整办器械，费用繁多。除月饷外，别无生理，不足养赡妻子家口。朕甚悯之。月饷银米，应作何增给，著为永例，尔二部详议具奏。①

然而，毕竟时过境迁，"打江山"与"守江山"之间存在着判若霄壤的差距，入关的八旗制度面临着相当严峻的挑战，而如何应对这一挑战，事实上决定着清朝的命运。根据清代及现代学者研究，清朝在八旗制度的维系与实施上存在着诸多方面的失误。这些失策与失误集中于以下几个方面：

---

① 《钦定八旗通志》卷首之八"敕谕二"。

　　第一，旗兵轮换制度的失策。八旗兵士在全国各地驻防，实行定期轮换制度，但八旗官兵均携带家眷分赴各省驻防地，在轮流驻防更换制度的实施过程中，一方面，不仅为广大八旗将士带来巨大的身心劳顿，也给朝廷财政带来巨大的负担。如清代名臣毛奇龄就明确指出：

　　　　国家重兵多在闽、粤，但各处驻防过多，恐转输易困。古者，防边之士不带家口，及期则换，今皆携家而往，约略计之，十万之师，便有百万。途中口粮、人夫及到地方一切养育之资，无一不取之朝廷。故藩王提镇其各处贸易，虽曰扰民，其实不可禁止也，且室家重则难于转动。夫兵随将转，将到便行，使一旦他处有缓急之调，而此家口重累之将与兵能符到即行乎，则伍籍定额所当，与军政计通变也。①

　　另一方面，八旗官兵携带家眷分赴各省驻防地生活，时间一长，不可避免地形成新的社区，产生较为强烈的定居心态，因此，要想在实际中长期维持八旗分省驻防制度，是非常困难的。时至雍正年间，雍正皇帝就对此发出无奈的感叹：

　　　　我朝设立各省驻防兵丁，原以捍卫地方。……乃近有以一二事渎陈朕前者：一则称驻防兵丁子弟宜准其各省乡试。……若悉准其在外考试，则伊等各从其便，竟尚虚名而轻视武事，……一则称驻防兵丁身故之后，其骸骨应准在外瘗葬，家口亦应准在外居住。独不思弁兵驻防之地，不过出差之所，京师乃其乡土也。本身既故之后，而骸骨家口不归本乡，其事可行乎？若照此行之日久，将见驻防之兵皆为汉人，是国家驻防之设，竟为伊等入籍之由，有是理乎？②

　　综观有清一代的历史，雍正皇帝心中的预感最终还是成为现实，大批八旗兵丁最终在驻防地长期定居下来，由驻防转为定居，带有很大的普遍性。这一方面可以归结于安土重迁的常人心态；另一方面也要看到，八旗官兵或"旗人"本身的民族构成比较复杂，汉人占有颇大比重。在此基础

　　① ［清］毛奇龄：《西河集》卷一一五，《景印文渊阁四库全书》。
　　② 《清世宗宪皇帝实录》卷一二一，第1—2页。

上接受汉化，只是一个时间上的问题。①

第二，"圈地运动"的失策。在八旗的布防上，京师及周围地区成为重中之重，也就成为入关后的满族人最重要的聚居区。清朝初年大批迁入北京城内及畿辅地区的满族移民，在文献中被称为"东来满洲"。为了妥善安置这批移民，清廷采取了种种优惠政策，其中的一个重要方式便是为他们在移入地圈占土地，进行再分配，其规模与影响相当惊人，清朝官府即公开将其称为"圈地运动"。如在建都北京后，顺治帝在顺治元年（公元1644年）十二月就颁布谕令：

> （将近京各州县无主荒田）尽行分给东来诸王、勋臣、兵丁人等。盖非利其地土，良以东来诸王、勋臣、兵丁人等，无处安置，故不得已而取之。然所取之地，若满洲错处，必争夺不止。可令各府、州、县、乡村满汉分居，各理疆界，以杜异日争端。②

这一谕令拉开了清初京畿一带大规模"圈地运动"的序幕。在这项谕令中，顺治帝讲明了"圈地"的目的，就是因为入关的满洲王族、大臣与兵士"无处安置"，因此，不得已而为之。也就是说，事实上，如果没有"圈地"之举，大批入关的满族大臣与将士都无"立足"之地。很显然，这种"圈地运动"对于入关满族的安置起到了至关重要的作用，特别受到满族皇家及王公贵族的欢迎。故《八旗通志·土田志》赞之云：

> 至我世宗宪皇帝，睿虑深远，特命查取直隶各项余田，画为井地，令旗人之无产业者，分授百亩，同养公田，则八旗之生齿日繁，而井疆亦日辟。从此，各安世业，拥卫神京，洵千万世无穷乐利矣。

以北京为核心的畿辅地区也就成为圈占土地最集中的区域。根据现代学者刘家驹的研究，清初八旗在畿辅地区的圈地运动自顺治元年始到康熙廿四年（公元1685年）完全停止，圈占土地数量相当大。如最大的三

---

① 关于八旗兵士在各地的驻防与生活情况，参见［韩］任桂淳：《清朝八旗驻防兴衰史》，生活·读书·新知三联书店1993年版。

② ［清］鄂尔泰等修：《八旗通志》卷一八《土田志一》，东北师范大学出版社1985年版，第310页。

次圈地行动圈占土地就达 166 636 顷 71 亩。第一次圈地在顺治元年，圈占近畿各州县无主荒地及前明皇亲驸马、公侯伯及内监庄田，分给满洲勋戚与官兵，其土地总数大致为 58 827 顷 48 亩。第二次圈地在顺治二年（公元 1645 年）底至顺治三年（公元 1646 年）初，共占土地 51 839 顷 57 亩。这次圈地除圈河间、滦州、遵化等府州的无主荒地外，还圈了许多民间房屋田土。第三次圈地在顺治三年底至顺治四年（公元 1647 年）初，共圈占土地 30 818 顷 78 亩。因为在前两次圈地中，无主荒地与明朝勋贵庄园圈占已尽，于是大规模圈占民地，实行异地拨补。①

　　然而，这一圈地运动无疑给当地汉族居民带来极大的困扰。广大被强占土地的农民流离失所，惨不忍睹。面对这样的情况，清廷也不得不暂时调整政策，如时至顺治四年，清廷就推出规定：嗣后民间田屋永停圈拨。但是，八旗强圈土地之行并未因此完全终止。如康熙五年（公元 1666 年），权臣鳌拜等人又请旨强行进行圈地换地，直隶总督朱昌祚等人表示极力反对。他在奏疏中深切地道出了畿辅地区广大百姓的痛楚：

　　　　臣思安土重迁，人之至愿……有谓被圈地之家，即令他往，无从投奔者；有谓时值冬令，扶老携幼，远徙他乡，恐地方疑为逃人不容栖止者；有谓祖宗骸骨、父母邱垄、不忍抛弃者；臣职在安民，而民隐如此，曷敢壅蔽，不以实闻？

　　　　臣又遍察蓟州及遵化等应换州县，一闻圈丈，自本年秋收之后周遭四五百里尽抛弃不耕，今冬二麦全未播种，明年夏安得有秋？且时已仲冬，计丈量事竣难以定期，明春东作必又失时，而秋收亦将无望，京东各州县合计，旗与民失业者不下数十万人，田荒粮竭，无以资生，岂无铤而走险者？地方滋事，尤臣责任所关，又不敢畏忌越分，不以实闻，伏乞断自宸衷，毅然停止。②

　　但是，令人扼腕叹息的是，依据八旗制度，旗人以骑射相尚，且为国家仰赖的最重要的军事力量，对于耕种土地等农作之道十分陌生，甚至在心理上是鄙夷不屑的。因此，即使是在通过圈占，分到土地之后，广大旗民

---

① 刘家驹：《清代初期的八旗圈地》，中国台湾文史哲出版社 1964 年版。
② 《钦定八旗通志》卷二○一《朱昌祚传》。

往往无力或无法耕种,同样落得生活窘困的境地。汉民既蒙失地之苦,旗民又遭有地之困。如顺治十一年(公元 1654 年)正月,都察院大臣在上奏中甚至提出了退地于民的解决之道:

> 满洲兵丁虽分土田,每年并未收成,穷兵出征,必需随带之人,致失耕种之业,往往地土空闲。一遇旱涝,又需部给口粮,且以地瘠难耕,复多陈告,而民地又不便再圈。请查壮丁四名以下地土尽数退出,量加钱粮、月米,其马匹则于冬、春二季,酌与喂养、价银。其退出之地,择其腴者,许令原得瘠地之人更换,余则尽还民间。在满洲有钱粮可望,乐于披甲而又无瘠地之苦,至民间素知地利,复不至于荒芜,是兵、民共仰皇仁于无尽矣。①

第三,旗兵供养制度的失策。首先,依据中国传统观念中"打天下,坐天下"的思维理路,作为开创新一代王朝的民族,满族八旗将士及其后代拥有难以自抑、格外突出的自豪感与心理优势,再加上历代清朝皇帝的高调支持,更使得八旗将士成为一群优势群体。而这种超常的优越感,对于八旗人士从事各种产业来讲竟成为一种巨大的障碍。八旗人耻于从事与其他汉民同样的产业,于是乎,大片圈出的旗地又被旗民典卖给汉民耕种。旗地被大量典卖,给广大旗民的生活造成了巨大影响,少数旗民成为"食利"或"食租"阶层,许许多多失去土地的旗民甚至丧失了基本生活来源。其次,作为优养政策的实际表现,八旗将士能够领取到相当优厚的兵饷。

第四,优养政策使得满族人口迅速膨胀。据研究者估计,最早至康熙末年,八旗人口已达二三百万左右。到清代后期,满族的人口数量应该是相当惊人的。如果这些满族人口完全由官府来供养,那既不现实,也不可能。因此,旗民"生计困窘"的记载在清代官方记载中俯拾即是,不计其数。这样,我们也不难理解,到清朝后期,"吃空饷"成为世人皆知的清朝军队陋习之一。清代著名思想家魏源曾在《圣武记》卷一四中沉重地指出清代后期八旗将士尴尬而畸形的生存状态:

① 《钦定八旗通志》卷六二。

计八旗丁册，乾隆初已数十万，今则数百万，而所圈近京五百里之旗地，大半尽典于民。率数百万不士、不农、不工、不商、不兵、不民之人于京师，而莫为之所，虽竭海内之正供，不足以赡。[1]

从驰骋天下、威猛无敌的"八旗勇士"，到无所事事、游手好闲的"八旗子弟"，在普通中国人的心目中，"八旗子弟"最终沦落为"纨绔子弟"的代名词。清代优养八旗国策的惨痛教训，是值得后世人记取的。从关外到关内，从僻居东北一隅到遍满中华大地，满族的发展史是一部波澜壮阔的迁徙史，而这部历史既有着辉煌的斑斓色彩，又充斥着难以抹去的苦涩记忆，会长久地吸引后世人们去品味与深思。

---

[1] 周远廉：《八旗制度与"八旗生计"》，见阎崇年主编《满学研究》第七辑，民族出版社 2002 年版，第 23—71 页。

第十二章

综论:问我祖先来自何处

——移民历史与中华民族"多元一体"
内在机制论纲

经济生活上的富足,就会激发精神上的更多需求。"问我祖先来自何处"在本质上反映了一种寻根文化或寻根心态。华夏(汉)族是一个十分注重家族观念的民族,注重孝道,尊崇祖先,重视家族世代传承。因此,当代中国社会兴起"寻根"文化之热,也是社会发展的必然。寻根文化,又是一种历史文化,关注自己家族的来源及形成历史。然而,笔者以为,经过几千年的融合与演变,寻根已经成为中国境内各民族共有的传统文化基因之一。这种"寻根"文化之热,不要仅仅局限在汉族文化圈之中,应该扩展到整个中华民族,以追寻民族融合与发展之根。

中国是如何形成的? 中华民族是如何形成的? 民族"寻根问祖"的过程,就是了解中国历史的客观发展过程,就是了解中华民族如何形成与繁盛的过程。个人离不开群体,个人发展离不开群体环境,故而家族的历史,更离不开民族历史的大环境。需要强调的是,中国历史从来不是一个静态的、稳定的构造,而是一个动态的、发展的过程。国家的历史、民族的历史都离不开"移民"(人口迁徙)这一关键线索,或可以说,移民(人口迁徙、民族迁徙)是一条不可或缺的"红线"或"原动力"。

中华民族(英文 Chinese Nation),是中国境内所有民族的整体称号,而不是其中的单一民族的名号。它既包括农耕民族、山地民族,也包括游牧民族等。它既包括华夏(汉)民族,也包括数量众多的少数民族。涉及的地域范围既包括内陆平原与山地,也包括沿海海域地区。因此,我们今天谈论中国历史，绝对不可仅谈论汉族（华夏族）的历史，或者用华夏族的历史代替整个中国历史。根据同样的道理，研究中华民族发展史，就要研究民族迁徙，研究历史时期中国境内所有民族的迁徙往来、勤苦奋争的坎坷历程。[①]

"民族"概念本身的复杂性已为学术界所熟知，而笔者所想强调的是，根据中外学术界的共识，除了我们以往所强调的共同的语言、共同的历史、共同的地域、共同的文化与心理素质等诸要素之外，民族的形成与发展，往往与历史时期的王朝及政权建设是分不开的，这往往是以往关于"民族"概念讨论中所忽略的。[②] 因此，我们研究历史时期民族发展的最主要线索之一就是王朝及民族政权的建设情况。历史时期华夏（汉）族与其他"非汉民族"或少数民族所创建的王朝与区域性政权，同样是中国传统政治建设历程中不可或缺的组成部分。

关于中华民族"多元一体"形成的内在机制问题，是笔者在民族史地研究中长期思考的问题之一，因为笔者确信，中华民族共同体（或"多元一体"）的形成绝不是偶然的，也不是自然而然的历史过程，而是有着极其深远的历史和地理背景，也有着诸多具有非常积极的整合作用的因素（笔者称之为"粘合剂"）在发挥着持久的作用，即笔者所称的"内在机制"。如果没有客观的历史和地理背景，也没有诸多"粘合剂"发挥作用，中国民族发展的结果也许是分崩离析的，中华民族"多元一体"的最终形成也只能是"空中楼阁"，而揭示这个客观背景及关键的内在机制，则是中国民族史研究的重大课题。

---

① 关于历史时期"中国"的范围，作为最具代表性也最具影响的观点，现代历史地理学奠基者之一谭其骧先生曾经概括为："就是从18世纪50年代到19世纪40年代鸦片战争以前这个时期的中国版图作为我们历史时期的中国的范围。所谓历史时期的中国，就以此为范围。""不管是几百年也好，几千年也好，在这个范围之内活动的民族，我们都认为是中国史上的民族；在这个范围之内所建立的政权，我们都认为是中国史上的政权。简单的回答就是这样。超出了这个范围，那就不是中国的民族了，也不是中国的政权了。"多卷本的《中国历史地图集》就是这一理念的杰出实践。

② 英文中与"民族"最相合的两个名词，分别为 nation 与 nationality。《牛津英语学术词典》对于这两个名词解释的相关条目为：Nation：all the people in the country（直译为：民族，即为这个政权的所有人民）；Nationality：a group of people with the same language, culture, and history who form part of a political nation（直译：民族，即为组成一个政治共同体的，具有相同语言、文化与历史的人们的群体）（商务印书馆2018年版，第533页）。

第一节 从"万邦时代"到"多元一体"：
中国国家与民族发展的大趋势

东汉大史学家班固曾在《汉书·地理志》中系统追述和总结先秦时期民族与国家的演变过程，强调了从"万国"至秦统一的历史进程。他在该"志"篇首指出：

> 昔在黄帝，作舟车以济不通，旁行天下，方制万里，画野分州，得百里之国万区。是故《易》称"先王建万国，亲诸侯"，《书》云"协和万国"，此之谓也……周爵五等，而土三等：公、侯百里，伯七十里，子、男五十里。不满为附庸，盖千八百国。而太昊、黄帝之后，唐、虞侯伯犹存，帝王图籍相踵而可知。周室既衰，礼乐征伐自诸侯出，转相吞灭，数百年间，列国耗（同耗）尽。至春秋时，尚有数十国，五伯迭兴，总其盟会。陵夷至于战国，天下分而为七，合从连衡，经数十年，秦遂并兼四海。①

无独有偶，西晋学者皇甫谧也曾在《帝王世纪》一书中回顾早期国家发展时提到"万国"时期，指出：远古五帝之一——帝喾在位时期已"建万国而制九州"。到大禹"涂山之会，诸侯承唐虞之盛，执玉帛亦有万国"，至殷商建国时，"其能存者三千余国，方于涂山，十损其七。"又至周朝克商之初，"制五等之封，凡千七百七十三国，又减（商）汤时千三百矣"。"其后诸侯相并，当春秋时，尚有千二百国。"而春秋时期又是诸侯国攻夺兼并最为激烈的时期，"二百四十二年之中，杀君三十六，亡国五十二，诸侯奔走不得保社稷者，不可胜数。至于战国，存者十余"。② 皇甫谧的这些记述，与班固《汉书·地理志》的内容大同小异，也强调先秦时期中国境内国家发展的轨迹是从天下"万国"并存到秦朝一统。

我们应该清醒地看到，就现存古文献而言，古人所云"万邦时代"描述的所谓"天下"地域范围是相当有限的。《诗经·小雅·北山》曾云："溥天

---

① 《汉书》卷二八《地理志》，第1523—1542页。
② 《后汉书》所附《续汉书·郡国志》注引《帝王世纪》，第3386—3387页，下同。

之下，莫非王土；率土之滨，莫非王臣。"这不过是诗人不切实际的政治理想，或者也可以说，诗人所知道的"天下"的地域范围相当狭小。《孟子·公孙丑章句上》坦承："夏后、殷、周之盛，地未有过千里者也。"这种说法无疑有着实事求是的态度，此处之"地"应指夏王、商王、周王直接控制的地盘，也就是文献所云"夏邑""大邑商"及"周邦"的面积。除此之后，就是"众邦"的"天下"。

参照《春秋左传》诸书的记载，宋朝学者洪迈曾在所著《容斋随笔》卷五中对西周的疆域及民族分布作了较为深入的阐发，他精辟地指出：

> 成周之世，中国之地最狭，以今地里考之，吴、越、楚、蜀、闽皆为蛮；淮南为群舒；秦为戎；河北真定、中山之境，乃鲜虞、肥、鼓国；河东之境有赤狄、里氏、留吁、铎辰、潞国。洛阳为王城，而有杨拒、泉皋、蛮氏、陆浑、伊雒之戎。京东有莱、牟、介、莒，皆夷也。杞都雍邱，今汴之属邑，亦用夷礼，邾近于鲁，亦曰夷。其中国者，独晋、卫、齐、鲁、宋、郑、陈、许而已，通不过数十州，盖于天下特五分之一耳。[1]

洪氏所言，并非空论，而是有着相当充分可靠的古文献依据，从而成为我们划定西周及春秋初年民族分布图的重要依据。另如前引《汉书·地理志》中所云，战国时期，"天下分而为七"，"战国七雄"疆域之总和就成为"天下"，这与秦汉统一时期的疆域还有很大的差距。又如西汉官员贾捐之也曾明白地指出："武丁、成王，殷、周之大仁也，然地东不过江、黄，西不过氐、羌，南不过蛮荆，北不过朔方……以至乎秦，兴兵远攻，贪外虚内，务欲广地，不虑其害。然地南不过闽越，北不过太原。"[2]这种说法应该是当时人们的公论，也是根据古文献记载推断出的。《汉书·西域传》载称："自周衰，戎狄错居泾、渭之北。及秦始皇攘却戎狄，筑长城，界中国，然西不过临洮（今甘肃岷县）。"也就是说，直到秦始皇统一中国之后，西部边界也仅到临洮，中原人士得知"西域"的真实存在，要等到张骞出使之后。

---

①　《容斋随笔》卷五《周世中国地》，上海古籍出版社 2015 年版，第 34—35 页。
②　[东汉]班固撰：《汉书》卷六四下《贾捐之传》，第 2831 页。根据周书灿的研究，江、黄分别指今山东省境内之沂水、黄水。参见周书灿：《殷周"地东不过江黄"辨》，《河南大学学报（社科版）》1997 年第 3 期。

历代学者如班固、洪迈等人所谓"天下"，充其量也只是秦汉以来中央王朝的疆域范围，甚至更小。究其地理方位，不过都集中于今天黄河及长江中下游地区，并不是我们所研究的历史上的"中国"范围。谭其骧先生明确指出："我们认为，18世纪中叶以后，1840年以前的中国范围是我们几千年来历史发展所自然形成的中国，这就是我们历史上的中国。"①这一认识已为学术界多数学者所接受，也是多卷本《中国历史地图集》制作的依据。研究先秦时期的国家与民族问题，同样也须参照这一地域范围。如果我们以历史时期的"中国"范围来衡量，洪迈等人所谓"天下"大概也只是历史时期"中国"范围的五分之一而已。因为这个"天下"没有东北地区，没有内、外蒙古，没有新疆（西域），更没有青藏地区，甚至没有云南（大理）等地。而这些边疆民族地区都是历史时期"中国"疆域不可分割的组成部分。要想深入了解"万邦时代"的特征，就必须充分考虑到所涉及的地理范围，即历史时期的"中国"的疆域。这也是笔者想要着重强调的关键内容。

时间跨度的划定，是确立"万邦时代"的一个重要内容。上述列举的资料反映的年代并不一致，有传说中的黄帝时期、大禹时期及至西周及春秋时期。关于"万邦时代"的上限（起始年代）似乎并无异议，即始于远古地域性人们共同体出现之时，很少有学者否认这一点。争论集中于万邦时代的下限（终止年代）。很少有学者否认先秦时期"万邦"的存在，但是，不少学者认为这一状况只存在于一个较短的特定时期。如有学者认为，"夏朝是我国进入阶级社会后，建立起来的第一个奴隶制统一国家"，夏朝建立即宣告万邦时代结束。因此，西周铭文、《诗经》《尚书·洛诰》称西周时期仍有"万国"，则是抵牾之处。② 不少学者对此观点提出了质疑③。又如赵伯雄先生指出："周邦与万邦共存，构成了当时的'天下'，这就是我们所说的西周天下的政治格局。"④这种看法无疑是符合历史实际的，西周如此，东周（即春秋战国时期）也是一样。

笔者认为，"万邦时代"的基本结束，一直要到秦统一六国。秦朝统一

① 谭其骧：《历史上的中国和历代中国疆域》，《长水集》（续集），人民出版社1994年版，第4页。
② 李学勤主编：《中国古代文化与国家形成研究》，中国社会科学出版社2007年版，第70、346页。
③ 周书灿：《夏代早期国家结构探析》，《中州学刊》2000年第1期，第121—125页。
④ 赵伯雄：《周代国家形态研究》，湖南教育出版社1990年版，第18页。

的历史功绩，就在于创立了一个占有文化优势、作为凝聚核心的"中原大国"。从此，在中国境内，其他林林总总的边远邦国在经济实力、文明程度以及疆域面积上，都难以长期与秦朝及其后继的中原王朝相抗衡，"天下一统"的观念开始深入人心。当然，秦朝的统一，并不意味着"万邦时代"的彻底结束，中国境内各民族及各地方政权的真正统一，一直要到清朝前期才告完成。而在这漫长的历史发展阶段，"万邦"的观念始终为人们所传颂，这也是不争的事实。从秦朝到清朝前期，历史时期"中国"的统一又经历了漫长而艰辛的历程。

综观 20 世纪的学术发展史，前辈学者根据不同特征与不同角度为中国上古史提出了不少经典性的命名，如夏曾佑提出"传疑时代"，徐旭生提出"传说时代"，郭沫若等人提出"中国奴隶制时代"，张光直等人提出"中国青铜器时代"，等等，都标志着学术探索的不同视角与层层深入。笔者以为，根据中国早期民族与国家的发展特征，强调"万邦时代"的存在及重要的研究价值，是非常必要的。其重要价值体现在以下几个方面：

第一，"万邦"或"万国"一词本身就是历代学者阐发中国政体发展的重要概念之一，具有较高的研究价值。这主要反映在两个方面：一方面，后世学者接受了班固与皇甫谧等人的观点，同样用"万邦"或"万国"概念来祖述先秦时期国家形态的演变特征，如《晋书·地理志》《隋书·地理志》等；另一方面，历代学者也用这一观念来反映他们所处时代的政体形态。与此同时，"君临万邦"也就成为具有政治抱负的历代帝王的共同理想。《汉书·贾山传》记载，贾山在西汉孝文帝时作《至言》一文，其中指出："昔者，秦政力并万国，富有天下，破六国以为郡县，筑长城以为关塞。"同书《严助传》又载：汉武帝建元三年（公元 138 年），东瓯受到闽越的攻击，向西汉求救，太尉田蚡借口秦朝并不统辖东瓯为托词，不欲发兵相助。严助愤然反驳道："且秦举咸阳而弃之，何但越也！今小国以穷困来告急，天子不振，尚安所愬，又何以子万国乎？"又如《晋书·夏侯湛传》记载：西晋泰始年间，夏侯湛作《抵疑》一文，提出："今天子以茂德临天下，以八方六合为四境，海内无虞，万国玄静，九夷之从王化，犹洪声之收清响……"又如西晋人段灼曾力劝晋武帝"尽除魏世之弊法，绥以新政之大化，使万

邦欣欣，喜戴洪惠，昆虫草木，咸蒙恩泽"。^① 这些学者所使用的"万国"或
"万邦"概念，并不是专指先秦时期的邦国分立状况，而是引申到他们所处
的时代，足见这一观念的深远影响。

　　第二，有助于加深对古代中国国家形态发展规律性的探索。"分久必
合，合久必分。"可以说，统一与分裂，在传统中国人观念中，似乎成为历史
时期中国国家形态演变中难以摆脱的循环。其实，这种认识是相当狭隘
与片面的，但必须承认，小国林立，是古代世界各国发展中所共同经历的
一个较为普遍的形态。中国如此，周边邻邦也莫不如此。这种状况的普
遍存在，具有极为深刻的时代背景。列宁曾对此进行了十分精辟的剖析：
"当时的社会和国家比现在小得多，交通极不发达，没有现代化的交通工
具。当时的山河、海洋所造成的障碍比现在大得多，所以国家是在比现在
狭小得多的地理范围内形成起来的。技术薄弱的国家机构只能为一个版
图较小、活动范围较小的国家服务。"^②可见，"万邦时代"的存在，不仅出
于自然地理状况的限制（如山河、海洋的阻隔），更有交通工具、政治能力
等多种因素的影响。所以说，要实现更大范围的国家统一与民族融合，仅
凭主观愿望是远远不够的，还需逐步利用先进的生产力条件与合理的制
度建设，克服自然条件、交通及政治能力等种种客观障碍，否则，统一与融
合的成果就难以维持。但是，就中国历史而言，每一次的统一与以往的统
一相比较都有质的飞跃。统一的历程与各民族的融合过程几乎是同步
的。区域性的兼并与统一，往往是全国性的统一的前提与基础。

　　第三，有助于进一步认识中华民族起源、演变的多元性与复杂性。顾
颉刚先生在论述古代民族演变时，有一个绝妙的比喻，即先秦时期民族融
合的结果，是将"任何异种族异文化的古人都联串到诸夏民族与中原文化
的系统里，直把'地图'写成了'年表'"。^③ 那么，先秦民族史研究的主要
任务就应是将"年表"复原为"地图"，即寻找与剖析民族演变的地理背景
和地域性特征，以及不同地域在民族演变中的不同地位。早期国家的演

---

　　① ［唐］《晋书》卷四八《段灼传》，第 1343 页。
　　② 列宁：《列宁选集》第 4 卷，人民出版社 1960 年版，第 48 页。
　　③ 顾颉刚：《战国秦汉间人的造伪与辨伪》，《古史辨》第七册上编，上海古籍出版社 1982 年版
（重印本），第 20—21 页。

变与民族发展是相统一的。《国语·郑语》就记载了史伯一段非常著名的论断："……当成周（即东周首都雒邑，今河南洛阳市）者，南有荆蛮、申、吕、应、邓、陈、蔡、随、唐；北有卫、燕、狄、鲜虞、潞、洛、泉、徐、蒲；西有虞、虢、晋、隗、霍、杨、魏、芮；东有齐、鲁、曹、宋、滕、薛、邹、莒；是非王之支子母弟甥舅也，则皆蛮、夷、戎、狄之人也。"所谓"中国"与"四夷"都是一定历史阶段的产物，邦国的兼并扩展在很大程度上意味着民族共同体或民族的融合与扩充。兼并邦国的众多，正好证明民族族源的复杂性。如果说夏、商、周王朝的建立是华夏族逐步形成与壮大的重要标志，这三代王朝最重要的根基地构成了早期"中国"的大致范围，那么，"万邦时代"的真正结束就意味着中华民族大统一与大融合的到来。

　　费孝通先生对于历史时期中国民族发展问题进行了深入的研究、思考与探索，做出了影响深远的卓越理论，这就是著名的"多元一体"理论。面对中国历史时期民族发展的现状与历史趋势问题，费先生做出了精准的总结："中华民族作为一个自觉的民族实体，是在近百年来中国与西方列强的对抗中出现的；但作为一个自在的民族实体，则是在几千年的历史过程中所形成的。""它的主流是由许许多多分散孤立的民族单位，经过接触、混杂、联结和融合，同时也有分裂与消亡，形成一个你来我去、我来你去，我中有你、你中有我，而又各具个性的多元统一体。"①

　　费孝通先生理论的创造，首先在于其视野的广阔与方法论的得当。关于研究视角与方法论，他指出："这是一幅丰富多彩的历史长卷，有时、空两个坐标，用文字来叙述有时难以兼顾，所以在地域上不免顾此失彼、方位错乱，时间上不免有前后交差（叉）、顺序倒置的缺点。"②费先生是实话实说、实事求是的，单单用文字表述容易发生错乱，但是，坚持时间与空间两个坐标则是毋庸置疑的。用一种坐标来解释中华民族的发展史，则是欠缺的、不完整的，也是缺乏说服力的。

　　根据笔者的理解，"多元一体"理论的重点及核心意义如下：第一，中

---

① 费孝通：《中华民族的多元一体格局》，《中华民族的多元一体格局民族学文选》，生活·读书·新知三联书店 2021 年版，下同，第 478—479 页。
② 费孝通：《中华民族的多元一体格局民族学文选》，第 479 页。

华民族的发展与形成是一个极其复杂的历史过程,时间长达数千年,其实是与中华文明的发展历史相始终,中华文明的发展史也是中华民族的发展融合史。第二,中华民族发展与融合史是一部动态发生的历史,而这个动态历史的背景就是一个大规模人口变动与迁徙的历史。而在我们看来,这个动态过程,就是移民的过程。

中华民族的统一是逐步完成的,而且在漫长的发展阶段中,出现了不少阶段性以及区域性的凝聚中心及初级统一体,这些也都是费先生重要的理论创新点。费先生指出:"中华民族成为一体的过程是逐步完成的。看来先是各地区分别有它的凝聚中心,而各自形成了初级的统一体。比如,新石器时期在黄河中下游都有不同的文化区,这些文化区逐步融合出现汉族的前身华夏的初级统一体,而当时长城外牧区还是以匈奴为主的统一体和华夏及后来的汉族相对峙。经过多次北方民族进入中原地区及中原地区的汉族向四方扩散。"①

中华民族凝聚的核心之一为汉族,而汉族的前身是华夏民族集团。由于文献的阙乏,上古民族史往往会陷入所谓"不足证"的困局,而作为一个极有影响的世界性学者,费孝通先生对于中华民族发展史却有着十分清醒的认识,极有勇气地提出了明确的论断:"夏代历史已从神话传说的迷雾中得以落实,商代历史有早骨文为据,周代历史有钟鼎文为据,相应的后世文字记载都可得而考。而夏、商、周三代正是汉族前身华夏这个民族集团从多元形成一体的历史过程。"②这些说法反复证明了,先秦时代同样是中华民族的融合与发展的重要阶段之一,华夏(汉)族早期同样有一个多元融合为一体的客观历史过程。关于汉族的形成问题,费先生也精辟地指出:"汉族这个名称不能早于汉代,但其形成则必须早于汉代。有人说,汉人成为族称起于南北朝初期,可能是符合事实的,因为魏晋之后正是北方诸族纷纷入主中原的十六国分裂时期,也正是汉人和非汉诸族接触和混杂的时候。当时汉人这个名称也成为当时流行的中原原有居

① 费孝通:《中华民族的多元一体格局民族学文选》,第515页。
② 费孝通:《中华民族的多元一体格局民族学文选》,第484页。

民的称呼了。"①

中国地域广袤,而就历史时期中国民族空间分布而言,费先生特别提到了"生态结构"问题。"民族格局似乎总是反映着地理的生态结构。"②足见费先生的研究视野是相当广阔的,其研究理念也洋溢着新时代的气息。不可否认,历史时期长城不仅是民族分布区的界线,也是农业与牧业分布区的界线。而这一分界线的确立基础,正是"地理与生态结构"的差异。中国历史时期民族分布的"南北两大区域的分别统一是有其生态上的基础的"。③

> 从蒙古高原经天山北路直到中亚细亚是一片大草原,这对于游牧民族来说是可以驰骋无阻的广场。游骑飘忽,有来有去,牧场的争持,你占我走,你走我占,所以这个地区的民族是时聚时散的。哪个部落强大了就统治其他部落,而且以其名称这广大草原上的牧民。所以史书上所见的是一连串在北方草原上兴起的族名:匈奴之后有鲜卑、柔然、突厥、铁勒、回鹘等。他们有时占领整个大草原,有时只占其中的一部分,最后是蒙古人,其势力直达西亚。④

总而言之,民族发展与变化,不仅表现在民族人口的增加,更在于各个民族生活空间上的变迁。历史时期真正改变中国民族地理格局的"源动力"无疑是长时间而大规模的民族迁移与变动。正如费先生所言:"北方诸非汉族在历史长河里一次又一次大规模地进入中原农业地区而不断为汉族输入了新的血液,使汉族壮大起来,同时又为后来的中华民族增加了新的多元因素。这些对中华民族多元一体格局的形成都起了重要的作用。"⑤其实,在游牧民族南迁的同时,汉族及其他各个民族北迁进入大草原的数量也相当可观。历史时期民族的发展与进步不会是止于"死水一潭",而是迁徙往来,活力无限,而民族移民则是贯穿于中华民族发展史上的"红线"与"源动力"。

---

① 费孝通:《中华民族的多元一体格局民族学文选》,第486页。
② 费孝通:《中华民族的多元一体格局民族学文选》,第480页。
③ 费孝通:《中华民族的多元一体格局民族学文选》,第488页。
④ 费孝通:《中华民族的多元一体格局民族学文选》,第491页。
⑤ 费孝通:《中华民族的多元一体格局民族学文选》,第498—499页。

第二节　移民：中华民族融合与发展史上
的"红线"与"源动力"

人类历史自迁徙始。迁徙运动掀开了世界各民族发展的第一页。《史记·五帝本纪》将这种情况概括为"迁徙往来无常处"。[①]《汉书·地理志》称为"古有分土，亡分民"。颜师古解释为："有分土者，谓立封疆也；无分民者，谓通往来，不常厥居也。"关于人类历史与迁徙活动之间的关系，美籍华裔地理学家段义孚曾在《逃避主义》一书中作过十分精辟的总结："人类的故事大部分可以叙述为一种迁徙活动。人们通过短距离迁徙，去寻找更好的狩猎场地，寻找更富饶的土地，寻找更好的赚钱机会，或是寻求更好的文化。短距离迁徙很可能是周期性的……长途迁徙很可能是单向性的，且是永久性的。这种迁徙如同恢宏的史诗一般伟大而壮观。"[②]可以说，定居是人类发展到一定阶段的生活形态；而上古先民的历史，就是一部迁徙往来的历史。

在生产力极为低下的原始时代，先民们通过迁徙活动寻找食物，躲避强敌或灾难，寻找新的、更好、更安稳的居处。这也就是中国远古时代关于迁徙的传说故事并不少见的根本原因。一些前辈学者在这方面用力精勤，成果卓然。如著名学者丁山在先秦都邑研究中特别强调了其反复迁徙的特点，提出并细致分析了"夏后氏都邑十迁""殷商都邑十六迁""周都十余迁"的现象[③]。先秦史学者蒙文通则对两周时期的民族迁徙进行了十分深入的探讨，提出了诸多精辟的见解。可以说，在蒙先生看来，先秦民族发展史不啻是一部民族迁徙史。从该书各章节标题便可见一斑，如"周民族之南移""西戎东侵""南方民族之移动""赤狄东侵""白狄东侵""东北貊族之移动""秦西诸族之移徙"以及"东夷之盛衰与移徙"等[④]。这些研究都充分展现了先秦时代民族及早期国都迁徙活动的普遍及频繁。

---

① 《史记》卷一《五帝本纪》，中华书局1997年版，第6页。
② 段义孚：《逃避主义》，河北教育出版社2005年版，周尚意、张春梅译，第8页。
③ 丁山：《由三代都邑论其民族文化》，《古代神话与民族》，江苏文艺出版社2011年版。
④ 蒙文通：《中国古代民族史讲义》之《目录》，天津古籍出版社2008年版。

其中，匈奴族与鲜卑族的迁徙与发展的历史最具完整性与典型性，在中国民族发展史上也最具代表性意义。

一、匈奴族的南迁及其汉赵国建立

秦汉时代，是中国统一王朝政治模式奠定与形成深厚基础的时期，也是一个新的民族共同体塑造的开始。然而，秦、汉王朝的疆域面积是相当有限的，中国境内多种民族区域并立，是当时民族分布格局的最大特征。"南有大汉，北有强胡"是秦汉时期民族分布的最突出特征。长城一线，即为南北之界。匈奴分布区是最大的非汉民族区。此外，南越国、西南夷、东胡、西域都构成了重要而有影响的民族区域。秦汉时期最大、最有影响力的民族迁移运动就是匈奴族的南迁及内迁。起初，匈奴人为典型的游牧民族，故其早期居住地留给人的印象是广大而模糊的，即所谓"北蛮"。《史记·匈奴列传》记载有："居于北蛮，随畜牧而转移……逐水草迁徙，毋城郭常处耕田之业，然亦各有分地。毋文书，以言语为约束……其俗，宽则随畜，因射猎禽兽为生业，急则人习战攻以侵伐，其天性也……"最强盛时，塞外匈奴联盟疆域广大，政治建置体系也相当庞大。《史记·匈奴列传》："至冒顿而匈奴最强大，尽服从北夷，而南与中国为敌国。……诸左方王将居东方，直上谷以往者，东接秽貉、朝鲜；右方王将居西方，直上郡以西，接月氏、氐、羌。而单于之庭直代、云中，各有分地，逐水草移徙……。"匈奴单于庭，又习惯称为"龙城"。根据黄文弼先生考定，实际上存在南、北两个单于庭。单于北庭当在蒙古国鄂尔浑河畔，杭爱山之东麓，哈剌巴尔噶附近，位于元代的和林城西北。单于南庭，大致在今河北赤城或商都一带。[①] 单于之庭"直代、云中"，应指其地隔长城正对代（治今河北蔚县西南）与云中（治今内蒙古托克托县东北）两郡之意[②]。

匈奴与汉朝兵戎相见，征战不休，但也有和睦相处的时期。汉武帝时期，汉军（卫青、霍去病）强盛，北征塞外。西汉末年，匈奴内乱，五单于争立，呼韩邪单于归附。甘露初年（公元前53年），呼韩邪单于率众愿臣服汉朝，

① 黄文弼：《前汉匈奴单于建庭考》，《匈奴史论文选集》，中华书局1983年版，第89—91页。
② 王子今：《汉帝国交通地理的"直单于庭"方向》，《中国历史地理论丛》2020年第1辑。

与汉朝官府依然约定"自长城以南天子有之，长城以北单于有之"。但从实际情况分析，呼韩邪单于居光禄塞（在今内蒙古乌拉特前旗境内）下，所率匈奴部众的活动区域估计仍然集中于长城一线边塞地区。这应该视为匈奴南迁的准备与酝酿时期。匈奴族大规模内迁始于东汉初年。当时，南、北匈奴分裂，北匈奴西迁。南匈奴南迁美稷（今内蒙古自治区准格尔旗西北），分布于缘边各郡。建武二十六年（公元50年），东汉朝廷一方面照西汉旧例赏赐南匈奴首领，另一方面允许南单于入居云中，徙居西河美稷（今内蒙古准格尔旗西北）。匈奴诸部分别屯居缘边七郡：北地、朔方、五原、云中、定襄、雁门、代郡。同时，恢复缘边八郡（再加上谷郡）的建置，重遣边民北上，这样就形成缘边郡县匈奴族与汉民杂居的状况。南匈奴入居塞内后，过着较为充裕的生活。在北匈奴衰败的状况下，南单于请求合攻北匈奴，上言道："臣伏念先父归汉以来，被蒙覆载，严塞明候，大兵拥护，积四十年。臣等生长汉地，开口仰食，岁时赏赐，动辄亿万，虽垂拱安枕，惭无报效之地……"更值得关注的是，在击破北匈奴之后，南匈奴曾经出现重返故地的迹象，但是，在多重主客观因素之下，南匈奴北返故地行动受阻。就是在东汉军队把北匈奴打败之后，在东汉官府的有意阻止下，南匈奴并没有重返长城以北的草原地带。① 从此，并州地区成为长城以南最集中的匈奴人聚集区，"塞外之虏"变为"并州之胡"。刘渊（元海），为南单于之后裔，自称为汉朝皇族之后裔。《晋书·刘元海载记》称："初，汉高祖以宗女为公主，以妻冒顿，约为兄弟，故其子孙遂冒姓刘氏。"②可见，南匈奴单于家族得到刘姓，正是汉匈皇族间通婚的直接结果。

永兴元年（公元304年），刘渊又于左国城（今山西离石市东北）即汉王位，定年号为元熙，并置百官，刘氏汉国正式创立。刘渊军队在较短时间内，先后攻陷太原、泫氏、屯留、长子、中都及河东、平阳等地，所向披靡。永嘉二年（公元308年），刘渊即皇帝位，并迁都平阳（今山西临汾市）。关于刘渊汉国的早期疆域，《晋书·地理志》载："及永兴元年，刘元海僭号于平阳，称汉，于是并州之地皆为元海所有。"从南北朝时期到唐朝初年，南

---

① 相关讨论，参见《后汉书》卷四一《宋意传》，第1415—1416页。
② 《晋书》卷一〇一《刘元海载记》，第2645页。

迁匈奴在山西西部的遗存——稽胡（山胡），其居留之地正在黄河中游两岸的今天山西吕梁及陕北地区：当时"山胡"反叛频发，又出现了一个地方少数民族政权建设之高峰期，同样也是南迁匈奴部族残存势力较为活跃的表现。《周书·稽胡传》称："稽胡，一曰步落稽，盖匈奴别种刘元海五部之苗裔也。"而当时自立政权的稽胡首领也有不少以刘为姓，如刘蠡升、刘平伏、刘受罗千等。[①]

应该说，匈奴南迁与融合的历程是相当坎坷的。从甘露元年汉匈关系缓和以来，至东汉初年，匈奴南迁的准备或酝酿期已长达百年之久。而从东汉初年南匈奴越过长城，大规模入居汉地，再到刘氏汉赵国的创立，时间又过去了250余年。南匈奴入居，不仅意味着居留地的改变，更多意味着经济方式及政治影响力的提升。建立民族政权，正是南匈奴政治权力意识的全面表达，这不仅是中国民族融合史关键性的一段，也是中国古代民族政治史上不容或缺的重要篇章之一。

二、鲜卑族的迁徙与北魏王朝的影响

鲜卑（Sienpi），是继匈奴之后在中国历史上产生重大影响的北方民族。而回顾其发展历程可以看出，迁移活动是鲜卑民族发展史上的重要组成部分。也可以说，没有迁移，也就没有鲜卑族的大发展。通常，鲜卑族群大致分为东部鲜卑、拓跋鲜卑与西部鲜卑等几个分支。我们可以发现，这种分类也可以说是迁徙及其发展的结果。作为鲜卑人的共同发源地，"鲜卑山"或"大鲜卑山"通常指今天东北大兴安岭山系的北段。而鲜卑族群早期迁徙的共同轨迹是从"大鲜卑山"到"匈奴故地"[②]。北匈奴最终落得惨败与远徙的下场，与南匈奴南下，都退出了广袤无垠的大漠地区，这为鲜卑人的发展及民族融合创造了难得的机遇与广阔的空间。

还应注意的是，此时强大起来的鲜卑族群联盟，已不仅仅是鲜卑本族群的集合，还有大量残留匈奴人的加入。可以说，鲜卑人崛起及进入蒙古

---

① 《周书》卷四九《稽胡传》，第896页。
② 安介生：《试论拓跋鲜卑的早期迁移问题》，《原学》学术集刊第2辑，中国广播电视出版社1995年版。

大草原之时,实际了开启了一个民族融合的时代。"匈奴及北单于遁逃后,余种十余万落,诣辽东杂处,皆自号鲜卑兵。"①《后汉书》卷九〇《乌桓鲜卑列传》同样记载云:"北单于逃走,鲜卑因此转徙据其地。匈奴遗种留者尚有十余万落,皆自号鲜卑,鲜卑由此渐盛。"很显然,匈奴与鲜卑大规模的融合,是塞外草原历史上的重大事件,也是鲜卑族迅速壮大的极好说明。

对于东汉时期鲜卑族联盟部族构成及形成的客观背景,著名东汉文学家蔡邕曾有非常精到的说明。他指出:

自匈奴遁逃,鲜卑强盛,据其故地,称兵十万,才力劲健,意智益生。加以关塞不严,禁网多漏,精金良铁,皆为贼有;汉人逋逃,为之谋主,兵利马疾,过于匈奴。②

到东汉桓帝、灵帝之际,鲜卑族出现了一个杰出的领袖——檀石槐。檀石槐之神勇,与匈奴著名的首领冒顿颇为相似。他在被推为首领后,统一各部,鲜卑族势力达到顶峰,成为继匈奴之后另一支真正称雄塞外的北方民族。而檀石槐死后,鲜卑联盟又陷于分崩离析之中,而这又是鲜卑部族大规模内迁与西迁的起点。鲜卑民族也由于迁徙及分布的不同,而被大致分为东部鲜卑、西部鲜卑与拓跋鲜卑三个部分。

著名学者马长寿先生对于魏晋南北朝及拓跋鲜卑的迁徙问题有着精深的研究。他指出:"民族共同体的起源和迁徙都是民族史上的重要课题。只有把这些课题弄清楚了,诸部族部落的同源异流和异源合流的历史始能得到合理的解决。异源合流的问题就是诸共同体的融合问题,所以共同体的迁移又会引起诸部族部落的融合。但迁徙和融合的关系不是直接的,是间接的。迁徙只能使外来的共同体与原来住在这里的共同体相互接触、交往,以至于错居杂处。"③可以说,费孝通先生所云"多元一体"与马先生所说"异源合流"有着内在共通之处,而马先生很早就将民族迁移与民族融合问题在理论上进行了提炼与总结。马长寿先生在运用马

　　① 《三国志》卷三〇《鲜卑传》裴松之注,第 837 页。
　　② 《后汉书》卷九〇《乌桓鲜卑列传》,第 2991 页。
　　③ 马长寿:《乌桓与鲜卑》,崇文书局 2022 年版,第 27 页。

列辩证长江出版传媒唯物主义理论确有独到之处，而且还指明了迁徙活动本身的局限性。

　　关注并指明魏晋南北朝时期重大民族迁徙活动并做出初步的研究，则是马长寿先生的又一个重要贡献。他认为："从二世纪至六世纪的五百年内，乌桓与鲜卑的移动以及与此二族发展有关的汉族迁徙，大致可以分为四大潮流：（一）二世纪草原各族牧民的流动；（二）四世纪汉族的外徙与乌桓、鲜卑的内徙；（三）四、五世纪中原汉人、鲜卑人向北魏代都的迁徙；（四）五、六世纪漠南和代都的拓跋鲜卑等族向中原各地的迁徙。这四大迁移潮流对于边郡的开发、部族的融合、历朝政治的盛衰、文化和制度的统一以及隋唐国家的统一都有很大的关系。"①这应该是在宏观上对于汉魏南北朝时期民族迁徙活动的一个相当精确的总结，当时民族种类众多，迁徙活动十分复杂，能高屋建瓴地指出其发展潮流，需要深厚的学术功底与理论眼光，实属难能可贵。

　　关于东部鲜卑的迁徙及分布情况，马长寿先生的研究是最为深入的，他指出："东部鲜卑在五胡十六国中的特点就是分布很广，迁徙路线比较长。晋代的州郡，平州的昌黎、辽东国，幽州的燕国、北平、上谷、代郡、辽西，并州的上党、太原，雍州的京兆郡，司州的河南、弘农、平阳、河东、广平、魏郡，冀州的赵国、中山、常山，青州的齐国、济南、东莱，凡六州二十余郡国皆有鲜卑人散居其间……十六国时各族的迁徙都很频繁，迁徙路线也很辽远，然以大规模的集体迁徙而言，鲜卑的迁徙最为复杂，迁徙路线亦最为辽远……从 349 年东部鲜卑南下起，至 432 年北魏移东北六州民三万家于幽州止，前后八十多年之内，鲜卑人走遍了半个中国的大部分地区。这种情况正是促使东部鲜卑加速汉化的又一个重要原因。"②马先生的论述既重事实依据，也有宏观视野，最后又进行了理论性的总结，将迁徙活动与鲜卑族汉化问题直接联系起来，可谓目光如炬，观点坚不可摧。

　　可以说，隋唐之前，非汉民族国家建设的最高成就，都是由鲜卑族来完成的。根据周伟洲先生的论述，"在五胡十六国时期，鲜卑先后在北方

---

① 《乌桓与鲜卑》，第 30 页。
② 《乌桓与鲜卑》，第 13—14 页。

建立了代、前燕、西燕、后燕、南燕、西秦、南凉、吐谷浑八个政权。'五胡'之中，鲜卑是建立政权最多的一个民族。"①如东部鲜卑：有鲜卑族所建立的"四燕"政权，即前燕、后燕、西燕、南燕，均由慕容鲜卑人所建立。西部鲜卑：建立了西秦、南凉和吐谷浑三个政权。而北魏政权的建设，更是历史时期少数民族政权建设的典型。

拓跋鲜卑第一次南迁从大兴安岭北段进入"大泽"地区，在诘汾为部落首领时，进行了第二次大规模的迁移：

> 献帝（诘汾父）命南移，山谷高深，九难八阻，于是欲止。有神兽，其形似马，其声类牛，先行导引，历年乃出。始居匈奴之故地。②

这里又提到了"匈奴故地"，显然，"匈奴故地"是指匈奴强盛时统辖的地盘。据《史记·匈奴传》记载："至冒顿而匈奴最强大，尽服从北夷，而南与中国为敌国……诸左方王将居东方，直上谷以往者，东接秽貉、朝鲜；右方王将居西方，直上郡以西，接月氏、氐、羌；而单于之庭直代、云中；各有分地，逐水草移徙。"③鲜卑檀石槐强盛时，占据的就是这片地区，拓跋鲜卑第二次迁徙便进入了这一地区，即蒙古高原的核心地区④。

以拓跋鲜卑为核心的北魏政权于天兴元年（公元398年）迁都平城后，鉴于该地区残破荒芜、人烟稀少，就多次大规模向以平城为中心的京畿地区移民，"以充京师"。⑤ 如果从天兴元年（公元398年）第一批攻灭北燕后的移民算起，到太和五年（公元481年）假梁郡王拓跋嘉把三万俘虏送到代都为止，北魏官府向代都地区的大规模移民持续了八十余年。太和十一年，孝文帝不仅完全停止了向代都的移民，而且还被迫允许京师百姓大量迁出。北魏孝文帝拓跋宏在太和十七年（公元493年）以南伐为借口胁迫群臣同意迁都，至太和十九年（公元495年）九月，北魏"六宫及文武尽迁洛阳"。⑥ 从大规模连续性的迁入，到彻底性的大迁出，对以平

---

① 周伟洲：《魏晋十六国时期鲜卑族向西北地区的迁徙及其分布》，《民族研究》1983年第5期。
② 《魏书》卷一《序纪》，第2页。
③ 《史记》卷一百十，中华书局1959年版，第2890—2891页。
④ 安介生：《试论拓跋鲜卑的早期迁徙问题》，《原学》第2辑，中国广播电视出版社1995年版。
⑤ 《魏书》卷二《太祖纪》，第32页。
⑥ 《魏书》卷七《高祖纪》，第178页。

城为中心的北魏代都地区产生了重大影响。北魏代都地区自然条件限制
了其对人口的承载能力，频繁发生的饥旱迫使代都地区的人口不断外迁。
太和十一年的自然灾害是代都人口发生剧变的转折点，大批人口外迁动
摇了平城的首都地位。迁都洛阳是适应平城地区人口承载力的无奈之
举，代都平城地区的人口剧变问题在中国人口史上具有深刻的启示意
义①。当然，在非汉民族接受汉文化的历史上，孝文帝迁都改制的伟大贡
献则是无法抹灭的。北魏孝文帝最终迁都洛阳，无疑创造了历史时期少
数民族接受汉文化与民族团结的典范。而我们回顾拓跋鲜卑迁徙的历
史，可以看到，拓跋鲜卑接受汉文化的程度与水平，与其迁徙历程是紧密
相关的，或者说是步调一致的。

从遥远的大兴安岭北段，到蒙古草原；再从蒙古草原越过长城，进入
"代地"，最后又从代地迁徙到洛阳，也就是传统"中国"最核心、最有代表
性的地方——洛都。而万国来朝、众星拱月的盛景最终在古都洛阳得以
实现。我们在杨衒之的名著《洛阳伽蓝记》中，可以充分领略到当时洛阳
作为国际大都会的繁荣与成就。可以说，北朝后期文化的发展、洛阳城市
建设的成就，不仅仅是汉族文化的荣耀，而是各民族共同造成的文明"奇
景"与"奇迹"。

第三节　论"粘合剂"之重要性："多元一体"内在机制

费孝通先生提出中华民族"多元一体"理论，在民族历史研究中产生
了巨大的影响，得到了大多数学者的共鸣与响应。"多元一体"既是今天
中国境内民族发展之现状，同样也代表了中国民族历史发展的趋势与结
果。然而，"多元一体"形成的内在动力与机制问题，似乎迄今为止并没有
得到很好的讨论与研究。民族融合与发展，并不是自然而然的过程。"多
元一体"之所以成为中华民族发展的趋势与结果，关键还在于：在漫长的

---

① 安介生：《北魏代都人口迁出考》，《史念海先生八十寿辰学术文集》，陕西师范大学出版社
1996 年版。

中国民族发展史上,存在着多种持续发生作用的内在机制,存在着持久发生作用的"源动力"与促进因素。中华民族"多元一体"的发生,是"内因"在起作用,而非凭借"外力"。如果没有这个"内在机制"的作用,如果没有积极作用的"源动力"与促进因素,中华民族"多元一体"或"异源合流"的情况恐怕也是"水中月""镜中花",并不会自然而然地发生。

在这个"内在机制"中,民族迁徙创造了民族交流与融合、发展的"大舞台"、机遇与历史背景,即中华民族融合发展宏大画卷的"底色"。如果各个民族各安其处,老死不相往来,那么,民族融合与发展如何实现?岂不成了一句空话?! 正是民族迁徙活动将各民族聚合到了一起,为各个民族间相互学习、相互借鉴提供了机遇,为民族融合发展提供了现实的"大舞台"与可能性。因此,谈论中华民族的融合、发展,首要的工作就是创造融合与交流的"舞台"和机会,鼓励各个民族交流、交融与共同发展;如果离开移民以及民族迁徙,这些目标恐怕就难以实现。

当然,即使从历史上看,各种民族、族群自由迁徙、聚集在一起,其结果也不一定是好事。生产生活方式的差异、宗教信仰的不同、经济现实的矛盾冲突,也会使民族之间争端四起,相互残害甚至于惨烈的人为毁灭,最终酿成巨大社会灾难。这种事例在世界各国的历史上都是屡见不鲜的,不少古老民族的最终消灭,往往就是来自民族之间的争端、冲突与仇杀。因此,没有特殊的"内在机制",没有特殊的"粘合剂",中国各民族在中华大地上的共荣共存,恐怕只是"纸上谈兵"与"水中捞月"。而历史事实证明,在中国民族的发展历史上,民族融合"内在机制"与特殊民族间"粘合剂"的客观存在与积极作用,不啻为中华民族发展的"利好消息",它们大大促进了中华民族"多元一体"的进程。这正是中华民族发展史上最值得珍视的宝贵财富,也是中华民族"多元一体",进而成为一个伟大民族的关键所在。它们不仅是中国民族团结的最大保障,也是最值得后世子孙继承与发展的"文化遗产"、文化传统与民族精神。

中国民族发展中的"粘合剂"或促进因素不仅种类多,而且共同发生作用,与民族迁徙一道,构成了中国民族发展的"内在机制",最终达到了民族凝聚与融合效果,从而形成了中华民族的"多元一体"与民族大团结的盛况。根据笔者多年关于中国移民史和历史民族地理的教学与研究实践及思考,这种"内在机制"的关键要素——"粘合剂"——体现在三个方面:一是鼓励民族联姻;二是"诸族并重"的用人政策;三是崇尚"大一统"精神。

一、民族联姻在中国民族融合与发展中的伟大贡献

中国古代是极重"血亲"的社会,注重血缘纽带,崇拜祖先,重视血缘传承与宗族发展。但是,华夏传统婚姻制度的一个重要特征却是:"同姓不婚"。"同姓不婚,恶不殖也。"[①]这应该是中国先民在古代婚姻制度实践中积累的宝贵经验,也符合今天生殖科学理念。华夏族自古在实际中禁止同姓结婚,鼓励异姓人家通婚,乃至异族通婚,却是十实真实的抉择,可以说是中华民族婚姻制度的伟大传统。正是存在这一伟大传统,鼓励不同家族、不同族群之间的通婚,这对促进中国各民族的团结与融合具有重大而深远的影响。著名学者陈顾远很早就在《中国婚姻史》一书中提出:

> 惟各律中,仍于形式上遵守同姓不婚之原则耳。至于近亲而为婚姻者,则加重其罪,尚不失为保障族外婚制之道也。
>
> 关于部族以外之族际婚制者:此之所谓"族际"之族,系指周以后之各异族而言。历代虽不以此种外婚,概视之为当然,顾事实上或特殊情形中,则亦莫能阻其通婚之趋势,中华民族之范围日益扩大者,斯实一要因也。[②]

早在先秦时期,中华先民异族之间的通婚已相当常见。如周襄王之时,"初,周襄王欲伐郑,故娶戎狄女为后,与戎狄兵共伐郑"。[③] 记载中的民族联姻事例,最早、最出名的有晋文公兄弟,为晋献公娶"狄女"而生。"(晋献公)五年伐骊戎,得骊姬、骊姬弟,俱爱幸之。""重耳母,翟之狐氏女也;夷吾母,重耳母女弟也。"[④]在三晋发展历史上,异族异国通婚的事例

---

① 《国语》卷十,上海古籍出版社 1998 年版,第 349 页。
② 陈顾远:《中国婚姻史》,商务印书馆 2018 年版,第 24 页。
③ 《史记》卷一一〇《匈奴列传》,第 2881 页。
④ 《史记》卷三九,第 1640、1641 页。

还有很多，如《史记·赵世家》记载赵襄王之姊为代王夫人，赵襄子击杀代王后，"其姊闻之，泣而呼天，摩笄自杀。代人怜之，所死地名之为摩笄之山"。① 凄美的故事背后，是当时各个民族通婚的普遍现象。

历史上最受人瞩目的民族联姻，自然就是各民族政权间皇（王）族之间"和亲"政策的实施。如汉匈通婚，在汉族与匈奴族的发展史上均具有重大意义。在冒顿最为强盛之时，刘敬就提出"和亲"之计，并全面阐述了其重要价值与意义：

> 陛下诚能以适长公主妻之，厚奉遗之。彼知汉适女送厚，蛮夷必慕以为阏氏，生子必为太子，代单于。何者？贪汉重币。陛下以岁时汉所余彼所鲜数问遗，因使辩士风谕以礼节。冒顿在，固为子婿；死，则外孙为单于。岂尝闻外孙敢与大父抗礼者哉？兵可无战以渐臣也。②

刘敬在南北战争频繁、民族间武力对峙之间，提出并全面阐述"和亲"政策，可谓一位极有远见的政治家，为长城南北的和平做出了重大贡献。根据刘敬的分析，和亲政策之优势在于：第一，和亲之策可以让单于族属在各民族之间得到最大的尊重，与汉朝皇家结亲，地位尊崇无比，对于其他民族的影响力也是非同凡响的。第二，和亲政策伴随着汉族王朝丰厚的财物馈赠，会得到其他民族的高度艳羡。第三，也是最为重要的，通过汉族皇家女子与单于家族的联姻，使汉族皇家与单于家族结成最亲密、最紧密的姻亲及人伦关系。而这种姻亲及人伦关系一方面可以直接影响单于家族的赓续及非汉民族首领地位的传承；另一方面也会成为双方发生武力对抗的重要障碍。而在客观事实上，和亲政策在协调民族关系上也起到了极重要作用。

> 是时匈奴以汉将众往降，故冒顿常往来侵盗代地。于是汉患之，高帝乃使刘敬奉宗室女公主为单于阏氏，岁奉匈奴絮缯酒米食物各有数，约为昆弟以和亲，冒顿乃少止。③

---

① 《史记》卷四三《赵世家》，第 1793—1794 页。
② 《史记》卷九九《刘敬传》，第 2719 页。
③ 《史记》卷一一〇《匈奴列传》，第 2895 页。

　　尽管和亲政策并不能完全阻止汉匈之间战争及武力对抗的发生,然而和亲政策仍不失为汉朝处理与匈奴及各非汉关系的重要选择之一。且根据司马迁本人的观察,和亲政策似乎在和缓南北民族关系上的作用极为明显。"今帝即位,明和亲约束,厚遇,通关市,饶给之。匈奴自单于以下皆亲汉,往来长城下。"①显然,和亲政策的影响力是难以估量的,皇族之间的姻亲关系为调和民族关系做出了表率,"亲汉"一时间就成为汉匈关系的主流,其影响力当然不是仅限于和亲政策本身。

　　汉匈之间最著名的和亲事例,应该就是王昭君的北上。根据《汉书·匈奴传》记载:王嫱,字昭君,良家子。竟宁元年(公元前33年),呼韩邪单于入朝,汉元帝赐昭君,号宁胡阏氏。王昭君后生一男,为伊屠智牙师,为右日逐王。又生二女,长女云为须卜居次,小女为当于居次。笔者以为,和亲政策在汉末王昭君时期取得了重大进展与成就。以王昭君及其子女为代表,汉匈皇族之间通过联姻,实际上形成并巩固了富有影响力的"亲汉"派的匈奴贵族团体,而这个匈奴"亲汉"派贵族团体日后在汉匈关系中起到了至关重要的作用。

　　两汉之交,南北匈奴分裂,而"亲汉"的南匈奴集体开始全面内迁,我们都可以看到这些汉匈联姻家族的身影,"归汉"就成为"亲汉"的很自然发展趋势与结果。如南匈奴单于比,即呼韩邪单于之孙,他同样是王昭君的直系后代。又如刘渊是"十六国"时期汉(赵)国的创立者,他的刘姓,正是由汉匈联姻制度而来的。"刘元海以惠帝永兴元年据离石,称汉。"②关于南匈奴领袖刘渊(元海)姓氏的来源,《晋书·刘元海(渊)载记》云:"初,汉高祖以宗女为公主,以妻冒顿,约为兄弟,故其子孙遂冒姓刘氏。"很显然,冒顿单于的后代因为联姻的关系而承袭刘姓,这当然也是和亲政策对于中国民族及政治历史最直接的影响。自两汉以后,民族间的联姻已成为一种常态。如古代学者早已指出:从十六国至北朝时期,北方民族间通婚情况十分普通。"自刘(渊)、石(勒)至后周,皆北狄种类,相与婚姻。高

---

　　① 《史记》卷一一〇《匈奴列传》,第2904页。
　　② 《晋书》卷一〇一《载记序》,第2644页。

氏聘蠕蠕女为妻，宇文氏以突厥女为后。"①

　　中国民族史上产生重大影响的民族联姻事例，还有拓跋鲜卑的族源形成问题。匈奴败亡之后，不少匈奴族人留居故地，加入了与鲜卑族融合的道路。如《后汉书·乌桓鲜卑传》称：匈奴部落为东汉军队击败后，"北单于逃走，鲜卑因此转徙据其地。匈奴余种留者尚有十余万落，皆自号鲜卑，鲜卑由此渐盛"。② 可见，进入蒙古草原的鲜卑族已不是较为纯粹的单一血统的民族了，而更多的是鲜卑族与匈奴族的混合体。事实上，在北魏早期建国过程中，匈奴及杂胡的人口比例及影响已相当大，相关史料十分丰富。《魏书·序纪》："是岁，穆帝始出并州，迁杂胡北徙云中、五原、朔方"，"国有匈奴、杂胡万余家，多(石)勒种类。"③

　　拓跋，又称为"铁弗"或"铁伐"，而这种名号的取得，就是与其族源形成有关。如《魏书·铁弗刘虎传》载："铁弗刘虎，南单于之苗裔，左贤王去卑之孙，北部帅刘猛之从子，居于新兴虑虒(音斯)之北。北人谓胡父鲜卑母为铁弗，因以为号。"这个"胡"就是匈奴，即指铁弗部落是匈奴族与鲜卑通婚的结果。而这种说法有着较为充实的证据，如拓跋又称为"秃发"。《晋书·秃发乌孤载记》称："秃髪乌孤，河西鲜卑人也。其先与后魏同出，八世祖匹孤率其部自塞北迁于河西，其地东至麦田、牵屯，西至湿罗，南至浇河，北接大漠。"④宋代学者邓名世所撰《古今姓氏书辩证》卷三十五称："秃发出自后魏拓拔氏之族，曰匹孤，率其部自塞北迁河西鲜卑部。"⑤

　　关于拓跋鲜卑问题，现代著名学者姚薇元先生的《北朝胡姓考》、马长寿先生的《乌桓与鲜卑》等著作中都已进行了全面的论证。姚薇元先生称："据此可知，匈奴与鲜卑之混血族，名曰'铁弗'。古读轻唇音如重唇，'托跋'亦译为'秃发'。托跋氏既号鲜卑，又称匈奴；疑'拓跋'即'铁弗'之异译，乃匈奴与鲜卑之混血族。"⑥马长寿先生指出：

　　① 《通典》卷二〇〇《边防十六·北狄七》，第 5473—5474 页。
　　② 《后汉书》卷九十《乌桓鲜卑传》，第 2986 页。
　　③ 《魏书》卷一《序纪》，第 6、8 页。
　　④ 《晋书》卷一二六《秃发乌孤载记》，第 3141 页。
　　⑤ 《古今姓氏书辩证》卷三五，《景印文渊阁四库全书》。
　　⑥ 姚薇元：《北朝胡姓考》，武汉大学出版社 2013 年版，第 4 页。

拓跋鲜卑的祖先南迁以后，不断与草原中部和西北部的敕勒、匈奴诸族错居杂处，接触频繁，所以在草原内产生了许多"胡父鲜卑母"的铁弗或铁伐匈奴，及"鲜卑父胡母"的拓跋或秃发鲜卑。所以拓跋魏的"拓跋"之名是后起的，是匈奴和鲜卑融合的结果。拓跋鲜卑的祖先在蒙古草原东北角的大鲜卑山时，我们只能称之为鲜卑，不能称之为拓跋鲜卑。①

今天的山西地区是内迁匈奴族最集中的聚居区，因而南迁后的匈奴族号称"并州之胡"。拓跋鲜卑之所以为匈奴族与鲜卑族的混合民族，与其长期居留于漠南及长城以北地区有着直接的关系。拓跋鲜卑后迁徙进入雁北地区，以及北魏长期定都于山西北部，显然最大程度地占据了民族融合的优势，符合民族历史发展的线索及逻辑。

二、诸族并重、兼容合作的用人方略：民族政权成败的关键

民族识别的主要标志是文化。在其文化特征发生重大变化之后，民族识别就会产生相当大的困惑或模糊，即民族身份是否发生了改变。如非汉民族或少数民族在全面接受华夏（汉）或农耕文化之后，其族属归类是否已经发生了变化，这是一个民族史上的重要问题。政治建设与行政管理都需要高素质的人才，而不论其族属为何。中国自古即为多民族国家，因此，在政治建设及行政管理过程中，必然涉及用人方面的民族政策问题。应该说，自秦代实现统一之后，用人政策便成为王朝建设的一个重大问题。秦代名臣李斯的《谏逐客书》就证明了这一状况。

昔缪公求士，西取由余于戎，东得百里奚于宛，迎蹇叔于宋，求丕豹、公孙支于晋。此五子者，不产于秦，而缪公用之，并国二十，遂霸西戎。孝公用商鞅之法，移风易俗，民以殷盛，国以富强，百姓乐用，诸侯亲服，获楚、魏之师，举地千里，至今治强。惠王用张仪之计，拔三川之地，西并巴、蜀……昭王得范睢，废穰侯，逐华阳，强公室，杜私门，蚕食诸侯，使秦成帝业。此四君者，

---

① 《乌桓与鲜卑》，第 32 页。

皆以客之功。由此观之,客何负于秦哉……是以太山不让土壤,
故能成其大;河海不择细流,故能就其深;王者不却众庶,故能明
其德。是以地无四方,民无异国,四时充美,鬼神降福,此五帝、
三王之所以无敌也……①

李斯的《谏逐客书》在中国政治建设及民族发展史上的贡献是极其伟
大的,被奉为历代王朝人才政策之"圭臬"。其中,"是以太山不让土壤,故能
成其大;河海不择细流,故能就其深;王者不却众庶,故能明其德"成为千古
名句,而"地无四方,民无异国"也成为历代明君恪守的用人基本原则。

历史时期民族与政治建设问题,实际上存在两条观察与研究的线索:
一是以华夏(汉)族人士为主导的政权及王朝;二是以非汉或少数民族主
导的政权及王朝。

在中国历代华夏(汉)族主导的政权与王朝中,非汉或异族人士在朝为
官的现象相当普遍。很多明智的最高统治者继承了李斯《谏逐客书》的思
想,安抚民心,唯才是用,无有区别。这不仅对于王朝政治建设大有裨益,
而且其"海纳百川,有容乃大"的度量也受到人们的赞赏与鼓励。这是中华
民族融合史上的积极现象,也是值得总结与借鉴的古代民族思想观念。

如从两汉开始,最为常见的外族官员大概是那些归降人士。② 西汉
时期最大规模的一次匈奴族归降活动,大概要数浑(昆)邪王等人归降了。
《史记·卫将军骠骑列传》称:

……遂独遣浑邪王乘传先诣行在所,尽将其众渡河,降者数
万,号称十万。既至长安,天子所以赏赐者数十巨万。封浑邪王
万户,为漯阴侯,封其裨王呼毒尼为下摩侯,鹰庇为辉渠侯,禽黎
为河綦侯,大当户铜离为常乐侯。

匈奴休屠王曾欲与浑邪王一同降汉,其后反悔被杀,然而,其子金日
磾日后却通过自己的勤勉努力,成长为西汉一代名臣。"金日磾,字翁叔,
本匈奴休屠王太子也。"班固《汉书》在其传后赞曰:

金日磾夷狄亡国,羁虏汉庭,而以笃敬寤主,忠信自著,勒功

---

① 《史记》卷八七,第 2541—2545 页。
② 王兴锋:《简论两汉时期匈奴归降的三次浪潮及安置措施》,《许昌学院学报》2010 年第 6 期。

上将,传国后嗣,世名忠孝,七世内侍,何其盛也! 本以休屠作金
人为祭天主,故因赐姓金氏云。①

金日磾并没有因其"异族囚虏"的身份而受到歧视,反而因为忠义之
操守受到汉族皇室的重用,受到汉族士大夫的高度称赞,最终列入《汉
书》,这无疑是异族官员的最高礼遇。虽然金日磾常以"外国人"自谦,但
是汉族士大夫并没有因此对其有所歧视,相反更注重于其品德操守的肯
定。不仅如此,金日磾日后还成为后世历朝士大夫称赞、效仿之"典范",
其在民族关系史上的影响与意义是难以低估的。如原西晋王朝的官员杜
坦进入南朝为官后,深受歧视,故不免向当时的皇帝发牢骚。

> 尝与太祖(刘义隆)言及史籍,上曰:"金日磾忠孝淳深,汉朝
> 莫及,恨今世无复如此辈人。"坦曰:"日磾之美,诚如圣诏,假使
> 生乎今世,养马不暇,岂办见知?"上变色曰:"卿何量朝廷之薄
> 也!"坦曰:"请以臣言之。臣本中华高族,亡曾祖晋氏丧乱,播迁
> 凉土,世叶相承,不殒其旧。直以南度不早,便以荒伧赐隔。日
> 磾胡人,身为牧圉,便超入内侍,齿列名贤。圣朝虽复拔才,臣恐
> 未必能也。"上嘿然。②

时至东汉,汉匈关系起初依然充满变数,发展过程跌宕起伏,但是,东
汉朝廷对于南迁匈奴族所实施的异族优抚政策取得了相当明显的成效。
后来,南匈奴主动联合东汉军队向北匈奴发起猛攻,导致北匈奴的惨败与
远徙。当时南单于在上言中就声称:"臣累世蒙恩,不可胜数……臣伏念
先父归汉以来,被蒙覆载,严塞明候,大兵拥护,积四十年。臣等生长汉
地,开口仰食,岁时赏赐,动辄亿万,虽垂拱安枕,惭无报效之义(地)
……"③这些文字较全面地反映了东汉王朝对于南迁匈奴贵族的优抚政
策。可以说,宽厚优遇的民族政策是南匈奴顺利南迁及安居汉地的最关
键性的保障,对于王朝北边的安全与稳定起到了至关重要的作用。

明代著名学者丘浚在评述历代用人政策及古今得失时,不仅道出了

---

① 《汉书》卷六八《金日磾传》,第2967页。
② 《宋书》卷六五《杜骥传》,第1721页。
③ 《后汉书》卷八九《南匈奴列传》,第2952页。

民族融合的重要作用，还高度赞赏明代用人政策的高明与无歧视特征，应该说是实事求是的态度。他指出：

> 臣按：自昔帝王用人，不系世类，蕃将之中，如汉之金日磾、唐之阿史那忠等，不可谓无人，然而为治之道，当循其常，从其多，不可以其一二而废其千百，以其偶然而遂不信其常然耳！何者？天地生人，同此天而各异其地，地有不同，则其生智习性，自然殊别。及其混处之久，则不知不觉而合为一矣！方当无事之秋，聚居而托处，联络而亲比，日染月化，遂认并州为故乡者多矣！……仰惟我祖宗朝，凡诸归正而建功者，往往锡之以封爵，膺之以显任。惟于五府诸卫之长、诸边总戎之任，则有所限制而不得以专，盖有合于唐人"不用蕃将为上将"之意，夫于任用之中而寓制驭之意……岂非万世之良法乎？[①]

明代本身应归类为所谓"华夏（汉）族"人士主导的王朝，而其历代皇帝对于所谓"归政者"依然遵循了前朝"不系世类"的优抚原则。难能可贵的是，丘浚在这里强调了多种民族聚居对于民族融合与民族团结的关键性的作用。"及其混处之久，则不知不觉而合为一矣！"这当然是极高明且实事求是的见解，丝毫没有民族歧视之义。

我们也看到，在非汉或少数民族主导的政权及王朝中，重用汉族及其他民族人才的事例更为普遍。这既反映了政治建设对于官员文化水平的高要求，更反映了统治者宽容大度、一视同仁的胸怀。如以"十六国"时代为例。"十六国"时期是中国政治发展史上的重要时期，其最大特征就是非汉或少数民族领袖主导或组建政权众多，其政治建设中的多民族结构特征十分突出。然而，我们看到，即使是在正统的史家著述中，对其政治及文化建设的成就依然有着相当高的评价。

如十六国时代的开始者是匈奴汉（赵）政权，其开创者则为南匈奴的后裔刘渊。《晋书·刘元海（渊）载记》对于刘渊的汉文化水平做出了相当高的评价（刘渊）："幼好学，师事上党崔游，习《毛诗》《京氏易》《马氏尚

---

① 　丘浚：《大学衍义补》卷一四四，《景印文渊阁四库全书》。

书》，尤好《春秋左氏传》《孙吴兵法》，略皆诵之。《史》《汉》诸子，无不综览"。可见，刘渊以汉族士大夫为师，接受汉族传统文化教育，而且达到了相当高深的造诣，已与汉族人士无有区别。此外，刘渊为左部帅时，已得到各族人士的大力支持，"五部俊杰，无不至者。幽、冀名儒，后门秀士，不远千里，亦皆游焉"。在建立汉国之后，又不遗余力地选拔各族人士为官，充实政权力量。"置百官，以刘宣为丞相，崔游为御史大夫，刘宏为太尉，其余拜授各有差。"①这些出自后代人士所撰写的正史文字，其可信性与权威性是难以低估的。

后赵创立者石勒，"其先匈奴别部羌渠之胄"。石勒起事过程中，就十分注重吸纳各族人才。《晋书·石勒载记》云："……众至十余万。其衣冠人物集为君子营，乃引张宾为谋主，始署军功曹。以刁膺、张敬为股肱，夔安、孔苌为爪牙，支雄、呼延莫、王阳、桃豹、逯明、吴豫等为将率……"②正是由于大力使用各族人才，故后赵初建之间，其政权规模灿然可观。

> （太兴二年，公元319年）始建社稷，立宗庙，营东、西宫，署从事中郎裴宪、参军傅畅、杜嘏并领经学祭酒，参军续咸、庾景为律学祭酒，任播、崔濬为史学祭酒。中垒支雄、游击王阳并领门臣祭酒，专明胡人辞讼，以张离、张良、刘群、刘谟等为门生主书，司典胡人出内，重其禁法，不得侮易衣冠华族……③

前燕国是慕容鲜卑创立的。《晋书·慕容廆载记》称："时二京倾覆，幽冀沦陷，廆刑政修明，虚怀引纳，流亡士庶，多襁负归之。廆乃立郡以统流人。冀州人为冀阳郡，豫州人为成周郡，青州人为营丘郡，并州人为唐国郡。于是推举贤才，委以庶政。以河东裴嶷、代郡鲁昌、北平阳耽为谋主，北海逢羡、广平游邃、北平西方虔、渤海封抽、西河宋奭、河东裴开为股肱，渤海封奕、平原宋该、安定皇甫岌、兰陵缪恺以文章才俊任居枢要。会稽朱左车、太山胡毋翼、鲁国孔纂以旧德清重引为宾友，平原刘赞儒学该通，引为东庠祭酒，其世子皝率国胄束修受业焉。"④

---

① 以上引用参见《晋书》卷一〇一《刘元海载记》。
② 《晋书》卷一百四《石勒上》，第2711页。
③ 《晋书》卷一百五《石勒下》，第2735页。
④ 《晋书》卷一百八《慕容廆》，第2806页。

民族政权在用人方面,最成功的范例还要数北魏王朝[①]。如早在拓跋代国时期,就有汉族士人投奔到塞北,参与代国的建设。这方面的主要代表便是卫操、卫雄、姬澹及莫含等。元代学者胡三省曾大发感慨:

> 当是时,晋朝大臣、宗亲虽已自相屠,而四方未为变也,卫操、箕(《魏书》作姬)澹辈何去华就夷如是其早计也!中国之人可为凛凛矣。汉严边关之禁,惧有罪亡命出塞耳。若无威刑之迫乎其后,一旦去桑梓而逐水草,是必有见也。边关之不诘,朝廷之不虞,晋之无政,亦可知矣。[②]

笔者曾对北魏前期历次移民进行过粗略统计,并特别注意到那些被委以官职并载入《魏书》等史籍的汉族士人。如在天兴元年(公元 398 年)攻灭后燕政权、占据河北地区之后,大举移民,而大批原后燕的官吏降附北魏,其中,很多人被重新委以新的官职,载入《魏书》传记者就有 30 余人(参见 12—1)。

表 12—1 后燕依附北魏的异族官员

姓名	后燕官职	北魏职位	资料来源
崔宏	吏部郎、尚书左丞、高阳内史	黄门侍郎、吏部尚书、天部大人	《魏书》卷二四
董谧		仪曹郎	《魏书》卷二四
邓渊		著作郎、尚书吏部郎	《魏书》卷二四
高湖	征虏将军、燕郡太守	右将军、凉州镇都大将	《魏书》卷三二
高恒	钜鹿太守	龙骧将军	《魏书》卷三二
崔逞	秘书监、吏部尚书	尚书、御史中丞	《魏书》卷三二
封懿	中书令、民部尚书	黄门侍郎、都坐大官、宁朔将军	《魏书》卷三二
宋隐	尚书郎、太子中舍人	尚书吏部郎、行台右丞	《魏书》卷三三
屈遵	博陵令	中书令、下蔡子	《魏书》卷三三

---

① 安介生:《也论北魏前期的民族融合与政权建设》,《中国史研究》2002 年第 4 期;《略论北魏时期的"上客""第一客"与招怀政策》,《中国边疆史地研究》2007 年第 1 期。

② 《资治通鉴》卷八二《晋纪四》,第 2615 页。

续表

姓名	后燕官职	北魏职位	资料来源
张蒲	尚书左丞	尚书左丞、相州刺史	《魏书》卷三三
谷浑		侍中、前锋将军	《魏书》卷三三
公孙表		吴兵将军、广州刺史	《魏书》卷三三
李先		博士、安东将军	《魏书》卷三三
贾彝	骠骑长史、昌黎太守	尚书左丞、给事中	《魏书》卷三三
晁崇	太史郎	太史令、中书侍郎	《魏书》卷九一
晁懿		黄门侍郎	《魏书》卷九一
张珍	度支尚书	中书侍郎、凉州刺史	《魏书》卷六八
李系	散骑侍郎	平棘令	《魏书》卷三六
郦绍	濮阳太守	兖州监军	《魏书》卷四二
韩𣌀		宣威将军、骑都尉	《魏书》卷四二
宇文活拨	唐郡内史、辽东公	第一客	《魏书》卷四四
梁颖	黄门郎	建德太守	《魏书》卷四五
高韬	太尉从事中郎	丞相参军	《魏书》卷四八
吕显	河间太守	魏昌男、钜鹿太守	《魏书》卷五一
高展	黄门郎	三都大官	《魏书》卷五七
杨珍		上谷太守	《魏书》卷五八
孙志		济阳太守	《魏书》卷七八
祖敏	平原太守	尚书左丞、安固子	《魏书》卷八二
宇文陵	附马都尉、玄菟公	都牧主、安定侯	《周书》卷一
豆卢胜		长乐郡守	《周书》卷一九

事实上，北魏是"十六国"时代的终结者，为了安抚大批来自被征服各国的官僚士绅，实施了优待政策，笔者称之为"招怀政策"。北魏王朝的成功，不是拓跋鲜卑一族的成功，而是各族人士共同努力的结果。其民族包容政策直接影响到唐朝。如据《贞观政要》卷九记载：

其人（突厥）居长安者近且万家。自突厥颉利破后，诸部落

　　首领来降者，皆拜将军、中郎将，布列朝廷。五品已上，百余人，
殆与朝士相半……

　　唐太宗李世民曾总结自己的成功之道说："自古皆贵中华，贱夷狄，朕独爱之如一，故其种落皆依朕如父母，此五者，朕所以成今日之功也。"[①]正是由于李世民实施了兼容并蓄的人才政策，故而在唐太宗时期出现了"胡越一家"的盛况。

　　是岁，阅武于城西。高祖亲自临视，劳将士而还，置酒于未
央宫，三品已上咸侍。高祖命突厥颉利可汗起舞，又遣南越酋长
冯智戴咏诗，既而笑曰："胡、越一家，自古未之有也！"[②]

　　总之，可以说，无论秦王朝所倡导实施的"徕民政策"，还是唐朝出现的"胡越一家"，都展现出历代王朝对于各族人才的包容及重视，都极具代表性地反映了中国历代王朝建设与民族发展的大趋势。如果没有各族民众的支持，没有官方政策对于各族民众的兼容，那么，王朝的和睦与强盛是很难完成的。正是由于"兼容"的民族治理政策，保证了中国王朝政治的不断发展。只看到或宣扬民族间的矛盾与冲突，恐怕就是"只见树木不见森林"了。明人朱存理《珊瑚木难》所引欧阳玄《雍虞公文序》一文描述了元朝初年文坛的情况，反映出当时朝廷用人取士并不拘于其民族属性的特点：

　　皇元混一之初，金、宋旧儒布列馆阁，然其文气高者崛强，下
者委靡，时见旧习。承平日久，四方俊彦，萃于京师。笙镛相宣，
风雅迭倡，治世之音，日益以盛矣……[③]

三、崇尚"大一统"：历代王朝(政权)民族政策的主导思想或精神"内核"

　　笔者曾经撰文对中国民族与国家发展历史过程进行了一番梳理与总结：

　　必须承认，小国林立，是古代世界各国发展中所共同经历的

---

① 《资治通鉴》卷一九八《唐纪十四》，第6247页。
② 《旧唐书》卷一《高祖本纪》。
③ 《珊瑚木难》卷二，《景印文渊阁四库全书》。

一个较为普遍的形态。中国如此，周边邻邦也莫不如此。这种状况的普遍存在，具有极为深刻的时代背景。列宁曾对此进行了十分精辟的剖析："当时的社会和国家比现在小得多，交通极不发达，没有现代的交通工具。当时的山河、海洋所造成的障碍比现在大得多，所以国家是在比现在狭小得多的地理范围内形成起来的。技术薄弱的国家机构只能为一个版图较小、活动范围较小的国家服务。"可见，万邦时代的存在，不仅出于自然地理状况的限制（如山河、海洋的阻隔），更有交通工具、政治能力等多种因素的影响。所以说，要实现更大范围的国家统一与民族融合，仅凭主观愿望是远远不够的，还需逐步利用先进的生产力条件与合理的制度建设，克服自然条件、交通及政治能力等种种客观障碍，否则，统一与融合的成果就难以维持。但是，就中国历史而言，尽管有曲折及反弹，从万邦林立的时代走向中华大一统，却是无法逆转的历史发展的必然趋势。每一次的统一，与以往的统一相比较，都有质的飞跃。统一的历程与各民族的融合过程同步。区域性的兼并与统一，往往是全国性的统一的前提与基础。

中国统一历史的周期性进程，如秦之统一、隋之统一、元之统一、清之统一。可以说，每一次大统一都是一次巨大的提升，突出地反映在民族构成、疆域范围与政区制度之上。每次大统一，都标志着民族融合与国家构建的巨大进步。[1]

分裂与统一，之所以成为中国国家建设和民族发展的关键词，自然与中国疆域辽阔及民族众多的客观大背景存有着直接的关系。然而，分裂与统一的核心关切，是关系到国家发展与民族进步的大趋势。关于中国国家与民族的发展趋势，我们看到，早在先秦时代，华夏及各族先民们就已经做出了明确的路线选择，这就是"大一统"。

中国传统"大一统"思想起源很早。然而，中国"大一统"思想本身是

---

[1]　安介生：《中国古史的"万邦时代"——兼论先秦时期国家与民族的渊源与地理格局》，《复旦学报》（社科版），2003 年第 3 期。

极其复杂的。就其本义而言，古今学者的理解与指向并不相同，从而造成了现实中观念的淆乱与模糊。因此，有必要进行一番基本概念的辨析与说明，才能理顺其逻辑关系，避免"盲人摸象"式的评价与总结。

最早出现的《春秋》"大一统"思想，其实是指天文历法及岁时制度的统一。在古人眼中，天与地都是唯一的，时间过程也是唯一的，并不以人类的意志为转移，作为时间的计算与记录方式，历法自然也应该是统一的。而历法的"正朔"之法，又成为王朝正统的象征。如唐代学者颜师古指出："一统者，万物之统皆归于一也，《春秋公羊传》：'隐公元年，春王正月，何言乎王正月？大一统也。'此言诸侯皆系统天子，不得自专也。"①元代学者刘玉汝在《诗缵绪》卷八中也指出："自夫子作《春秋》，书王正，说者推明'大一统'之义，而后正朔至重而立法甚严。夫正朔之法，固重且严矣！"

汉武帝时期，西汉著名经学家董仲舒在与皇帝的对策中重新阐释了《春秋》"大一统"思想，我们也看到，自此开始，"大一统"的内涵与定义趋于丰富与复杂化，偏离了原来天文历法的狭窄理解：

　　《春秋》大一统者，天地之常经，古今之通谊也！今师异道，人异论，百家殊方，指意不同，是以上亡以持一统；法制数变，下不知所守。臣愚以为诸不在六艺之科孔子之术者，皆绝其道，勿使并进。邪辟之说灭息，然后统纪可一而法度可明，民知所从矣。②

应该说，董仲舒在策论中表达的思想是相当复杂的，难以一概而论。如其提到《春秋》"大一统"思想为"天地之常经，古今之通谊"，显然就是将"大一统"在天文历法方面的意义与影响扩大化。这种"扩大化"或"泛化"的处理将天文与人道相关联，正是中国古典"天人合一"思想的合理延伸。一方面，董仲舒将"大一统"观念运用于思想领域，有意结束原来"百家争鸣"之局面，"罢黜百家，独尊儒术"，这种倾向与做法已在中国思想发展史上备受诟病；另一方面，董仲舒提出的"大一统"，致力于王朝治理法制的统一建设，却是无可厚非的。汉朝人士王吉就指出了当时天下法治混乱的弊端及危害：

①　《汉书》卷五六《董仲舒传》注文，第2523页。
②　《汉书》卷五六《董仲舒传》，第2523页。

《春秋》所以大一统者，六合同风，九州共贯也。今俗吏所以牧民者，非有礼义科指可世世通行者也，独设刑法以守之。其欲治者，不知所繇，以意穿凿，各取一切，权谲自在（任?），故一变之后，不可复修也。是以百里不同风，千里不同俗，户异政，人殊服，诈伪萌生，刑罚亡极，质朴日销，恩爱寖薄……①

为什么追求在政治建设与文化发展中"大一统"的目标？东汉学者许慎在《说文解字》中以"七国"时期为例，做出了十分精辟的说明：

……（春秋时期）其后，诸侯力政，不统于王，恶礼乐之害己，而皆去其典籍，分为七国。田畴异亩，车涂（途）异轨，律令异法，衣冠异制，言语异声，文字异形。秦始皇初兼天下，丞相李斯乃奏同之……②

我们看到，即使是在华夏（汉）族文化发展最为鼎盛的时代，如两宋人士同样重视与崇尚政治及文化上的"大一统"政治理想。如北宋名臣司马光曾高度评价北宋王朝的建设成就："臣尝历观春秋以来，迨至国初，积一千六百余年，其间天下混一，内外无患，兵寝不用者，不过四百余年而已。至如圣朝芟夷僭乱，一统四海，内平外顺，上安下和，使在朝在野之人，自祖及孙耳目相传，不识战斗，盖自上世以来，治平之久，未有若今之盛者也。"③司马光将北宋王朝的建设成就或理想成绩，归于"一统四海"。这当然不是他个人的意见，许多北宋人士也表达了相同的观点。如宋人张方平指出："臣闻而论之曰：唐自天宝之乱，天下剖裂，至我朝太平兴国，擒刘继元，静并汾，而天下始大一统，生民离锋镝之祸，伏惟祖宗之大功盛德无与较焉。"④相对而言，分离或分割，各自尊大，独霸一方，各自为政，肯定是王朝政治的最大敌人，宋朝历史也莫能例外。宋人苏颂指出：

我国家统一海内，四乡万里，皆为郡县，一毫之赋，悉归县官，司会核入，宜若有余……⑤

---

① 《汉书》卷七二《王吉传》，第3063页。
② 《说文解字》，中华书局1963年版，第315页。
③ 《传家集》卷一九，《景印文渊阁四库全书》。
④ 《乐全集》卷七《藩镇》，《景印文渊阁四库全书》。
⑤ 《苏魏公集》卷七二，《景印文渊阁四库全书》。

可以说,历史时期的国家与疆域建设中,华夏(汉)族与非汉族都付出了巨大努力。每一次大统一,都并非所谓纯粹的"华夏(汉族)"政权来完成。历史时期真正倡导与实施"大一统"政策且取得巨大成就,却是在元、明、清三朝。元、明、清三朝为中国国家疆域与民族发展都做出了不朽的贡献,应该为后世人所铭记。

我们看到,元朝历代君臣对于本朝"一统天下"的历史性功绩有着极强的自豪感与荣誉感。这种荣誉感并非通常意义上的自夸或自炫,而是对于历史发展规律的一种认可与响应。《元史·武宗纪》载:"庚申诏曰:仰惟祖宗应天抚运,肇启疆宇,华夏一统罔不率从。"《文宗纪》亦记载:"壬申,帝即位,受贺大赦,诏曰:洪惟我太祖皇帝肇造区夏,世祖皇帝混一海宇,爰立定制,以一统绪,宗亲各受分地,勿敢妄生觊觎,此不易之成规,万世所共守者也。"《元史·英宗本纪》又称:"庚寅,帝即位,诏曰:洪惟太祖皇帝膺期抚运,肇开帝业。世祖皇帝神机睿略,统一四海,以圣继圣,迨我先皇帝至仁厚德,涵濡群生,君临万国,十年于兹……"可以说,元朝历代帝王对于元代统一事业的成功是十分自豪的,并有志于将这种"统一"盛业传承下去。

帝王如此称赞,普通士大夫也有同感。《元史·陈思谦传》记载其上言中评论中国历代统一历史时称:"秦汉以来,上下三千余年,天下一统者,六百余年而已。我朝开国,百有余年,混一六十余年,土宇人民,三代、汉、唐所未有也。"

编撰《一统志》更是元朝施行"大一统"策略最彻底、最显著的成果之一。《大元一统志》原本已散佚,现有版本为赵万里先生所辑。根据前人研究,元代官修地理书,始于世祖至元二十二年,后多次增补,至大德七年(公元1303年)完成,定名为《大元大一统志》,共一千三百卷。[①] 现存元代另一部践行"大一统"方略的地理总志,就是刘应李所编《大元混一方舆胜览》,该书"题记"称:

唐、虞、三代以来之州域,北不踰幽、并,南不越岭徼,东至于

---

① 《元一统志·前言》,中华书局1966年版。

海,西被于流沙,其间蛮夷戎狄之地,亦有未尽启辟者。方今六
合混一,文轨会同,有前古所未尽之天下,皇乎盛哉!是编凡山
川、人物、沿革本末靡不具载,学士大夫端坐窗几而欲周知天下,
操弄翰墨而欲得照江山,不劳余力,尽在目中,信乎其为胜览
矣。①

作为"大一统"的重要标志,元代的行政区划也开辟了中国行政区划
历史的新纪元,所创行省制度、土司制度均为后世所继承,其贡献无法抹
灭。对于元朝治理天下的政策,当时及后代的不少人士进行了评论。对
于元代的施政特征及用人政策,元代学者赵孟頫曾在《故嘉议大夫浙东海
右道肃政廉访使陈公碑》中进行了较为公允的评价:"世祖圣德神功文武
皇帝既一区宇,网罗天下贤俊之士,以辅翼裕皇,道足以经邦,武足以辟
国。至于宣化承流,蕃屏帝室,使者有咨诹原隰之风,循吏有惠安田里之
政,皆能乘时之会,树功立名,丹图青史,炳焕后世而传无穷者……"②对
于元朝政治治理水平问题,明太祖朱元璋也有过较为客观的评价:"昔元
之初得天下,人材皆务实学,故贤能由公道而进。后元之失天下,世俗皆
尚虚名,故赃私干权门而用……"③元人程端礼所言,正与明太祖之言相
互印证,真实地反映出元朝用人之情况:"时当皇元混一之初,法制尚简,
仕途方开,凡进取者,无不如意,奔竞成俗……"④

元朝短促的国祚,自然与民族政策方面的失误和不足有密切的关
系⑤。但是,必须明确,元朝官府推行"一视之仁"的政策是非常明确的,
也进行了艰苦而巨大的努力,并没有公开承认与宣扬所谓"四等人"政策。
元朝的民族区别化政策的实行,有着复杂的历史与时代背景。如元人刘
鄂在《广东金宪去恶碑》中称:

惟皇元混一区宇,幅员之广,旷古所无。广东一道,北界梅
关,南踰桂海,去京师远在万里外,山海茫昧,习俗险悍。圣朝推

① [元]刘应李原编,詹友谅改编,郭声波整理:《大元混一方舆胜览》题记,四川大学出版社
2003年版,第1页。
② [元]赵孟頫:《赵孟頫集》卷九,浙江古籍出版社2016年版,第231页。
③ 《明太祖文集》卷九,《景印文渊阁四库全书》。
④ 《畏斋集》卷六《元故赠中顺大夫兵部侍郎郭公墓志铭》,《景印文渊阁四库全书》。
⑤ 蒙思明:《元代社会阶级制度》,上海人民出版社2006年版。

一视之仁，必选硕德重望，忠良正直之臣，居风纪之司，以察贪邪，以除凶恶，而后吾民得以享太平之乐，跻仁寿之域……①

当然，这也从另一个角度上证明，要在一个幅员广袤、民族（族群）众多的国度中实现一体化的政治管理体系，无疑是一项极具挑战性的重任，而仅由一个不足百年的王朝来承担这一重任，显然是难以企及的。元、明、清对于土司制度的传承及成功改造，便是最生动的事例。

明代对于元朝"大一统"治国方略实现了全面继承。《明史·西域传》载：(洪武)三十年春，太祖谓礼部臣曰："今天下一统，四方万国皆以时奉贡……"又如曾秉正在洪武九年上书中称："陛下圣文神武，统一天下，天之付与，可谓盛矣！"②明朝更是继承元朝撰修《一统志》做法，多次撰修《明一统志》。其中，李贤等人所修《明一统志》流传至今，其篇首即为《天顺御制〈明一统志〉序》，该序不仅详述《明一统志》撰修之原委经过，而且对于经世功用大为称赞：

> 朕惟我太祖高皇帝受天明命，混一天下，薄海内外悉入版图，盖自唐、虞、三代，下及汉唐以来，一统之盛，蔑以加矣！……(撰修该书)用昭我朝一统之盛，而泛求约取，参极群书，三阅寒暑，乃克成编，名曰《大明一统志》，着其实也……呜呼，是书之传也，不独使我子孙世世相承者，知祖宗开创之功，广大如是，思所以保守之惟谨，而凡天下之士亦因得以考求古今故实，增其闻见，广其知识，有所感发、兴起，出为世用，以辅成雍熙、泰和之治，相与维持我国家一统之盛于无穷，虽与天地同其久长可也，于是乎序。天顺五年五月十六日。③

可以看出，崇尚统一，抨击割据，实为明朝君臣共同的政治理想或施政理念。《大明日历序》略称："太祖挺生于南服，而致一统。华裔之盛，自天开地辟以来，惟上为然，其功高，万古一也。"④明代学者周琦在评述隋朝历史时称："南北两朝为蛙鸣蝉噪之主，视唐虞三代、秦、汉以来之为一统者，可耻

---

① 《惟实集》卷三，《景印文渊阁四库全书》。
② 《明史》卷一三九《曾秉正传》，第3987页。
③ 《明一统志》，《景印文渊阁四库全书》。
④ 《中庸衍义》卷十七，《景印文渊阁四库全书》。

也。故隋起而混一之，使归于一，如天无二日矣，若无嫌焉……"①应该说，天下政治统一，对于士农工商都是福音，并非简单归结为专制政权的"一己之利"。宋、元以来，无论王朝更迭、政治变迁，当时朝野上下对于"统一"或"一统""混一"的治国方略都是赞同的。这种追求"大一统"政治方略的趋同，对于历史时期中国国家建设与民族发展都是大有裨益的。

第四节　余　论

今天的中国与中华民族的现状，是千百年历史累积发展而成的。研究姓氏与家族的历史，不要忘记整个国家与民族历史的大背景！中国与中华民族的历史不是静态不变的，民族迁徙是中国历史发展的重要组成部分之一。其对于中国历史时期政治发展与民族形成的重大而关键的意义不可低估。

费孝通先生提出中华民族"多元一体"理论，在学术界产生了巨大的影响，充分反映了中华民族数千年发展的客观过程与主要线索。然而，沿着费先生的思路，我们就要进一步发问：

首先，应该明确，中华民族"多元一体"的发生或出现，肯定不是一个静态的过程，而是一个动态过程。各个民族最初都有自己的发祥地与分布范围，而迁徙让各民族走到了一起。没有迁徙，各自独立，必然影响到民族融合。如果各个民族各安其处，老死不相往来，民族融合与进步如何发生？因此，历史时期中华民族"多元一体"过程的真正动力是民族迁徙。民族迁移运动使不同民族走到了一起。从"中国"到岭南，从巴蜀到滇南，从关内到塞外，从蒙古大草原到青海湖畔，处处都留下了民族迁徙的足迹。正是伟大的迁徙运动开辟了民族发展的崭新天地，建立起中华民族共同的家园。

其次，"多元一体"肯定也不是一个自然而然的过程。但它是如何形成的？其内在机制又是什么？这些重大而核心的问题，似乎并没有得到

---

① ［明］夏良胜撰：《东溪日谈录》卷十四，《景印文渊阁四库全书》。

研究者们的足够重视。笔者以为，中华民族的不断壮大与融合发展，究其原因，实际上存在着一个特殊的内在机制或特殊的因素，才大大促进了这一融合与发展的过程。而种种驱动因子（要素）又成为民族融合与发展的"粘合剂"与"催化剂"。在这些关键因素中，民族联姻、用人政策与崇尚"统一"的精神又是其中最为重要的。

最后，中华民族发展史证明，历史时期中国民族迁徙与国家构建息息相关，不可分离。民族的发展与国家的命运息息相关。民族走向融合，国家走向统一，是历史发展的必然趋势。中国历史上尽管有统一与分裂的复杂变化，但是，历史发展的大趋势是无法改变的。这也预示着中华民族美好的未来！

后　记

　　将自己的研究成果,转化成一种民族智慧,无疑是每一位学者所追求的崇高目标。自得其乐地把自己禁锢在故纸堆与书斋之中,当然不是学术研究的最终目的或最佳"范式"。但是,对于学者而言,学术成果的普及化工作,其实是另外一种复杂而艰巨的挑战。想要做到既有趣味性与可读性,又不失学术的严谨与含金量,无疑是一项相当困难的工作。

　　早在二十多年前,也就是拙著《山西移民史》出版的那一年(1999年),当时一些收到我赠书的师友就向我提议:"很多朋友对于山西移民史内容非常感兴趣,但是,你的书过于专业了,读起来很是费力,你能不能出一个普及的读本呢?"我觉得这个建议非常好,于是就开始进行这方面的努力。2004年,在恩师葛剑雄教授与山西人民出版社的大力支持下,我在授课讲义的基础上,改写出《四海同根:移民与中国传统文化》一书,着意增加文字的趣味性与观赏性,算是对于这种建议的一个回报。

　　2007年岁末,拙著《历史民族地理》(上、下册)由山东教育出版社推出,一些师友又十分善意地开导我:"充斥着文献梳理与史实考订的专业著作,毕竟不是大多数非专业读者所能接受的,你还得在大众普及化方面下点儿功夫啊!"我深知这种建议的重要性与必要性,也十分愿意将自己的专著进行普及性的解读与推广,同时又感到这种事不是主观愿望所能决定的,必须凭藉特别的机缘才能实现。

　　2007年,葛剑雄教授提出了撰著一套"地图上的中国历史"丛书的设想,得到江苏人民出版社领导的积极回应与支持。承蒙葛先生的器重,我有幸参与了这套丛书的撰写。关于选题内容，我提出了"民族大迁徙"的题目。在得到葛先生与出版社首肯之后，我感到极为欣喜，又一次实现自己愿望的机缘降临了。

民族迁徙不仅是中国民族史的重要内容，也是历史民族地理的必不可少的组成部分。相信对此话题，很多读者也有浓厚的兴趣。因为我们每个人都是中华民族大家庭的一员，都可归属于56个兄弟民族之内。民族的历史，就是我们自己的历史。而无数事例证明：历史上绝少有亘古不变、自古不移徙的民族，民族迁徙，是中华民族发展的重要线索与助推力。

迁徙是一种空间运动，地图上的标识与说明是必不可少的，因此，将"民族大迁徙"列入这套丛书是非常合适的。中国历史上的民族迁徙运动是极为频繁和复杂的。本书着力聚焦于那些在很大程度上改变了一个民族命运与发展轨迹的移民事件，将自己原有的成果进行重新审视与研读一番，再加入自己最新的思考所得，但对于客观的史实及地理考订成果不作改变，以保持新书的学术水准与严肃性。

特别值得一提的是，2008年，我申报的教育部人文社会科学重点基地重大项目"前现代中国的治边实践与边陲社会历史变迁"（项目代码：2007JJD770092）获得了批准与资助，这个项目促使我对历史时期的民族迁徙问题进行了更为深入的梳理与思考，而这些思考与新的认识都写进了这本书。可以说，这本书也是我科研工作的一个"意外收获"吧！

2011年《民族大迁徙》出版之后，迄今又过去了十几个年头。笔者在民族史地的研究上又有不少心得体会，很想进行一番修订。有幸结识上海财经大学出版社总编黄磊先生，黄先生提议将拙著列入"中国经济专题史研究丛书"（第二辑），这个书名也是黄磊先生代为拟定的。笔者真是开心极了，多年的心愿又得以有机会成为现实。为了与"丛书"总的体例和风格相适应，笔者对原著进行了全面的修订，省去了原来的图片，增加了经济变迁方面的内容。最后，我特别增写了"综论"部分，全面阐述了笔者对于中国民族发展"多元一体"时空历程的理解。在此，再一次深切感谢上海财经大学出版社的领导与责任编辑王永长先生的鼓励与支持。

关于本书的行文风格，我还要请读者诸君体谅与宽容。与本人其他著作相仿，我在书中大量引用了原始文献及资料。这既出于我对古文辞形式之美的偏爱，也不想低估读者们欣赏古文的能力，更想借此起到一种进入"历史真实情境"的效果。当然，任何一本书所承载的知识负荷量都是有限的。本书内容并没有涉及中国移民史上的一些重大事件，如"走西口""闯关东"以及近代海外移民等。这些移民运动内容或是已有较为丰厚的研究成果及读物，或是与本书研究主线有一些距离，也要请读者诸君予以谅解。

　　我愿意将这本书献给长期以来关怀与鼓励我的师友们，民族历史及边疆史地的研究已经与笔者学术生涯紧紧联系在一起，希望这本书成为有志者探讨中国民族史与移民史的一块"敲门砖"。

安介生

二〇二三年三月

谨识于寓舍

参考文献

《史记》，中华书局 1997 年版。

《汉书》，中华书局 1962 年版。

《晋书》，中华书局 1974 年版。

《金史》，中华书局 1975 年版。

《辽史》，中华书局 2016 年版。

《全唐文》，中华书局 1983 年版。

《旧唐书》，中华书局 1975 年版。

《新唐书》，中华书局 1975 年版。

《宋史》，中华书局 1985 年版。

《北齐书》，中华书局 1972 年版。

《后汉书》，中华书局 2012 年版。

《魏书》，中华书局 1974 年版。

《三国志》，中华书局 1971 年版。

《周书》，中华书局 1971 年版。

《隋书》，中华书局 1973 年版。

《通典》，中华书局 2016 年版。

《宋书》，中华书局 1974 年版。

《元史》，中华书局 1976 年版。

《明史》，中华书局 1974 年版。

《太平御览》，中华书局 1960 年版。

《旧五代史》，中华书局 2015 年版。

《资治通鉴》，中华书局 1956 年版。

《太平寰宇记》，中华书局 2007 年版。

《元和郡县图志》，中华书局 1983 年版。

《北史》，中华书局 1974 年版。

《清实录》，中华书局 1986 年版。

《清史稿》，中华书局 1977 年版。

《国语》，上海古籍出版社 1978 年版。

《满洲实录》，台北华文书局股份有限公司 1969 年版。

［北魏］崔鸿：《十六国春秋》，明万历三十七年屠氏兰晖堂刻本。

［汉］许慎：《说文解字》，中华书局 1963 年版。

［北魏］杨衒之，范祥雍校注：《洛阳伽蓝记校注》，上海古籍出版社 2018 年版。

［宋］宋敏求编：《唐大诏令集》，学林出版社 1992 年版。

［宋］苏颂：《苏魏公集》，《景印文渊阁四库全书》。

［宋］朱熹：《晦庵集》，《景印文渊阁四库全书》。

［宋］邓名世：《古今姓氏书辩证》，《景印文渊阁四库全书》。

［宋］司马光：《传家集》，《景印文渊阁四库全书》。

［宋］张方平：《乐全集》，《景印文渊阁四库全书》。

［宋］刘时举：《续宋编年资治通鉴》，《景印文渊阁四库全书》。

陈傅良：《历代兵制》，清道光二十四年金山钱氏刻守山阁丛书本。

［宋］王钦若等编纂，周勋初校订：《册府元龟》，凤凰出版社 2006 年版。

［宋］宇文懋昭撰，崔文印校证：《大金国志校证》，中华书局 1986 年版。

［宋］徐梦莘：《三朝北盟会编》，上海古籍出版社 1987 年版。

［宋］朱敦儒著，邓子勉校注：《樵歌》，上海古籍出版社 1998 年版。

［宋］洪迈：《容斋随笔》，上海古籍出版社 2015 年版。

《靖康要录》，《景印文渊阁四库全书》。

［元］胡一桂：《史纂通要》，《景印文渊阁四库全书》。

［元］陈桱：《通鉴编续》，《景印文渊阁四库全书》。

［元］程端礼：《畏斋集》，《景印文渊阁四库全书》。

［元］苏天爵编：《元文类》，江苏书局光绪十五年。

［元］李兰肹等；赵万里校辑：《元一统志》，中华书局 1966 年版。

［明］姚士观等编：《明太祖文集》，《景印文渊阁四库全书》。

［明］夏良胜：《中庸衍义》，《景印文渊阁四库全书》。

［明］夏良胜：《东溪日谈录》，《景印文渊阁四库全书》。

［明］丘濬：《大学衍义补》，《景印文渊阁四库全书》。

［明］朱存理：《珊瑚木难》，《景印文渊阁四库全书》。

［清］阿桂：《钦定满洲源流考》，《景印文渊阁四库全书》。

［清］毛奇龄：《西河集》，《景印文渊阁四库全书》。

［清］阎若璩：《四书释地三续》，《景印文渊阁四库全书》。

［清］魏源：《圣武记》，中华书局1984年版。

［清］鄂尔泰等修：《八旗通志》，东北师范大学出版社1985年版。

［宋］叶隆礼：《钦定重订契丹国志》，《景印文渊阁四库全书》。

陈寅恪：《陈寅恪史学论文选集》，上海古籍出版社1992年版。

丁山：《古代神话与民族》，江苏文艺出版社2011年版。

蒙文通：《中国古代民族史讲义》，天津古籍出版社2008年版。

邹衡：《夏商周考古论文集》，文物出版社1980年版。

傅斯年：《傅斯年全集》，台北联经出版事业公司1980年版。

陈梦家：《殷墟卜辞综述》，科学出版社1956年版。

齐思和：《中国史探研》，中华书局1981年版。

童书业：《春秋史》，山东大学出版社1987年版。

丁弘编著：《历史上的大迁徙》，中国发展出版社2007年版。

顾栋高：《春秋大事表》，中华书局1993年版。

林干编：《匈奴史论文选集1919—1979》，中华书局1983年版。

林干编：《匈奴史料汇编》，中华书局1988年版。

马长寿：《北狄与匈奴》，生活·读书·新知三联书店1962年版。

葛剑雄：《中国人口发展史》，福建人民出版社1991年版。

马长寿：《碑铭所见前秦至隋初的关中部族》，中华书局1985年版。

马长寿：《氐与羌》，上海人民出版社1984年版。

王钟翰编：《中国民族史》，中国社会科学出版社1994年版。

王钟翰：《王钟翰学术论著自选集》，中央民族大学出版社1999年版。

胡云翼选注：《宋词选》，上海古籍出版社1997年版。

谭其骧：《长水集》，人民出版社1987年版。

田余庆：《东晋门阀政治》，北京大学出版社2005年版。

周一良：《魏晋南北朝史论集》，中华书局1963年版。

胡阿祥：《六朝疆域与政区研究》，西安地图出版社2001年版。

米文平：《鲜卑石室寻访记》，山东画报出版社1997年版。

《欧阳修全集》，中国书店1991年版。

《陆放翁全集》，中国书店1986年版。

李凭：《北魏平城时代》，社会科学文献出版社2000年版。

葛剑雄编,吴松弟著:《中国移民史》第四卷,福建人民出版社1997年版。

张家驹:《两宋经济重心的南移》,湖北人民出版社1957年版。

吴松弟:《北方移民与南宋社会》,(台湾)文津出版社1993年版。

林正秋:《南宋都城临安》,西泠印社出版社1986年版。

政协杭州市委办公室编:《南宋京城杭州》,1985年。

张正明:《契丹史略》,中华书局1979年版。

陈述:《契丹政治史稿》,人民出版社1986年版。

杨若薇:《契丹王朝政治军事制度研究》,中国社会科学出版社1991年版。

白滨编:《西夏史论文集》,宁夏人民出版社1984年版。

张博泉:《金史论稿》,吉林文史出版社1986年版。

勒内·格鲁塞:《草原帝国》,商务印书馆2002年版。

勒内·格鲁塞:《蒙古帝国史》,商务印书馆1989年版。

韩儒林编:《元朝史》,人民出版社1984年版。

拉施特:《史集》第一卷第一分册,余大均、周建奇译,商务印书馆1983年版。

志费尼:《世界征服者史》,何高济译,翁独健校,内蒙古人民出版社1980年版。

韩儒林:《元史论集》,人民出版社1984年版。

史禄国:《满族的社会组织》,商务印书馆1997年版。

潘洪钢:《清代八旗驻防族群的社会变迁》,人民出版社2018年版。

任桂淳:《清朝八旗驻防兴衰史》,生活·读书·新知三联书店1993年版。

刘家驹:《清代初期的八旗圈地》,台湾文史哲出版社1964年版。

李学勤编:《中国古代文化与国家形成研究》,中国社会科学出版社2007年版。

赵伯雄:《周代国家形态研究》,湖南教育出版社1990年版。

列宁:《列宁选集》第4卷,人民出版社1960年版。

顾颉刚:《古史辨》第七册,上海古籍出版社1982年版。

费孝通:《中华民族的多元一体格局民族学文选》,生活·读书·新知三联书店2021年版。

黄文弼:《匈奴史论文选集》,中华书局1983年版。

马长寿:《乌桓与鲜卑》,长江出版传媒崇文书局2022年版。

蒙思明:《元代社会阶级制度》,上海人民出版社2006年版。

陈顾远:《中国婚姻史》,商务印书馆2014年版。

姚薇元:《北朝胡姓考》,武汉大学出版社2013年版。

胡阿祥:《东晋南朝侨州郡县的设置与地理分布》(上、下),分别载于《历史地理》第八辑、第九辑,上海人民出版社1990年版。

安介生:《也论北魏前期的民族融合与政权建设》,《中国史研究》2002 年第 4 期。

安介生:《略论北魏时期的"上客"、"第一客"与招怀政策》,《中国边疆史地研究》2007 年第 1 期。

安介生:《中国古史的"万邦时代"——兼论先秦时期国家与民族发展的渊源与地理格局》,《复旦学报(社会科学版)》2003 年第 3 期。

安介生:《试论拓跋鲜卑的早期迁徙问题》,《原学》第 2 辑,中国广播电视出版社 1995 年版。

周伟洲:《魏晋十六国时期鲜卑族向西北地区的迁徙及其分布》,《民族研究》1983 年第 5 期。

周书灿:《夏代早期国家结构探析》,《中州学刊》2000 年第 1 期。

周书灿:《殷周"地东不过江、黄"辨》,《河南大学学报》1997 年第 3 期。

罗贤佑:《元代蒙古族人南迁活动述略》,《民族研究》1989 年第 4 期。

钮希强:《蒙元时期奥鲁制度的发展与演变》,《内蒙古农业大学学报》(社会科学版) 2009 年第 4 期。

张金铣:《元代屯田研究述评》,《古今农业》2014 年第 3 期。

蔡志纯:《略论元代屯田和民族迁徙》,《民族研究》2002 年第 4 期。

周振鹤:《唐代安史之乱和北方人民的南迁》,《中华文史论丛》1987 年 2、3 期合刊。

王兴锋:《简论两汉时期匈奴归降的三次浪潮及安置措施》,《许昌学院学报》2010 年第 6 期。